视点文丛

敬畏真实

李辉 著

中国青年出版社

（京）新登字083号

图书在版编目（CIP）数据

敬畏真实/李辉著. —北京：中国青年出版社，2012.6

ISBN 978-7-5153-0678-0

Ⅰ.①敬… Ⅱ.①李… Ⅲ.①随笔-作品集-中国-当代 Ⅳ.①I267.1

中国版本图书馆CIP数据核字（2012）第059734号

责任编辑：万同林

*

中国青年出版社 出版 发行

社址：北京东四12条21号 邮政编码：100708

网址：www. cyp. com. cn

编辑部电话：(010) 57350404 门市部电话：(010) 57350370

三河市世纪兴源印刷有限公司印刷 新华书店经销

*

700×1000 1/16 15印张 2插页 215千字

2012年7月北京第1版 2012年7月河北第1次印刷

印数：1-8000册 定价：28.00元

本图书如有印装质量问题，请凭购书发票与质检部联系调换

联系电话：(010)57350337

目录

一、质疑，再质疑

文怀沙的真实年龄及其他

1.三个疑点

这些年，特别是进入新千年之后，文怀沙先生频繁亮相于电视、报纸、网络各种媒体，故事越讲越生动，名头也越来越大、越来越响了。

在各媒体发表的自述或专访中，此公生平的耀眼传奇引人注目者，主要有三点：一、自称出生于1910年，故今年已被媒体称做“百岁老人”；二、自述“文革”经历，系因被打成“反革命”而锒铛入狱，同时，又因写藏锋诗“反对江青”而被视为“英雄”；三、被誉为“国学大师”、“文史大家”、“楚辞泰斗”。

事实果真如此吗？

2.1910年出生，还是1921年出生

近些年，在接受记者采访或演讲中，文怀沙都自称为九旬老翁，年表中所写出生时间为1910年1月。但我所了解的情况，却大相径庭。

自20世纪50年代初至80年代退休，文怀沙工作过的单位与待过的地方主要有三处：1.1953年前，在人民文学出版社担任编辑；2.约1953年调至中国青年艺术剧院（现与中央实验话剧院合并为中国国家话剧院）任剧本编辑；3.1963年年底入狱劳教至1980年释放回原单位，

在中国青年艺术剧院离休。

据查,人民文学出版社20世纪50年代初的第一本花名册,文怀沙的出生时间填为“1922年”;据中国国家话剧院记录,其出生时间填得更为具体:1921年1月15日;1963年12月被判劳教时,年龄记录为“43岁”,推算一下,出生时间也在1921年年初。三处记录的出生时间虽略有差异,但相差不到一年。

当年社会,尚无60岁退休之忧,似不必把年龄说小。与如今的讲述相比,当年相对严谨的档案记录无疑更为可信。因此,有一点可以明确,即在2009年的今天,所谓“百岁”老人,真实年龄应是88岁左右。

年龄虚报近一轮,是为了便于给早年经历加上一个又一个耀眼光环。

突出的一个光环:文怀沙多次自述中称章太炎是其老师,故与鲁迅是前后弟子。

据查,1934年秋天,67岁的章太炎由上海迁居苏州,创办“章氏国学讲习会”。1936年6月14日,病逝于苏州。但在1963年文怀沙的劳教记录中明确写到,他是“1941年上海太炎文学院肄业”。如果他出生于1921年,1936年才15岁。另外,章太炎去世之后,苏州“章氏国学讲习会”是否继续办,文怀沙“肄业”的“上海太炎文学院”与之是什么关系,是否为同一学校?也有待考证。即便是同一所学校,也应是在1937年抗日战争爆发后,由苏州迁至“孤岛”上海。按此时间推算,当文怀沙入学时,章太炎早已去世,又如何见过?

另一个光环:相关年表写到,1928年18岁的文怀沙,“受聘担任国立女子师范学院教授,后任上海剧专教授”。按1921年出生计算,这一年他才7岁,无论如何也不可能身担此任。

由于年龄提前了近12岁,抗战期间的经历也就容易丰富得光芒四射了。如其年表所记:“一九三八年二十八岁秋,于重庆作《听雨》诗:‘滴滴更丝丝,江楼听雨时。一灯红豆小,此夕最相思。’柳亚子评曰‘诗出王摩诘而胜之’。”实际上,此时他还在上海念书,只有17岁,如何在重庆与柳亚子交往,得柳亚子如此嘉评?

年近九旬之翁,美髯飘动,步履轻盈,思路敏捷,皮肤滑润,已相当了不起，足可夸耀，大可不必多说一轮12年。虚拟年龄，于天，于父母，似均为不敬。如果仅仅限于自家庭院，别说虚增12岁，就是自称200岁、500岁，也是个人之事，不必较真。但是，如果以"百岁"之假，行大做商业广告之实，对消费者无疑有误导和欺骗之嫌。一旦进入文化史范畴，人际交往与学术轨迹就非一己私事，那就更有必要细加订正，予以澄清。

3.到底为何入狱

文怀沙的"文革"经历，特别是多年牢狱之灾，受他的自述影响，媒体的不同版本大同小异，故事神奇，绘声绘色，被渲染为英雄般的壮举。

关于其入狱原因，一篇报道说："文怀沙曾经在1966年被打成现行反革命和'老右派'，因为在一次公开场合说了鄙视江青的话，于是被抓到秦城监狱，之后又被流配到西北。"另有一处报道称："在1974年，文老曾被扣上'反毛泽东思想'罪名入狱。"

这些叙述都不符合史实。

首先，文怀沙不仅从来没有被打成"右派分子"，相反，在批判"右派分子"时表现得十分积极与激烈，吴祖光先生在生前曾多次对人说过，他对在"反右"中最不能原谅的人之一就是文怀沙。剧作家杜高先生，20世纪50年代与文怀沙同在中国青年艺术剧院工作，作为"吴祖光小家族"中的主要成员而被打成"右派分子"。他回忆说："在1957年批判吴祖光和我的大会上，文怀沙表现得非常积极，慷慨激昂。他指着吴祖光的鼻子说：'你就是现代的西门庆，专门玩戏子。'他这是拿吴祖光与新凤霞的结婚说事。当时把我们气死了。"(2009年2月10日与李辉的谈话)

其次，所谓"1966年被打成现行反革命"和"1974年因'反毛泽东思想'罪名入狱"的说法，同样不成立。

在北京文化界，知情者都清楚，文怀沙早在"文革"爆发前的1963年年底，就已经被判处劳教。其罪名不是"政治问题"，而是其他原因。

据知情者回忆，逮捕文怀沙的宣判大会，1963年年底在东单的青艺剧场(90年代因修建东方广场而拆除)举行，青年艺术剧院的不少人都参加了那次大会。查阅史料，他的罪名定为“诈骗、流氓罪”。先是判处劳教一年，1964 年 5 月正式拘留，后长期在天津茶淀农场劳教，劳教号码：23900。他从来没有被关押在秦城监狱，直至 1980 年 4 月解除劳改。没有听说他的劳教是冤假错案而得到平反，但他的年表如今却写为：“1978 年，在胡耀邦的亲自过问下被释放。”

由此可见，“文革”期间文怀沙并不是因为政治原因而入狱，也没有被关押在秦城监狱。

关于文怀沙在“文革”中的经历，叙述得最生动的莫过于写藏锋诗“反对江青”的勇敢之举。这一故事的版本甚多，大同小异，取其中之一如下：

> 经历过“文革”的人，都知道“梁效”这个名字，这不是一个人，而是一个帮“四人帮”说话、发表言论、攻击对手的写作班子，正好梁效写作班子缺人手，一个朋友想要搭救他，就让文怀沙给江青写一封信，表示悔改和感恩，若能成功，这个朋友将会帮助文老结束监禁和劳改生涯，并且可以进入梁效写作班子，生活待遇也相当优厚。文怀沙的母亲听到这个消息，立即赶到西北，希望儿子能够在绝境之中服个软。文怀沙那时正在生病，躺在炕上，望着母亲蓬乱的头发、消瘦的面容，心中万分难过，但他还是说：“妈妈，我不能写啊，我不能违心啊。”母亲没有再说下去，只是叮嘱儿子别往枪口上撞。当时文老满怀心酸地点了点头，但没过多久，文老对“四人帮”的倒行逆施实在看不上眼，忍不住写下这样一首诗：“沙翁敬谢李龟年，无尾乞摇女主前。九死甘心了江壑，不随鸡犬上青天。”其中每句第六字连起来读乃是“龟主江青”。当时江青看后随手就把这首诗扔到了沙发上，可能觉得没什么，这一点却被王洪文看出来了。

故事实在太生动了！无法考证其真实性。让人生疑的是，按照当时他的处境，即便真有此诗，又如何能到达江青之手？他又如何知道江青将之“扔到了沙发上”？她没有看出这是一首“藏锋诗”，王洪文反倒看出来了？

关于这一"英雄"般的吟诗行动,徐晋如先生在其博客《士林见闻录》中有云:"又谓其在狱中拒入梁效,且报以诗云……此诗每句第六字连读,则为'龟主江青'也。据云至今悬于文家书房。然此事纯系文氏自造,即古史辨学派所谓层累之历史也。"

我赞同徐先生的判断。

层累历史固然可以为编造者增添光环,但我们如何告慰那些在"文革"中真正受到迫害的英雄的在天之灵?

4.是国学大师、楚辞泰斗吗

一个人是否为国学大师或文史大家,仁者见仁,智者见智,似不必过于较真。的确,所谓"大师",自 80 年代原轻工部在评选工艺美术师时将名称定为"工艺大师"的头衔后,"大师"的含义已有所演变,早已失去神圣感,诚如王谢堂前燕飞入百姓家一般。此乃皆大欢喜、各取所需的好事。文怀沙或自诩或被人封为"国学大师"、"新中国屈原学开创者"、"楚辞泰斗",是否如此,学界自有行家界定,不必由我外行者评说。何况,寻遍图书馆和网上旧书店,难见一本他的学术专著,故只好放弃研究他的学问的念头。

将文怀沙称为"国学大师"、"楚辞泰斗"的主要依据,是他在 20 世纪 50 年代初整理出版过《屈原集》以及随后陆续出版的《九歌今释》等。但是,有知情者就此发表过不同看法。

50 年代初,作家、学者舒芜先生,与文怀沙在人民文学出版社共事,一同参与了整理出版中国古典文学名著的工作。据舒芜在《老吾老》(载《万象》2008 年第 10 期)一文中回忆,当年任人民文学出版社社长兼总编辑的冯雪峰先生,安排编辑部同人各选一种古典名著自任整理,探索"以马列主义指导古典文学整理出版",其主要工作是校注。这些名著包括《红楼梦》(汪敬之校注)、《水浒传》(张友鸾校注)、《三国演义》(顾学颉校注)、《西游记》(黄肃秋校注)、《李白诗选》(舒芜编选校注)、《陆游诗选》(李易协助游国恩先生编选校注)等,文怀沙负责校注的是《屈原集》。

舒芜指出:"包括《屈原集》整理者文先生在内的顾、汪、张、文、李、舒、黄几位整理者，都不是作为专家被聘请来，而是作为本社编辑人员被交派下编辑任务。从时间顺序来说，他们每一个都可以说是新中国整理某书的第一人，但这个‘第一’完全不包含价值意义，不是开辟者、创始者、奠基者的意思。”他还说，“这几本书陆续出版，除四部长篇小说外，其实都只是薄薄一本，注释完全是简单通俗式的，那时讲究普及，谈不上什么学术性。”即便如此，文注《屈原集》问世后，随即受到过其他专家的批评，而“文先生一出手就这样砸了锅，随即调离人民文学出版社”。

关于文著《九歌今释》等书，柳白先生在其博客上发表：“红尘过眼录之十”《文怀沙、“文革”中恐怖的“西纠”、聂绀弩、江青》，其中写道：

> 虽然，沙之白髯飘飘，仙风道骨之貌，极易“醉”倒某些人，但是学界知其底数的人则都明白，文的楚辞学问至多可抵一名中学教员。
>
> 仅以20世纪50年代其《九歌今绎》(以下简称《今绎》)为例，即遭到诸多学者质疑。在作家出版社1957年版《楚辞研究论文集》中，李一氓和黎汝清先生对文怀沙的《今绎》提出批评。
>
> 李一氓说文的“译文非常不连贯，仅是有一句译一句，前后句无照应，甚至一句中的兮字上下脱节。有些地方译者更是没有深刻地了解原文”。
>
> 而黎汝清的文章则对沙的《今绎》有如下批评：“还必须指出的是，有的文法也欠通……”

上面二人所谈，均依据史实，且有当年黑白文字为证，当不谬也。

最近，我请汤序波先生编选其祖父汤炳正的书信集以备出版。汤炳正先生是章太炎真正的亲授弟子，他的书信集中，即有写给章太炎夫人的一批信。汤先生是学界公认的楚辞专家，曾任中国屈原学会第一任会长。汤先生1988年在致汤序波的信中，这样提到文怀沙：“从报刊上看，不少人的学术成就并不大，却由于大事宣扬，名气很高。我一向反对这一套，现在看来，应当注意。你所提到的‘沙翁’，大概是指‘文怀沙’，此人学术水平不高，仅仅翻译了几篇屈赋，怎能与郭（沫若）、游（国恩）二公并称呢？”

汤先生所言，与舒芜、柳白先生所述，可以帮助我们解开疑窦。

如今，口述实录盛行于各媒体报道及出版物，为历史研究、传记写作等提供了许多重要素材。但是，鱼目混珠，良莠不齐，同样让人感到忧虑。在此情形下，人们特别是媒体中人需要认真甄别，严肃对待，警惕一切可能的编造并以此混淆视听。

于是，草就此文，求教于文怀沙先生，求教于读者和各媒体同人，并希望抛砖引玉，使时间脉络渐趋清晰，历史尽可能接近于真相。

答复文怀沙先生的“视频谈话”

2009 年 2 月 18 日，我公开发表《李辉质疑文怀沙》一文后，与众多媒体和网民一样，一直期待着文怀沙先生的正面回应。2 月 20 日晚，文先生终于在某网站公开发表书面声明《文怀沙启事》；次日，该网站又播出了他的视频谈话。当事人能够站出来面对质疑，予以说明。正如我在拙文结束时所说，希望各方的努力，终将会“使时间脉络渐趋清晰，历史尽可能接近于真相”。

谨就文先生的“视频谈话”答复如下：

一、

文怀沙先生在视频谈话中说与我认识，接受过我的采访。他说：“事先这个记者从前认识过，就是在鸡年过去，狗年来的时候，他让我就狗年谈一谈我的看法。我就想到三句话，第一句话是放狗屁，第二句话是狗放屁，第三句话是放屁狗，这位记者大概都记下来了。……”在“视频谈话”中，文怀沙先生说完这几句话之后，该网站记者接了一句：“我们能看到相关的文章。”

这一点，我必须首先澄清。我在此郑重声明：我从来没有见过文怀沙，更没有采访过他，无论是狗年或者鸡年。那么，请告诉我，我到底在何时、何处采访过文怀沙先生？网站记者所说的我“李辉”所写的“相关文章”，发表在何时何处？希望能将你们所称的“相关文章”公之于众，这样才会让人信服这不是文怀沙先生又一次信口说出的随意编造。

我很不解，在答复我的质疑时，文怀沙先生为何非要编造这样一个看似无关紧要的细节穿插其中，似乎巧妙，但除了可以引出“放屁狗”之类的话之外，并不能为他的回应增加一些真诚的底气与力量。

二、

明显的一点是，文怀沙先生的谈话并未正面回应我的质疑。我所提出的疑点中，真实年龄、入狱原因，是真相求证，非道德评判，本是两个最简单、最容易回答的问题，可是，在他的“视频谈话”中仍是云里雾里，难见真相。他这样说：“现在有两个说法，一个说法是99岁，一个说法是88岁。我告诉你88岁也是一个令人沮丧的岁数，就算是小的，总而言之是老了。那么，还有一些关于风流韵事，这是很可笑的，现在到了88岁的话，到医院一检查，根本不可能，想去风流都不可能。”这就是他的回答吗？我只是想明确地知道，你到底生于哪年，多少岁？你到底为何入狱？

关于具体出生时间，文怀沙先生还对着镜头这样宣读他的“启事”：“‘我诞生于忧患频连的己酉腊月初五，就是阳历的1910年1月15日’，其他的分歧的说话，都有它的原因的。为什么那个时候又编一个什么年龄，是有分歧，无缝不下蛆，我这里有很多缝子。”以自己手书一纸启事，就能确认对他真实年龄的质疑吗？若此法可行，世上众人都可根据需要，随意确认一个日期写一则声明即可达到目的。当然不行，这是小学生都知道的常识问题。

不过，他在谈话中倒是坦承道“无缝不下蛆，我这里有很多缝子”，虽然他这是为了像大谈“放屁狗”一样提到“蛆”，以此来表现这位“国学大师”的“其言也善”，但毕竟在闪烁其词中，我们还是看到了追究其人生履历真相的空间与必要。

其实，要证明自己是1910年出生还是1921年出生非常容易，将自己的履历说得更具体、更明确即可。姑且以1910年出生为准，那么，在1950年之前的39年间，重要年份的具体事宜，如在哪里上什么中学、大学，后来又在哪个学校任教，任期多久，居住何地等，似应有明确说法。

可是，在文怀沙的年表中，所见到的大多为语焉不详的记录。如1919年(9岁)—1928年(18岁)之间的记录为空白。1928年记录为“受聘担任国立女子师范学院教授、后任上海剧专教授”。这里，没有说是哪里的女子师范学院。不知文先生是否还记得该学院的地点、校长是谁。如能确认，查阅该校教职员的历史记录应不难。至于所写“后任上海剧专教授”，又是在哪一年？

三、

文怀沙先生在这次的视频谈话中，谈到了他与章太炎的关系。该网站记者问他如何看待我对他是章太炎弟子的质疑，他明确对记者说“我从来没有说我是”。可是，在过去接受某重要电视台的访谈中，他与主持人是如此对答的：

主持人：文老，我能冒昧地问一下您的学历吗？

文怀沙：我是研究生学历的这样一个学历，我也没有学位。

主持人：那您是大学毕业，然后是研究生学历，是吧？有毕业证书什么的吗？

文怀沙：我有好老师，我曾经有一个很阔的老师，听过这个老师的课，就是章太炎先生。

主持人：啊，章太炎先生是您的老师？

文怀沙：我听过他讲课。

主持人：那同学也不是一般的同学吧？

文怀沙：我不敢说章太炎是我的老师。我私淑太炎，受业章门。章太炎有很多学生，我属于次的学生，好的学生像鲁迅等。

主持人：那您跟鲁迅是同学吗？

文怀沙：不是，他是早期，我是晚期。

上述对话，虽仍为似是而非的风格，但有一点说得十分清楚，文怀沙先生自称他与鲁迅是章太炎的“早期”、“晚期”同学。所以我的质疑，并非无中生有。

但这次在“视频谈话”时，文怀沙先生关于此事的表述有了变化：“这种事也可以谈一下，我很年轻的时候，20 多岁的时候，太炎先生在苏州锦帆路搞了一个叫国学讲习所，我去看了章先生。他是 1936 年死的，这是 1935 年的事情。后来在上海办了一个学校，叫‘太炎文学院’，是章太炎先生的夫人召集了很多章门弟子，办这个学校，这个学校我在那里待过，叫太炎文学院。”

一段可供人仔细琢磨的谈话。“我去看了章先生”、“这个学校我在那里待过”，他用“看了”和“待过”的表述，那么，“看了”和“待过”，是上学还是其他？他明确说是 1935 年前往苏州，按照前面年表记载，自称 1910 年出生的他，在 1928 年他 18 岁时已经担任教授，那么，7 年之后的 1935 年，25 岁的他在“太炎文学院”待着时，究竟是当学生还是做什么？

就是这段新的“视频谈话”，让我对文先生的真实年龄和履历，又有了进一步质疑的理由。

因此，如前几日一样，我期待着文怀沙先生有更为明确、更为真诚可信的答疑。这既是对自己的历史负责，也是对社会公众负责。

另外，他在“视频谈话”中，还提到与家人讨论过是否使用“法律维权”的问题，我想，这当然要等文先生有了明确举动后再予以回应。

我为什么要质疑文怀沙?

自2009年2月18日《北京晚报》刊发《李辉质疑文怀沙》(拙文原题为《文怀沙的真实年龄及其他》)后,不少网民和记者都一再向我提出这样一个问题:“你为什么现在要写这篇文章？”人们想知道,我忽然发出质疑,是否因与文先生有个人纠葛所致,文在“视频谈话”中,也编造一套我曾在狗年采访过他的说法,试图将我的写作动机暗示为人际恩怨所致。人们还想知道,我公开质疑,到底是想“一鸣惊人”,还是别的什么原因。

因此,为使媒体同人和公众有更深入的了解,我有必要将自己为何决定质疑文怀沙的历史缘由、写作动机和文化思考详加叙述如下。

一、二十五年前熟知其人其事

关于文怀沙先生的行状以及入狱原因,我不是因为心血来潮,好奇所致而想到去挖掘,而是于20世纪80年代中期在《北京晚报》工作期间,就已经对此熟知,迄今已超过25年。

1982年年初,我从上海复旦大学毕业分配到《北京晚报》,先是担任文艺记者,后任副刊编辑。同年夏天,王戎先生从上海来北京,要我陪同他去看望一些老朋友。王先生是我的老师贾植芳先生的朋友,20世纪

40年代在重庆从事戏剧运动,50年代曾被打成"胡风分子",我在上海念书时就与之熟悉。在陪他去看望胡风、路翎、牛汉等先生之后，他说:"我再带你去看几个戏剧界的朋友，你在北京以后可以得到他们的帮忙。"

我们先去看了凤子、沙博理夫妇，然后去看望中国青年艺术剧院(当时人们习惯简称为"青艺")的导演石羽先生,张逸生、金淑之夫妇。石羽是40年代的经典影片《小城春秋》的主演之一,张、金夫妇早在抗战时期就活跃于重庆话剧界,曾参加了郭沫若的话剧《屈原》的演出。从此,我与他们开始有了往来。来往最多的是张逸生、金淑之夫妇,他们所住的青艺宿舍,在东单三条的一个不规则的四合院里,离《北京晚报》很近,我成了他们家的常客,有段时间几乎每周都去吃饭。院子里住有好几家,记得都是青艺的人员。我去的时候,常常能碰上他们在一起聊天。

青艺是文怀沙工作过的地方，自1953年调入，到1963年年底人狱,前后达十年。正是从青艺老人那里,我第一次听到了"文怀沙"的名字,以及他的一些事情。我随后认识的萧乾、文洁若夫妇,与牛汉先生一样,都是文怀沙50年代初在人民文学出版社的同事,从他们那里,同样听到过关于文的事情。

也很巧,那时我与卞之琳先生也有了往来,他的夫人青林即文怀沙的前妻、文斯先生的生母。我先是为研究巴金和撰写《萧乾传》而去采访卞先生的,后来,编辑"五色土"副刊时,又请他为新开的"居京琐记"专栏写稿。他寄来的第一篇稿件是《漏室铭》,是为他们的房子遇到麻烦而呼吁的。他们住在干面胡同中国社科院宿舍的顶楼,每遇下雨,房顶就往下漏水,夫妇俩不得不四处用脸盘接水。卞先生文章不愠不火,改"陋室铭"为"漏室铭",把窘状描述出来,令人同情与焦虑。文章发表后,有了很大反响,我当即与房管部门联系,他们也马上派人去楼顶重新铺沥青,从此,卞先生一家不再有漏雨之虞。为此事,卞先生专门来信致谢。也是因为这一缘故,我去他们家的次数也更多了,我们的通信也一直延续到90年代。先生的文章手稿与书信,我珍藏至今。

后来,从一些文学界的前辈那里,知道青林很有才气,写过小说。自然,他们也谈到过与文怀沙相关的一些事情,如青林如何不能原谅他在她怀孕和坐月子期间做了某件事,才决定离婚……

因此,可以说,在20世纪80年代的北京文化界,文怀沙其人其事广为人知,根本不需要刻意打听。不会像现在这样,一经公开,使人有“爆料”之惊。正是因为大家都知道他的这些事情,大多避而远之,当时的许多文化界活动中,也就很难见到他的身影,这一点,查阅当年的相关报道即可得知。

虽然知道其人其事,但我从没有想到要写出来。第一,他不是我所关注的对象,我在情感上一直排斥他,从来没有把他视作一名文人;第二,在我看来,这属于个人品行,是受害者与法制部门管的事,何况他已经为此付出了沉重代价。

不过,虽然我没有公开写到他,但我在自己所能影响的范围里,却尽量不让媒体朋友报道他。几年前,《南方都市报》记者来北京做一个文化老人系列采访,请我帮忙联系周有光、杨宪益、王世襄、黄苗子、黄永玉等,名单上本来还有文怀沙,被我毫不犹豫地淘汰。吉林卫视有个《回家》文化纪实栏目,专门拍摄文化界名人与故乡、母校的关系,从一开始我就担任这个节目的艺术顾问和策划,一次,制片人曾去联系过文怀沙,但我坚决反对:“这个系列里,不能有他。”很高兴,他们采纳了我的意见。

这便是我二十多年来对文怀沙先生所采取的一贯态度。

二、十年来怀疑其真实年龄

开始怀疑文先生的真实年龄,是在最近十年,其间他的名头越来越大、媒体曝光率越来越频繁,他已不再是20年前的那个形象,而俨然已成显赫的公众人物。

对其真实年龄产生怀疑,主要源于多年来我与一批“二流堂”老人的交往。

“二流堂”是一特殊的文艺家群体,最初形成于1943年抗战期间的重庆,主要人员有唐瑜、吴祖光、吕恩夫妇;金山、张瑞芳夫妇;高集、高汾夫妇;戴浩、盛家伦、方菁、萨空了、沈求我等。经常来此的则有丁聪、黄苗子、郁风、叶浅予、张光宇、张正宇、冯亦代等人。而与他们关系密切的夏衍，被他们尊为主心骨。

50年代初期，“二流堂”中的大多数，又相聚于北京，开始几年一些人就住在东单栖凤楼的一个院子里，是为“北京二流堂”。栖凤楼往西，是青艺大院，往南又称西观音寺，与长安街相交，对面即是目前《北京晚报》所在地。

自80年代以来，我与“二流堂”中的不少老人有不少来往，写过其中的黄苗子、郁风的传记，写过丁聪、冯亦代、吴祖光、夏衍等人的画传或评论，还为有的人整理过日记和书信，对于他们的为人和历史，应该说有比较深入的了解。近20年来，这些老人经常不定期聚餐，除“二流堂”老人外，还有杨宪益、王世襄、范用、华君武、姜德明、沈昌文、邵燕祥等。随着一些老人的逐渐飘零，这一聚会的规模越来越小，但在2008年秋天黄苗子先生住院之前从未中断。

据我收藏的一份“文革”初期批判“二流堂”的小报专号，文怀沙也被列入“二流堂”成员之中，对他的介绍是“文化流氓、坏分子、六四年被捕入狱”。文怀沙在五六十年代的确与“二流堂”有过来往，但并无过深关系。他们的回忆文章，或者闲谈，从没有正面提到过文怀沙，更不用说叙述彼此之间往来故事。相反，如在闲聊中谈到此公，他们从来都是一种鄙视口气。对于近十年来文怀沙忽然间声名鹊起，并被各种媒体冠以“大师”或者“风流”的称谓，“二流堂”健在的老人们颇感意外和惊讶。他们感叹时代变了，对人的评判标准也变了。但是，如果有什么媒体将他们与之相提并论，他们还是会认为是对自己的一种侮辱。譬如，前年，某电视台录制一组文化老人节目，分别有文怀沙、黄苗子等，黄苗子获知后，颇感无奈，不住地说：“真要命，怎么把我和他摆在一起了？”

不限于黄苗子，与“二流堂”关系密切的黄永玉，也对文怀沙持鄙视态度。2006年春节，我所在的报纸的文化新闻版发表黄永玉所画狗年生肖漫画，同时还发表了文怀沙的迎新文章，并将两者加框放在一起。黄先生的画是我约来的，遂将报纸送去，他一看，只对我说了一句：“李辉，我该夸你还是骂你？你们怎么把我和文怀沙放在一起了？”几天后，文化新闻版的编辑告诉我，文怀沙看到报纸后，也说了一句话：“哦，黄永玉呀？我们是老朋友了。”

关于文先生的年龄,也是我与这些"二流堂"老人聚会时谈到的话题。有几位老人的出生年份为:唐瑜,1912 年;黄苗子,1913 年;丁聪,1916 年;郁风,1916 年。属牛的黄苗子先生今年 96 岁整。他们的疑问是:文怀沙本来比我们小,怎么现在比我们大了呢?

不过,这一怀疑,大家都是在饭桌上议论议论而已,并没有想到要公之于众。

三、两年前决定追寻真相

我决定追寻文怀沙的真相,源于两年前的一次刺激。

2007 年,在郁风老人 4 月去世后不久,吉林卫视《回家》栏目的制片人李冬冬女士来看我。如前所述,她告诉我,她曾去找过文怀沙,想拍一个他的专题节目,当然我不赞成。谈话中,她告诉我去见文的过程。她说,她介绍这个栏目曾经拍摄过黄苗子、丁聪、郁风等,文一听,马上就说:"哦,我和郁风是好朋友。干校时候,她还找过我,为我画裸体像呢!"

我一听,脱口骂了一句。我告诉冬冬:"不可能的事情。'文革'期间郁风一直被关押在秦城监狱,不可能去过干校!文怀沙完全是胡说八道。"

我写过郁风老人的传记,总是以"老太太"称呼她。郁风的父亲郁华是民国大法官,叔叔郁达夫是著名作家,他们两位在抗战期间先后被日本侵略者所杀害,是有名的民族豪杰。郁风正直、坦诚,甚至天真,她从不拿自己的家庭背景和经历炒作自己,在我们的聚会中,她永远是一个中心,以率真和爽朗的笑感染大家,为大家带来快乐。她的去世,令我们感到难过不已,没有了她,聚会也从此少了热闹。

这样一个让我敬重与怀念的老人,这样一个在"文革"期间真正被关押在秦城监狱遭受七年磨难的老人,刚刚去世,却让一个因"诈骗、流氓罪"入狱、自称也被关押在秦城监狱的人,泼上一盆污水,她的在天之灵一定不会安宁!对如此卑劣之人,我绝不能原谅!绝不能漠然视之!

这就是我决定要公开质疑的一个最直接原因。它关乎个人感情,也关乎对历史的敬畏。同时,也是本人性格所致。有的读者根据我的文字,只知道我是一个温和、行文节制的人,他们不知道,在生活中,我有时也是一个倔犟、固执甚至不给人留情面的人，周围的同事和朋友，深知这一点。

四、今年元旦，决定公开质疑

两年来没有停止追寻，所收集到的史料和佐证，越来越证明文怀沙的自述与光环——年龄、入狱原因、文化地位等——都存在诸多疑点，必须公开质疑，找到真相。2009年元旦前后，一个更为直接的原因，使我决定撰写《文怀沙的真实年龄及其他》一文。

元旦之前，我所就职的报纸，连续两天刊登整版广告，突出推广“百岁国学大师文怀沙主编”之大型套书《四部文明》(每套售价数万元)，声势之大，让人惊叹。我和报社一些同人，中午常常在编辑部咖啡厅喝茶聊天，那几日，我们谈的是文怀沙其人其事：他的历史陈迹，近年的声名鹊起，特别是他如何已经被成功地“包装”为“国学大师”。显而易见，成为“国学大师”之后，他不仅以自己四处题字、演讲带来经济效益，随着一套据说要取代《四库全书》的一套书的推广，将一方面牟取更大经济利益。

《四部文明》的价值和历史地位，不在我的评价之列。但是，由一个有历史劣迹且又编造个人历史的“国学大师”领衔主编，无法让人接受。报社同人鼓励我，一定要把自己的追寻与质疑尽快公之于众。他们说得好——不能让文怀沙认为神州无人；不能让世人认为媒体中的人都失去了良知；不能让后人笑话我们这个时代的所有文化人都失去了道德标准和勇气。

正是在他们的鼓励与催促下，我在春节之后完成了这篇质疑文章，并请这些同人分别从法律、史学、文字表述等方面帮忙把关。可以说，质疑文章虽系我个人所写，但从另外角度说，它也是一批媒体人的情感与思考的集中体现。在此，我深深感激他们帮我完成了一个夙愿。

五、我们失去了文化判断力和敬畏吗

不到十年，文怀沙忽然间被媒体和社会制造成“国学大师”，足以令人们深思之。

中国曾经历政治运动频仍、"知识越多越反动"、"大革文化命"的年代，那时，陈寅恪、梁漱溟、陈垣、冯友兰、钱钟书、沈从文等堪称文化大师的人依然健在，但我们顾不上珍惜和呵护，却让他们不断地写思想检查，进而在放羊、种菜的劳动中消磨生命，这对于中国文化的延续和发扬光大，实在是巨大的历史遗憾。

随着改革开放30年来中国的变化和国力增强，人们对文化越来越热爱，对文化人也越来越敬重，投资文化的兴趣和实力也越来越大。随之，对文化大师的出现，也越来越渴望。特别在进入新世纪之后，对中国传统文化的再认识，希望借弘扬"国学"而增加中国文化"软实力"的努力，也就成为了历史的必然。正是在这样的背景下，文怀沙才有了被"塑造"成"国学大师"并以此获取最大利益的可能与空间。

各界人士对文化老人特别是"国学大师"的尊敬、爱戴的情感，无可厚非；不明真相的人们轻信一个被称做"国学大师"的招摇撞骗、欺世盗名也可以理解。问题是，我们的时代为何失去了文化判断力？为何失去了对大师这一称号应有的敬畏？在"娱乐至上"的时代，我们的媒体向观众和读者推介一个"国学大师"时，竟显得如此草率，似乎不假思索，不作研究，不要起码的学术评判标准，就可以把"大师"的桂冠轻易地戴在一个人头上，而不管对公众和历史的责任，而没有任何一个时代都必须具有的文化敬畏。

质疑文怀沙真相引起如此大的社会反响，超出我的预料。这也从另外一个方面证明，我们的公众多么需要历史真相，多么需要一个货真价实的大师，多么需要真正对得起后人的文化成果！

说实话，我最担心的是，质疑文怀沙及其反响，仅仅成为媒体的一次狂欢，之后，谁都顾不上反省，又一切归于原状。

不管怎样，我的任务已经完成。除非有必要，我不再就此事撰文发表新的意见。我将回到既有的写作计划中。更多真相的追寻，可以由有兴趣的其他记者根据相关线索去完成。

我的主要目的是打假

——答《新民周刊》记者钱亦蕉

记者：您质疑文怀沙的直接原因是他侮辱了郁风？

李辉：直接原因是他编造历史，侮辱郁风让我生气是导火索。我第一篇文章（《李辉质疑文怀沙》）中有一句话，我说："层累历史固然可以为编造者增添光环，但我们如何告慰那些在'文革'中真正受到迫害的英雄的在天之灵？"文怀沙编造因为政治原因（写讽刺江青的藏锋诗）而入狱，其实真正因为江青原因而入秦城监狱的是郁风，而他却莫须有地编造说"干校"时郁风给他画过裸体像（见我的第三篇文章《我为什么要质疑文怀沙？》）。

记者：现在也有其他人出来质疑他说的因反对江青而入狱的事。

李辉：他说的藏锋诗的故事也很可疑，江青会看不出你这个藏锋诗，要让王洪文给看出来？

我跟黄苗子、郁风夫妇很熟悉，给他们写过传记，我很清楚他们因何原因在秦城监狱关了七年，两人同在一个监狱却见不了面。

文怀沙根本没有进过秦城监狱，都是他编造出来的。过去你因"诈骗、流氓罪"入狱，是你个人的事，跟我也没关系，我也不会为此质疑你。但你今天不要编造自己的历史啊……

记者：你“风流”没关系，但你编造说自己因反江青受政治迫害而入狱，就有些可耻了。

李辉：是啊。现在不少人，注意力都集中在他的所谓“流氓罪”上，或者说他的“风流”上，其实我写这三篇文章的主要目的是揭露他如何造假，一个是百岁的年龄，一个是入狱原因。关于第一点，他后来有了一个回应，但还是没有完全说清楚，还是云里雾里。第二点，他索性回避掉了，一个字也没有正面涉及，更没有澄清。其实，第二点很重要，你把自己美化成反江青的“文革”英雄，你为什么这么编造？至于他入狱的原因其实不是我很想说的，但是我要证明我掌握了他入狱的材料，包括引用了他的犯罪详情和23900的劳教编号。我的用意是在后面。他这样编造，怎么对得起那些真正在“文革”中受迫害的人，像冤屈而死的英雄张志新、林昭，还有黄苗子、郁风、夏衍等真正坐过秦城监狱，以及遭遇各种磨难的知识分子。所以，我的文章的重点是在他编造的这个形象中考量他的人性和企图。

记者：您还质疑了他的学术水平，他后来答复时就祭出了《四部文明》这套书？

李辉：其实他能主编这套书，正是因为他已获得了“国学大师”这样的名号，然后书出版了，进一步加强了“国学大师”的形象。关于他的学术水平其实也不是我要评论的，如果前面两点都证实了是他的造假，那么“国学大师”的假象，自然不攻自破，而后面复杂的社会与文化的背景，与经济相联系的种种疑团，同样将引起人们关注和警惕。

记者：您去年在《书城》杂志上发表的专栏文章，已经提到了对文怀沙的质疑，但好像那时还没有引起广泛的关注？

李辉：对，我在《书城》去年12月号上发表关于美术界“文革”风云的文章中，谈到“二流堂”在“文革”中的一些遭遇，其中最后一段谈的就是文怀沙。我在里面说得比较笼统，只是指出大家对他的讨厌，还没有对他年龄和入狱原因进行考证和质疑，不过在文章里我已经提到我会在适当的时候,再对此进行详细讲述。

记者:您有没有想到这个事件会惹出这么大的反响?

李辉:我在做之前当然有预感这个事情会引起文化界的关注,因为文怀沙这几年名声相当大，但是在社会各界引起这么广泛的反响还是让我感到有些意外的。而且现在的讨论变得越来越广泛,人们的思考也越来越深刻,我为自己能够在2009年春天“抛砖引玉”而感到很高兴。

历史叙述与史料

一、写好一个“人”字

1996年我为黄苗子、郁风夫妇写的传记书名是《人在漩涡》，讲历史就是一个大旋涡，我所写的对象是卷在百年的历史政治文化的旋涡当中。其实我作为一个历史的叙述者，我本身也身不由己地卷到旋涡中了。

不管怎样，历史的叙述和历史的当事人，以及晚辈，参与历史叙述的人，都是其中的一部分。不论你用什么样的眼光看历史，或者是用什么样的方式叙述历史，你最终都摆脱不了历史对我们现实的一些影响，而这种影响会伴随着时间的推移，随着各种各样史料，包括档案、日记、书信等我们过去所见不到的东西陆续公开，我们会更深地卷到历史的恩怨当中。我从事历史叙述将近30年，一定要有这样的精神准备和思想准备。你永远都不可能是一个全知全能者，但是永远要把握自己的人生方向，要对历史有一个客观冷静的态度。

我的大学老师贾植芳先生在回顾一生时，常爱说“写好一个‘人’字”这句话。我们从事历史叙述和人文研究的人，实际上也应如此。你的道德标准要求，你说真话的态度和务实的精神，甚至能够有勇气承受一切对你不利的事情，这些就是“写好一个‘人’字”的应有之义。

"写好一个'人'字",在今天的时代,尤其重要。

二、正视历史叙述中的编造

前面我提到自从唐德刚先生的作品在大陆出版之后,中国大陆的回忆录、传记、口述实录越来越多,而且这也是进入新千年之后,中国出版界的一个热点,也是电视媒体、平面媒体做得越来越多的一个内容。在这个过程中一个现象我们必须要正视它,这就是关于编造的问题。

历史叙述中的编造不仅仅限于中国,在和中国现当代历史有关的外国著作也存在。杨天石先生对关于美国人考尔斯 1985 年出版的回忆录,就进行了辨析。考尔斯 1942 年随同美国总统特使威尔基访问重庆,时隔 40 年后,他写了宋美龄与美国特使的"风流韵事",蒋介石甚至带着士兵拿着自动步枪去捉奸。这一猛烈的爆料,吸引李敖等人在书里引用,大陆出版的宋美龄传记也用了。美国特使在重庆访问只有几天时间。杨天石先生根据《大公报》报道和相关史料考证,证明这完全是为炒作书的销路而在编造。

文怀沙在年龄、经历诸方面的编造,显然与我们的社会大环境、文化氛围相关。过去是"大革文化命"的年代,现在我们要推崇文化,各方面也很重视文化,这是非常好的事情。但是他利用这样的一个情况,自我重新塑造正面形象,然后与官场的潜规则、商业的潜规则结合在一起。我公开质疑他,是因为他现实中的行为,而不是过去的行为。就算我知道他过去的事情再多,如果他今天不这样做的话,我也不会公开质疑。

今天的时代编造、抄袭、剽窃见怪不怪了,文坛上如此,教育上更是如此。我们见过多少教授抄袭论文啊!有人跟我说现在博士生的论文很难说有一个是完全独立地在做,包括博导在内都存在这样的问题。有人说你何必捅破文怀沙造假的窗户纸呢?这不是挺好,百岁老人又会说又会吟诗,还能给我们带来快乐。但是他没有想到我们每一个人都是历史的叙述者,我们现在谈 40 年前的历史,那么过 20 年或者 40 年之后,那一代人也会说我们这一代人的历史,进入新千年中国的文化环境,居然让这样一个不断编造自己历史,连出生年龄都存在很多疑问,连自己重大人生的经历都能够改变，这样的人居然成为中国这样一个时期的文化代表走向世界，今天来听讲座的都是文化人，那我们脸上还有光吗？有人说李辉要出名等，说我要出名也好，或者我对老人不尊重也好，你都可以用这些理由来批评我，但是要有一个事实得承认，他的东西是编造的，他是有欺世盗名之嫌。如果你不能反驳我的观点，你就是欺世盗名。

我一不留神好像也是蹚了浑水，也有人说我吃错药了。我也是吃错药了，但是我并不后悔，这些事总要有人说出来，其实这之前也有人发表文章提到这些事，只不过我是第一个明确地说出来。

历史档案的整理与公布

我把历史叙述基本上分为这么几类：回忆录、传记、口述实录和档案整理，当然还有一些史书的写作。

历史档案无疑是历史叙述的一个重要组成部分。回忆中有很多生动的细节，这些都是参考，但是要真正进入当年的真相，档案的整理、公布，在中国来讲这是非常重要的，因为我们有很多禁区是与档案有关的。在档案没有公开之前，我们有很多的结论都不敢保证是可靠的。根据我的理解和做的工作，档案主要是日记、书信、档案记录、文献，甚至包括当年的一些新闻报道，我都把它归为档案、史料一类的，是当年的东西。当年可能也有编造的东西，有痕迹，但是有些日记就是为了让自己不忘记，就是真实的记录，是一种备忘录，就是可信的。

我现在说的是个人的日记、档案。还有一些是属于官方的重要档案，对于解读现当代史的重大事件是至关重要的，但是在中国来说这方面还是有待于推动的事情。当然中国已经有了档案法，多少年内的档案可以公布，现在50年代的外交档案已经公布了，60年代的档案已经开始公布了，虽然是有选择性的公布，但是比没有公布要好。档案的公布对于史学家、研究者提供了重要的资料。在历史档案面前，很多现当代史，甚至中国近代史的学者都是如履薄冰，可能第一天结论是如此，第二天就被推翻了。

档案的整理和挖掘的重要性是不言而喻的，档案是至关重要的，档案的公布对于我们认识当事人的历史变迁、政治事件、文化事件的内幕都是很重要的,所以说我们要尽自己最大的力量,首先将民间档案能够整理的就整理,能够出版的就出版,这样才能够给人家一个清楚的了解。也正是因为这样的想法和目的,进入新千年之后,我的一个重点放在档案类的史料整理与出版。与陈思和一起主编的"火凤凰丛书",自己主编的"沧桑文丛"、"历史备忘书系"、"大象人物日记丛书"、"大象人物书简丛书"等,仅日记书信类的出版有50本以上。其中包括"沧桑文丛"中冯亦代先生的《悔余日录》。在90年代我就鼓励冯亦代先生将日记整理出版,反映1960年前后知识分子、"右派"群体的活动状况,当然也包括他受组织之派将见到章伯钧的一些情况向上汇报。对于冯亦代先生能够同意我进行整理和公开出版,我是非常敬重、非常感动,我觉得一位老人能够将自己的这一段历史,用这样的形式告知于后人那一代知识分子,有的人就是这样走过来的,这是要有很大勇气的。当时我在写一个"整理前言",我没有展开谈,但是我简单写了几句:"冯亦代的这些日记,详尽地记录了他成为'右派'分子后的日常生活,包括人际交往、读书情况和心理活动。从文字看,颇为真实可信。陷入逆境后的痛苦,被改造者的无奈,依然强烈的求知欲望,对平等身份的企盼,紧紧交织在一起,凸显出一个知识分子弱者的形象。同时,他在日记中还记录了与一批'右派'知识分子当年的往来情况,他们中间有费孝通、潘光旦、陈铭德、邓季惺、章伯钧、罗隆基、丁聪、储安平、浦熙修、董乐山等,这也就使《悔余日录》成为一个群体的生活片段的写照。今天看来,《悔余日录》无疑具有特殊的历史文献价值。它记录的是个人的生活与思想状况,却从一个特殊角度呈现出被打入另册的知识分子群体的历史窘状和精神脉络。这对于剖析20世纪中国知识分子的精神世界,梳理中国当代政治运动史,有着其他文本不可替代的作用,故加以整理予以出版。整理过程中除个别词句作者删去之外,基本保留原貌。"

当事人的勇气是非常重要的,冯先生在1979年之后参与创办《读书》杂志,对于思想解放运动、对于我们30年来中国的人文思想的形成,包括我们这一代年轻学子当时的一些成长,应该说都是起到了非常重要的作用。

从我个人收集档案来讲，最大的收获还不是整理冯亦代日记，而是我自己90年代在潘家园收集到一箱的资料，本来这些资料不应该流出来，恰恰被我买到了，是当年五六十年代中国剧作家协会的一些个人档案，包括田汉、吴祖光等人的，最完整的是杜高先生的档案。杜高从1955年肃反开始就已经有了政审，就是1955年开始这些文人就互相要求他们揭秘、揭发，包括之后到"文革"期间关押、"文革"之后的释放。还有开会时给主持人写的小条子都在，当时我并没有想公开，只是想给当事人看。买到这个档案之后我非常兴奋，我给杜高看的时候，他一边看一边落泪。当时朋友揭发他的，他揭发别人的，他非常难过也非常激动。后来，我就说这种情况都是历史了，能不能把它整理出版。杜先生犹豫了半天，最后说可以，我们原封不动地进行整理，包括对自己不利的内容。

这本书整理出版为《一纸苍凉——杜高档案原始文本》。所谓原始文本，就一定是档案尽量不加任何删减，严格到卷宗的时间顺序和排列，这样档案才会有完整的面貌。杜高先生非常支持，而且他来参与整理，遇到问题他帮忙解答，在整理出版时我和他作了一个很长的对话，谈档案的背景以及他个人对历史的看法。我非常敬重杜高先生，他将自己人生的阴暗面，或者在大的背景下被迫做的事情能够正视它，他觉得这是他个人的，也不是他个人的，是他那一代人的真实写照。在"文革"期间被迫写检讨或者是检举揭发的，很多人不知道，这是一片历史空白，但是其实在1952年开始就有了写检讨和互相检举揭发，而1955年胡风事件之后就成了一个必须，知识分子和文人他们已经进入了不断地检举揭发的循环当中。如果撇开环境，我们很容易得出简单化的结论，但是我们完整地看这些档案，就可以对这段历史，在这个环境中人与人之间的恐惧，就会有了深刻的理解，这样才会有深刻的同情。

随着时间的推移，各类档案的公开是否成为一个必然，或者说我们根据档案法，满了50年、40年年限的这些档案是否可以公开，公开到什么样的程度，我们就不知道了。但是随着时间推移，随着更多档案的公开，还原历史真相的可能性总是会越来越大。在档案公开的同时，我们还需要对相关历史有整体的把握，如果没有整体的把握我们很容易就单个人、单个事来谈，而对历史忽略了。打一个比喻，如果我现在不谈胡风事件和肃反的全过程和背景，随随便便拿出某个重要人物在报纸上对胡风的批判，点名说胡风是反革命，可能现在的人肯定会震惊，因为一般读者并不了解当时所有的报纸和人都在讲这件事。我们要对历史有把握，对历史错综复杂的原因有把握，哪些是个人原因、哪些是道德原因，或者是其他的原因。

因此，我佩服杜高先生的勇气，能够将这些历史的原始文本公开，档案的顺序、档案是哪一天写的、作者是谁，都是清清楚楚的。

假如档案的公布不能很清晰地提供，就失去了档案的意义。

比如说聂绀弩刑事档案，我读寓真的报告文学得不出章诒和所下的结论。寓真引用的档案都是不明确的，他的报告文学写得也很虚，这些事是怎么进入档案的他也不知道。因此，我们就需要看到档案。不知道档案是谁写的，这是很大的问题。我们需要看这些原始档案，了解这些事具体是哪些人做的，与聂绀弩入狱有没有必然的联系。这是非常重要的，寓真先生作为法院的院长，应该知道档案的法律效用。我是主张档案全部公开，只有这样我们才能对一些事情进行总结、归纳和分析，那个时候才会还原历史，那些时代这些人为什么这样做，这样做是主动还是被动，就是说是有关部门迫使他们做还是他自己主动做。还有举报材料的厉害程度等，涉及个人道德的问题，涉及组织原则的问题，都是需要我们具体分析。在档案没有公布之前，我们无法做这些研究，并进行评判。

因此，寓真先生既然迈出了还原历史真相有积极意义的一步，那么我们有理由希望他将所掌握和依据的相关档案，按照档案公布的原则和规范性予以完整公开。

珍爱历史文化

历史悠久，文明古国，我们常常引以为自豪。然而，自豪归自豪，更为重要的却在于如何珍爱祖先留下来的历史文化。

说珍爱，绝非仅仅背几个教科书上的概念，或者满足于张贴几幅标语口号，以为这样就万事大吉了。生活中不难发现这样的背景：面对祖先留下的丰富文化遗产，先是抽象地唱几句赞歌，随后，一转身，头也不回地就将之毫不客气地抛掷一旁。

现实从来就是历史的一环，珍爱历史文化，当然就是如何将现实更为合理地、更有机地与历史连接起来。

历史文化不是单一的，它存在于生活的各个领域和每个角落。在中国这样一个历史悠久的国度，地名也好，村落也好，胡同街巷也好，往往会浓缩着历史文化的精华与灵魂。重视它们，研究它们，进而珍爱它们，在发展中、在建设中给予特殊对待，重视一个地区文化的历史性和整体性，这是一个紧迫而严峻的课题。

珍爱，不只是为了历史，更是为了现实，为了未来。没有历史文化做背景，失却历史文化的丰富内涵，这样的发展又焉能不显得轻飘而苍白？

有过拆除北京城墙的教训，有过全民性“破四旧”不堪回首的荒唐，有过“东方红”之类地名泛滥成灾的一时混乱，那么，在20世纪90年代的今天，走出误区，真正把珍爱历史文化与现实生活密切联系起来，应该不再是一个奢望。

可惜从此失荆州

荆州的大名没了！

这个因为“关羽大意失荆州”的历史故事而变得家喻户晓的地名，在改县建市的潮流中被丢弃了，而且是永远的消失。在今后的湖北省地图上，人们再也看不到“荆州”这个名称，取代它的则是一个新组成的、令人费解的地名——“荆沙市”。

一个千百年历史形成的地名，一个有着丰富文化内涵的地名，居然如此轻易地消失？

谁都承认随着经济的发展，农村向城市过渡，改县建市已经成为趋势。在这一进程中，经济当然是最为根本的制约因素。可是，地名却又远不是经济所能包容的。经济决定着城镇的形成。但在很大程度上，在中国这样一个有着悠久历史的国度，文化却又能在更深层次上和更大范围里影响着一个地方的发展，构成某一地区深厚的历史内容。

譬如荆州，这里丰富的文化积淀姑且不论，对历史略有所知的，稍稍知道一点三国故事的，有谁不知道关羽发生在这里的故事？20世纪50年代以来，荆州地区的行署所在地设在江陵，而江陵同样是个古今闻名的地名，又有谁不熟悉李白“千里江陵一日还”的诗句？可是，在为一个新建制确定名称时，它们都被弃之不用，岂不怠慢了历史的赐予？

当然，决策者们也有他们的难处，把荆州(江陵)和沙市合并为一个城市，经济实力、地方情结、人事平衡等，诸多因素都决定着难以将其中一个地名来为新的城市建制命名，在这样的情形下，悠久的历史和深厚的文化积淀就只好忍痛割爱了。于是，唯一两全的选择便是各取首字，组成“荆沙”。彼此都有份，皆大欢喜，各得其所，可是，这样一来，就不免委屈了业已形成的文化传统的优势。

几十年前，同样的烦恼可能也困扰过为湖北襄樊市命名的人们。把隔汉水相望的襄阳、樊城合并为一个城市，也是顾不上它们各自赫赫有名的历史，各取首字，定名“襄樊”。可是，让它为人们所接受所熟悉，该付出多少时间和精力。我遇到襄樊市的一些官员，他们说，在到香港东南亚招商时，许多华侨根本没有听说过“襄樊”，听发音往往误以为“湘潭”。但一说起襄阳、樊城，却无人不知，无人不晓。因为一部《三国演义》，因为诸葛亮、刘备的足迹，就足以让他们熟悉这里。我曾设想，假如当时叫做“襄阳市”或者“樊城市”，在时行“文化搭台，经济唱戏”的今天，在宣传地方的知名度方面，不是要省却好多财力物力，再好的广告和宣传，又怎能比得上一部《三国演义》呢？

从这一角度来看，其实，地名的价值不只是限于历史文化范畴，一旦它受到应有的重视，它便会有丰富的价值被激发出来。这里包括着历史的、文化的价值，同样也有无形的经济价值。文化不会是可有可无的点缀。关键看人们具备一种什么样的眼光，去如何重视，去如何挖掘。

我无法断言人们需要多少时间才会熟悉“荆沙”的名字。毫无疑问，它终归会被人熟悉。但我相信人们会一日日感到，丢弃“荆州”，该是一个多么大的遗憾！我真担心，像这种忽视历史文化，无奈地采取各取首字的做法，会在改建制的潮流中不断应用。假设一下，有一天隔江相望的扬州和镇江被合并为一个大城市，命名为“镇扬”或“扬镇”，毗邻的苏州和无锡合并时命名为“苏无”或“无苏”，那时人们该如何面对呢？

喜闻荆州去复来

消失的荆州归来了!

新年伊始,我接到《湖北日报》一则消息的剪报。消息的标题是《荆沙市更名为荆州市》。据消息称,湖北省政府于 1996 年 12 月 17 日发出通知,将荆沙市更名为荆州市。

“荆州”去而复来,值得庆贺!

去年我在“夜光杯”发表《可惜从此失荆州》一文,对在行政区划变化时,用“荆沙市”来取代“荆州”这个著名历史地名而感到遗憾,进而为在地名改变中忽视历史文化传统的做法有可能进一步蔓延而表示忧虑。文章发表后,不少读者表示与我有同感。但朋友中也有的说我是多管闲事,或者说我说了也是白说。生米已经煮成熟饭,消失了也就消失了,这是无可奈何的事。

然而,荆州在消失一段时间后终于重新归来了。

我知道,不会因为自己的一篇小文就导致有关部门作出这一决定。但作为关心过荆州地名消失,并公开表达出忧虑的一个作者来说,看到它能够重新归来,焉能不感到欣慰与兴奋?

荆州去而复来,表明有关决策者开始越来越重视历史文化的赐予。亡羊补牢也罢,事后诸葛亮也罢,毕竟是值得赞许的事情。更为可喜的是,有关决策者们不再固执己见,而是注意听取不同方面的意见,灵活地解决业已成为定局的问题。这不仅表明了一种对文化的尊重,更显示出从善如流的一种气度。在庆贺荆州归来的同时,更应庆贺的是这样的气度与精神。

荆州去而复来, 在更深的层面上反映出今天的人们对历史文化的尊重。历史文化,不是空洞的口号,不是可有可无的点缀,它就存在于人们生活的每个角落之中。尊重历史,尊重文化,首先在于珍爱历史的赐予,而不是忽视它们,甚至无所谓地将之丢弃。

北京近几个月来有一个牵动千家万户的行动, 就是为恢复北京站附近的一段城墙捐献城砖。这是北京城唯一一段未被拆除的城墙,但已破坏殆尽。有关部门发出倡议,请北京人将散落各处的城砖捐献出来。于是,仿佛整个北京城都为之行动起来。有的老人蹬着小三轮,运来家里仅有的一块城砖;有的单位,组织职工郑重其事地运来几千块;更多的人纷纷打来电话提供线索,或者参加到义务劳动的队伍……显然,今天的北京人,以这样的方式来表示对已经消失的老北京城墙的留恋,表示出他们对生活其中的历史文化的热爱。

同样是北京人,过去拆城墙,如今捐城砖,30 年间截然相反的举动。从文化意义上说,这无疑是一个历史进步。

荆州去而复来,是另外一个印证。

可惜从此无徽州

天下无人不识君

稍有历史知识、文化知识的人，几乎都会知道徽州。一个“徽”字，有着极为丰富的历史文化含量。

徽州，早在秦汉时期设郡，北宋时期正式建徽州府治，已有长达两千三百多年的历史。地理位置、自然环境、民风民俗，这一切使徽州在发展过程中逐步形成了丰富的文化内涵。因而，徽州，不再仅仅是一个单纯的地理概念，而是已经成为世人瞩目的区域性文化的一个经典之作。

写建筑史，不能不提到徽派建筑。粉墙青瓦，木刻砖雕，明清遗韵，至今令观光客、令研究者流连忘返。

说起商业，少不了徽商的风光。“无徽不成镇”，这个说法是当年历史上徽商崛起的最好印证。

说起京剧，谁人不晓徽剧？200年前“徽班进京”，拉开了京剧历史的序幕。

文房四宝中，徽州的徽墨、宣纸、歙砚，大名鼎鼎，历久不衰。

朱熹、戴震、胡适、陶行知、黄宾虹等一批著名历史人物，为他们的故乡赢得了荣光。

安徽省的名称，更是少不了这个“徽”字。

徽州，是历史，是文化，是现实与传统连接的不可或缺的一环。

可惜，这个地名如今消失了。

黄山一口“吃掉”徽州

位于原徽州地区境内的黄山，20世纪80年代进入开发高峰。最初于1983年设立的黄山市，管辖范围主要限于黄山风景区，其市府所在地原太平县，与黄山紧邻，推窗即见黄山景色，距九华山风景区也只有40公里。此时的黄山市，与徽州行署所在地屯溪遥相呼应。原徽州行署所在地屯溪，是徽州文化的中心城市和依托城市，屯溪老街、歙县牌坊、黟县民居，构成了一个完美的人文景观区域。可以说，此时的黄山市与徽州，形成自然景观与人文景观双翼并存的良好形态。

但是，1987年，黄山市扩大至大部分徽州地区，市中心搬至屯溪，徽州地名取消，易名为黄山市。

黄山吃掉徽州，一个直接的弊病立即表现出来。

屯溪实际上与黄山有相当远的距离。据有关材料，这里距黄山南门75公里，距北门131公里，距西门140公里，距东门96公里。徽州地区改为大黄山市之后，原徽州地区各县为了发展旅游，纷纷打出“黄山”的牌子。屯溪火车站改为黄山站，屯溪机场改为黄山机场，岩寺离黄山60多公里，也叫黄山南大门，歙县离黄山80多公里对外也称黄山脚下，甚至远离黄山一二百公里的地方，饭店、旅行社、旅馆都挂上了“黄山”的桂冠。

真正不方便的是游客。兴冲冲下了车下了飞机，以为到了黄山，谁知却迟迟难见黄山真面目，结果不得不再长途跋涉。实际上，从旅游角度看，所谓黄山市，不过是一个黄山南部地区部分游客的中转站。

尤其令人遗憾的是，“徽州”作为地名从此再无踪影。历史悠久的徽州，被一座山一口吃掉。“皖南处处皆黄山”，这是一些有识之士的自嘲和无奈。

地名是历史，是文化

历史不能割断，文化不能串味，一个历史悠久的地名更换，应该慎之又慎。

历史文化,不是几个空洞的口号,也不仅是教科书上几个简单的概念定义，更不是可有可无的点缀。它存在于人们生活的每个领域和角落。作为地名这样一种特殊的语言形象,它更有其相应的稳定性、丰富性。特别是类似徽州这种类型的地名,有着丰富的历史文化内涵。尊重历史,尊重文化,首先就在于珍爱历史的赐予,而非忽视它们,甚至无所谓地抛弃。

发现自然风景区的价值，开发旅游资源，并不意味着消解传统文化,淡化历史形象。一个疑问是:失却深厚的历史背景和文化内涵,旅游又如何真正发展起来?

1992 年 7 月 8 日,民政部曾经召集有关专家、学者和行政管理人员召开过关于“地名”问题的专题座谈会。会上专家们指出:“名山大川在全国乃至世界人民心目中,已形成特定形象,不宜扩大其名称的指称范围,以避免造成名称的泛指、泛用,避免造成特定空间形象和地理区域范围上的名称混乱,现行政区名称无任何弊端,无任何不妥之处,且沿用已久,如‘泰安’之名,不仅是由‘泰山’派生出来,而且取名高雅,含义健康,不必改名为泰山市。”

专家们的意见无疑是尊重历史文化,符合地名规律的。

几年前，湖北省沙市和荆州合并时，舍历史悠久的荆州地名而不用,改为荆沙市,这是一个明显的失误。经过舆论界和各界人士的努力,湖北省政府于 1996 年 12 月发出通知,将荆沙市更名为荆州市。亡羊补牢,犹未晚也。尊重历史文化的赐予,堪称明智之举。

随着经济的发展,随着农村逐步向城市的过渡,地名的更换必然会越来越频繁。在这一过程中,如何尊重历史和文化,如何遵循地名规律,应该值得重视,值得研究。

但愿名山大川吃掉历史文化的事情不再发生!

徽州，徽州，欲说还休

写文章爱管闲事，总是会让人讨厌。想想看，八竿子也打不着的事，你在那里评头论足，岂不是吃饱饭撑的？于是，人一写文章，总也免不了这样的习惯。结果，偶有不慎，我也就成了这种令人讨厌、给人添乱的人。

几个月前，有感于十多年前徽州易名为黄山市，我写了《可惜从此无徽州》，为徽州这个历史悠久的地名从此消失而感慨万分。

略有常识的人都知道，徽州在中国传统文化中占据着难以取代的位置。长达两千三百多年的历史中，特殊的地理位置、自然环境、民风民俗，使徽州在发展过程中逐步形成了丰富的文化内涵。徽派建筑、徽商、徽班进京、徽墨、宣纸、歙砚……徽州已经成为世人瞩目的区域性文化的一个经典之作。显而易见，徽州，是历史，是文化，是现实与传统连接的不可或缺的一环。可是，十多年前，有关方面片面理解强调开发黄山旅游的重要性，便忽略了历史文化的延续，不顾地名规律，生硬地将徽州地名取消。结果，徽州从此消失在历史远处；结果，远离黄山的地方也成了“黄山”，颇引起游客的误解和麻烦。

我对徽州地名的消亡一直耿耿于怀，却从未想到撰文呼吁。几年前，湖北合并荆州和沙市，舍弃荆州、江陵这样的悠久地名不用，起了一个不伦不类的地名“荆沙”。我是湖北人，发生在家乡的事情才又一次引起我对地名更改的忧虑。于是，我提起了笔，发表了一篇《可惜从此失荆州》予以呼吁。值得欣慰的是，不少人士都在关心此事，而湖北有关方面也明智地作出了更改地名的决定。“荆沙”来去匆匆，“荆州”失而复得，可喜可贺！

荆州地名予以恢复，仿佛给我一个信号：业已消失多年的徽州地名，也有可能失而复得。我便不自量力、一相情愿、满怀热望地写了《可惜从此无徽州》，连标题都袭用写荆州的那篇。我想用自己的呼吁，引起所有人的共鸣，引起有关方面的重视，以使问题能够解决。

谁料想，一片热诚反让人讨厌。

发表拙文的报纸，接连收到当地有关部门来信，说是发表我的文章，引起当地一片混乱，影响了工作与生产的正常进行，等等。言下之意，似乎我不仅仅是狗拿耗子多管闲事，甚至还是存心不良的破坏分子。

怎么得了！抛弃老祖宗，贻笑大方，倒是相安无事，皆大欢喜；舆论监督，发发议论，却影响安定，干扰大局，后果严重。好一个撒手锏，挥舞得如此得心应手，真让人大开眼界。

是呀，谁让写文章的人考虑问题过于简单，过于执著。你何曾想到，一个地名的更换或者恢复，常常伴随着行政区划的调整、领导班子的重组、经济重点和投资重点的确定……而这一切，又该和多少人的切身利益相关？

我仍固执。我难以想象，一方面越来越多的人关注、研究、开发徽州历史文化，另一方面却永远没有了徽州这个地名，仅仅是面对史料与遗迹。我甚至确信，能够恢复徽州地名的人，一定会名留方志，功在历史和未来。然而，轻易丢弃历史的人，又焉能顾及未来？

尽管在有的人眼里我已成为讨厌的人。但我对恢复徽州地名的热情依旧。我仍然相信，总有一天，明智之人会作出令世人满意的决策。想必并不遥远。

罢了，罢了，就此打住。

徽州，徽州，欲说还休。谁说天凉好个秋？

襄樊何不称襄阳

金秋时节，数以万计的各方客商、游客，云集湖北襄樊市，参加在这里举办的诸葛亮文化节和中西部经贸洽谈会，这使位于汉水之滨的历史文化名城，着实又热闹了一番。

在开幕式晚会上，人们见到了毛阿敏、韩红、张信哲、郭富城等一批明星的身影。主持晚会的是扮演过诸葛亮的唐国强、电视节目主持人周涛。周涛的主持很到位、得体，但当她提到东道主时，却多次把“襄樊”说成了“襄阳”。

不能怪周涛的口误，与几十年前才出现的“襄樊”这个新地名相比，“襄阳”这个地名实在是历史太悠久、名气太大、文化底蕴太深了。可以说它早已溶进了中国文化的血液，溶进了中国人的记忆。

熟读《三国演义》的人，对襄阳当然不会陌生。120回《三国演义》有31回的故事便在这里发生。刘备马跃檀溪、水镜先生举荐诸葛亮、刘备三顾茅庐、诸葛亮在襄阳郊外的隐居地隆中发表著名的“隆中对”，诸多故事，在中国几乎家喻户晓。

喜爱诗歌的人，对襄阳当然不会陌生。唐代诗人孟浩然在这里出生并在郊外鹿门山隐居，人称孟襄阳。“人事有代谢，往来成古今。江山留胜迹，我辈复登临。”千古绝句，吟诵于此。王维在游历襄阳后，也欣然写下这首诗:“江流天地外,山色有无中。……襄阳好风日,留醉与山翁。”诸葛亮文化节开幕式晚会定名为“襄樊好风日”,可见当地人对王维诗句情有独钟,却又因为地名已改,不得不套用之。

喜欢书法的人,对襄阳当然不会陌生。宋代大书法家米芾旅居襄阳多年,号“襄阳漫士”,人称“米襄阳”。米公祠至今矗立汉水边。至于喜欢读金庸的人,对襄阳更不会陌生。从郭靖、黄蓉到杨过、小龙女,一个个扣人心弦、跌宕起伏的传奇故事,在这个兵家必争之地发生。

襄阳隔汉水与樊城相对,襄阳的故事从来与对岸的樊城密切相关。“铁打的襄阳,纸糊的樊城”,民间流传的这个俗语,固然是从军事角度来谈两座城,但也说明隔江相对的襄阳、樊城,实际上是连为一体的。50年代襄阳与樊城合并为一个城市,但不知为何舍弃襄阳、樊城如此具有历史影响和文化底蕴的地名不用,却各取头字,起了一个陌生的名字——襄樊。

不可否认,经过当地政府多年的努力,襄樊作为一座新城市,有了一定名气。但它又怎么可能取代“襄阳”在人们心目中的位置呢?当地官员也时常感到使用新地名的不便利。一位官员说,他们到外地或海外,每当提到襄樊,对方总是不知所云,而一提到襄阳,几乎无人不晓。这便是地名文化内在的生命力。一个地名的历史影响一旦形成,是很难改变的。此次襄樊举全市之力再度举办诸葛亮文化节,借历史人物的名声来扩大地方影响,吸引八方来客,取得可喜效果,可见当地深谙打好历史牌的妙处。据介绍,诸葛亮文化节今后每年都将举办。那么,何不也打好“襄阳”这张同样具有价值的牌呢?

几年前,湖北的荆州与沙市合并时,曾一度沿用襄阳、樊城合并时采用过的办法,起名为“荆沙市”,结果引起各方人士异议,认为舍弃有着历史价值的荆州不用实在遗憾。可喜的是,有关方面最终恢复了荆州的大名。这说明,人们开始越来越注重遵循地名规律,挖掘历史文化价值。也只有这样,才谈得上继承历史传统。

襄樊有无可能改称襄阳呢?新地名虽然用了40年,但与2000年相比,40年只一瞬而已。

附注:报载2010年年底襄樊市正式更名为襄阳市。

忧虑周庄

似乎只有沈从文才真正认识到梁思成的价值。他在1948年曾发表过一篇《苏格拉底谈北平所需》,假借苏格拉底之口,来表述他对北京古都未来发展的设想。他认为,像北京这样的文化古都,最好有一位“治哲学、懂学术、爱音乐”的全才担任市长,而古建筑专家、联合国大厦建筑设计委员之一的梁思成若能任副市长,“实中国一大光荣事”。

这当然是一个文人的书生之见,但沈从文却从一个角度说明了一个今天看来仍然非常重要的问题。一个具有文化特点的城市,需要总体上的把握,需要立足于文化价值之上的创造或者保护。基于这样一种想法,我走进周庄的街巷里,游兴便渐渐消融于深深的忧虑之中。

在我看来,周庄的确算得上一个奇迹。它并非处在远离城市的偏僻之乡,而是和上海等大小城市相邻,可是,它居然逃脱了“文革”浩劫的破坏,也避免了都市的蚕食,得以较为完好地保留下来,实乃一大幸事。小桥依旧,庭院依旧,一条条穿行于明清建筑之间的石板路,依旧散发着浓郁的文化韵味。有周庄这样一个基本保留水乡古镇特点的地方存在,对失去传统太多的江南来说,对今天越来越深受大都市嘈杂烦扰的人们来说,无疑是一个难得的慰藉。

周庄是一颗遗漏下来的珍珠。它不再仅仅属于一个狭小的区域,而是江南水乡共同的财富。今天的人们,应该更加细心地予以爱护,而不能再让其受到过多的损害。这就需要更多的有识之士,如同沈从文、梁思成一样,具有深切的文化关怀。不仅仅将这个小镇视为生存的空间和经济发展的载体,更应该将其视为历史文化的一个宝库,按照文化规律来发掘其潜在的文化价值和经济价值。

然而,走在周庄的街巷里,令人担忧的景况随处可见。游人多了,店铺酒馆自然应运而生。问题是,对旧建筑的改造,很少考虑到与整个古镇风格的协调。方方正正的水泥柱子,支撑起毫无特色的酒楼;有机玻璃制作的招牌,粗糙简单,横挂于小巷上方,把美丽的飞檐砖雕遮挡。类似的改建好像大有增加的趋势。看到它们,对小镇的欣赏顿时受到破坏,那感觉就仿佛一曲优美的音乐,被突兀而至的阵阵杂音打断而韵味尽失。举起相机想到街巷里留影,却发现那些新招牌无孔不入地成为背景,要想避开它们几乎是不可能的了,在这种情形下,就只好放下相机,走开罢了。

更让人忧虑的是水。在今天的江南水乡,想看到清澈水流好像早已成为一种奢望。周庄同样如此。古桥下流淌的当然不是清水,还随处可见游人随手丢弃的废物。顺着清静的南湖街往前走动,在湖岸的一座石桥旁,我惊奇地发现,一艘机动船正停在那里往湖水里卸土。这是湖水的一角,看得出已经往湖水里卸过不少次泥土,因为一个面积大约有200平方米的地基渐露雏形。可以想见,不久之后,在那上面一定会修建起新的房屋。湖水面积被蚕食,风格不相协调的建筑逐日增多,我难以想象周庄会以这样的方式走进下一个世纪。

不是不能发展,也不是不能将旧建筑改造,但这需要纳入一个良性循环之中,立足于长远来考虑。对于周庄这样一个难得的旅游资源来说,唯有重视其传统韵味和整体感觉,才会最大限度地发掘其历史价值和经济价值。

一曲被杂音破坏的音乐,谁又会去欣赏倾听?

忧虑告示牌

1995 年 3 月,我去了上海附近的古镇周庄。回到北京后,有感于周庄陆续出现的用有机玻璃、不锈钢制作的招牌,与古镇原有的风格颇不协调,影响业已形成的整体美感,便写了一篇文章《忧虑周庄》。前不久,有朋友从周庄回来,告诉我,我曾经为之忧虑的招牌,已经在那里消失。听了,甚为欣慰。

我为周庄人的明智和气度而高兴。

不过,我对告示牌的忧虑,并没有因为周庄的改变而荡然无存。

最近,不少城市又开始在街头竞相竖立宣传告示牌,且有推广的趋势。这些告示牌,多是用有机玻璃和铝合金制作。它们大多竖立在大街两旁醒目的地方。方方正正,亮闪闪,明显显。白天阳光照耀,晚上车灯扫射,颇让人有睁不开眼的感觉。它们夹杂在树丛草坪之间,却与绿色显得颇不协调,而形状过于方正,更无法与树木与周围的环境形成一个整体。

大连市近年来受到人们的青睐,依我看,正是那里开始注意营造一种城市的整体风格。去年我到大连,走在广场和大街上,我感觉到,草坪、树木、雕塑与周围的建筑,不是孤立存在的,而是浑然一体。一个城市的文明便在这种整体美中体现出来。我想,如果大连没有这些年脚踏实地的、基于环境整体美考虑的建设,即使竖立起满目皆是的宣传广告牌,也断然不会令世人感叹它的美丽,一座城市的精神文明建设,也恐怕只会是一句空话。

我想到了著名建筑家梁思成。当年他竭力主张保留北京城墙,并不是单纯出于一个建筑师的怀旧情怀,而是基于北京文化整体的认识。在他看来,北京业已形成的缠结文化,恰恰是以北京城墙为中心的。没有了城墙,没有了如同巴黎、罗马的凯旋门一样的牌楼,胡同、四合院便会黯然失色,原有意义上的老北京文化也就不复存在了。梁思成有一个既浪漫又切实可行的构想。城墙上可以成为一个巨大的城市花园,供人们游览休息,城门内墙,可以建成图书馆、阅览室……

可惜梁思成的建议和设想,最终没有实现,历史也因而留下了永远的遗憾。但是,他的忧虑,他的遗憾,正可以加深今天人们的认识。无论从建筑美学上看,还是从人与环境的关系来看,一个城市的文明,当然应该建立在和谐基础之上。一个个片段,如果相互排斥,那就只能留给人们支离破碎的印象,城市的文明也就无从体现。

告示牌当然还有存在的必要。但是,除了考虑一种宣传功能、形式功能外,更应充分考虑必要的建筑美学、环境美学的规律,在造型、形状、材料、安装位置等方面多下工夫。这样,告示牌才有可能既是宣传精神文明的载体,也是城市文明的体现。

但愿不再忧虑告示牌。

北大的拆墙

轰隆一声闷响，北京大学校园的南墙没了，据说是为了适应市场经济发展的需要，代之而起的将是体现科技先锋的载体——公司等。

可以想象拔地而起的建筑，将会多么辉煌而富有魅力。映着俏男靓女身影的大理石地板，光线柔和而五光十色的壁灯、顶灯，午夜间依然闪烁不停如水一般流动循环的霓虹灯广告，该会形成一副多么华丽的、被誉为现代化的景色。

据说这就是面向了市场。据说这就是大学未来的走向。因为，那些即将矗立而起的大大小小公司的建筑，容纳着校园内伟大的智慧，并把它们直接引入了充满竞争性的市场。

该为此欢呼，该为此放上一挂又一挂鞭炮。难怪报道这一消息的所有新闻媒介，无不将之誉为“北京大学迈出了走向市场的第一步”。

这当然称得上一则春天的新闻。

是不是所有人都在欢呼，是不是所有人都在点燃鞭炮庆贺，我当然不知道。我没有时间更没有兴趣走到校园里问一问不同年龄层次的教授或学生，他们在拆掉南墙的一刹那，在墙体轰隆倒塌声传到耳边的时刻，心里充溢的是兴奋、欢乐，还是伤感、迷惘？我要是那样做，一定会被人认为活得极其无聊。如今，一切都在躁动中，都在不免带有一点儿仓促地向前撞去，谁还有那份闲心过问每日每夜身边突然发生的一切。虽然在北京已生活了十多年，但北大对于我还是非常陌生的，走进校园的次数可以说屈指可数。那里的景致和人文风景，我非常淡漠。一些熟悉的友人，常常是在书中见面的。至于南墙有多高，是什么颜色，我现在怎么想也想不起来。它有多久的历史，更是一无所知了。

第一次经过南墙走进北大，那是在20世纪80年代初，我是为了撰写萧乾先生的传记，特地走到未名湖畔，观看他20世纪30年代就读燕京大学时的故地。我漫步于湖边小径，弯曲的小溪把我引到丛林间。那一天，很静。我便随意坐在草坪上，闭目想象着半个世纪以前，年轻的萧乾在这片寂寞天地里，如何坐在湖畔构思出他的小说处女作《蚕》……

还有一次是去看望宗白华先生。那是在夜间，由汽车把我带到他家。车灯摇曳中，新旧建筑替换出现，校园的景色是朦胧的。我的印象中，他居住的那几栋楼正在整修，我穿过脚手架走进他的房间。房间很陈旧，满屋子都是旧书刊发出的霉味。那一年宗先生已是快90岁的老人，他就是默默地生活在南墙北墙东墙西墙围起来的这一小小的天地间，功名于他淡薄得很，直到去世依然如此。

这也许就是南墙里面的世界给予我的淡淡印象。我知道那里面演出过的中国现代史上一个个辉煌的戏剧，知道那里面曾经汇集过出类拔萃的各类人才。从学问方面来说，我也熟悉从那里面产生的一些杰出学者的名字。那些学贯中西卓有建树的教授形成的稳健、厚重、朴实的学风，在我的心目中，从来就是北方学派的代表。从而，南墙里的北大，在教育和学问方面简直是“一片净土”。当然，实际上北大是一个恢弘的存在，我很难用这样简单的词汇概括墙里面这个北京都市很小的一角。

如今，这方“净土”不再安静，不再如以往一样，任由那些“迂夫子”在高墙之内静心地做他们的学问。随着南墙的拆除，过去意义上的、我心目中的燕园，已不复存在。市场上此起彼伏的吆喝声，将和他们的读书声，将和他们思绪的涌动，构成一个新的合唱。谁能断定这样的变化，就不能产生“具有中国特色”的新型大学呢？

由拆墙扯到这里，我发现自己不免颇有些迂。

何止迂。我简直是只以自己的喜好，在这里做着毫无价值的情绪挥洒。南墙的轰隆声响,本身就是对我的偏执、狭隘、故作高深、故作老气横秋状的讥讽。世界一切都在变,学风为何不能变,校园的旧貌又为何不能变?变,才能发展;变,才能领导潮流。我好像已经听到了对我的反驳。

我仍然不解。为什么许多事情总是少不了大学在那里“领导潮流”?一次次政治运动姑且不去说它,仅仅就教育本身这台戏,曾经变换过多少场景,但几乎都少不了这座南墙里率先高歌的独唱或者合唱。譬如当年在校学生匆匆搭班子编辑文学史,譬如把教室搬到农场,譬如新生军训等,就好像拉洋片,总不断有一番景色在撩人心扉。

如今,满社会高喊“市场、市场”的时刻,墙又拆了,过去手持教鞭或者埋头书斋的学子,将向人们递上标明“经理、总经理”头衔的名片。真是果断的一跃!

可是我的脑子里总是转着一个又一个疑惑:难道唯有拆墙才意味着走向市场?难道南墙以外就没有地方把自己的智慧变化为产品(漫步街头,举目所见多少高墙大院依然故我,从整个市场发展看,那些高墙如果拆掉,反倒更符合市场意义的选择)?再说,墙拆了,市场经济就真的进入了大学?墙拆了,大学就真的进入了市场经济?两者位置的变换,会产生什么,会给教育带来哪些根本性的变化,这可能是一个难解的深奥理论问题。新闻媒介看到了有形的墙的拆除,那么,无形的墙是否依然存在?真正符合市场经济发展的大学又该如何办,那无形的墙又该如何拆?

不管我如何疑惑,我心目中做学问的那一方净土,已不复存在了。

文章写到这里,已是夜间11点,我怀疑自己是否会做一个梦。梦到北京大学不仅拆了南墙,而且所有的墙都拆了。未名湖成为游客泛舟的所在。这样,不仅办公司可以为教育筹集资金,开发旅游资源同样不失又一个创举。

当然,我肯定不会做这样一个梦。

补注:2001年,北京大学另作决定,拆除商业街,恢复南墙。

风景的悲哀

访问瑞典，汉学家朋友倪尔思陪同我们到北部耶夫勒省去看望他的哥哥、省长拉斯先生。

耶夫勒省位于北纬60度以北的地区。这是我一生中迄今为止到达的最北方的地点。在中国，我到过东北的北部，也只是在北纬50度左右，而耶夫勒，就在北极圈附近。抵达耶夫勒的第二天正好是星期天，省长的休息日。他自己驾车带我们前往参观一个自然保护区，那里是一条因冰川时代改造而形成的河流，在大片森林里穿过，河流虽网状蔓延开去，沼泽地、森林、河水、湖泊相互交替，甚是壮观。

拉斯省长换上他的长筒雨靴，带我们走进森林深处。森林依傍着河水。走上一段时间，拐了一个弯，小河突然在面前铺展为一片湖泊，几座小岛上覆盖着浓密的丛林，湖面上野鸟在悠闲地游弋，出奇的静。站在水边，拉斯省长兴奋地指着两片不同的树木对我说：它们就是不同的南北树木。南边的树叶宽，北边的树叶呈针状。瑞典从这里再往北，就没有宽树叶的树木了。

再走几步，我们走到了沼泽地。一道栈桥掩隐在沼泽地里的芦苇丛里——是不是芦苇其实我也说不准。栈桥远处看不见，似是故意不突出它的存在。一路走来，我发现整个保护区里，几乎没有任何人工修理的痕迹。除了公路旁修有一个木头小屋供张贴游览图和保护区背景介绍外，偌大的保护区没有别的建筑。森林里，只有河水、青草、树木、蘑菇。小路两旁有的树木东倒西歪，有的树木伸进水中，一切都是原生态的模样。脚下的小路也非人工开凿而成。它自然而然地在林中弯弯曲曲。哪怕木头挡住了小路，也不挪开。拉斯省长说，自然保护区就是要尽量维持生态的原样。

这便是瑞典人对自然的态度。质朴、自然、和谐，才是一种至上的境界。

我当时就想到在中国不少自然风景区所看到的大杀风景的所谓“创造”。譬如在张家界，在进入金鞭溪的路口，一座用不锈钢之类材料修建的巨型雕塑，明晃晃亮闪闪矗立在青山之间，色彩、造型与整个环境形成强烈的反差，刺激着人的视觉，令人有整个画面被突然撕裂开来的感觉。至于各地不少大大小小的景区里竞相修建而起的所谓巨龙之类的雕塑等，更是让人大倒胃口。不是说在自然保护区和风景点绝对排斥人的创造，不能增加任何建筑。但首先必须注意环境的协调，尽量不破坏大自然业已形成的格局。谁说草木土石没有生命、没有情感？它们一直在按照自身的规律生长着，相互伴随着。人类与它们之间同样应该如此。不然，真正失去生命美丽与情感的倒是人类本身。

十年前游览江西龙虎山风景区，那里有一个特殊景点，因峭壁上一天生岩石酷似女性生殖器而闻名。当地人带我们去观看，指着上面的那片石头说，当年石头上还有一棵小树，看上去就像阴毛，的确令人惊奇于大自然的神工。但是，“文革”期间一位部队司令前来观看，不知为何大光其火，当即拔枪朝树射击，硬把树消灭掉。从此，上面再也没有长出树或草来。

同样的怪事并不少见。去年在一个风景区，一位当地人指着一道山谷的拐弯处告诉我，原来那里的峭壁上都是树，但有一位领导人说这些树挡住了视线，可以砍去。于是，与峭壁紧紧相依千年百载的那些树惨遭厄运。人的视线好了，大自然早已形成的格局却破坏了。伫望光秃秃的峭壁，听说这样的事情，感叹树的消亡，心头有一种凄凉。

本想写一篇瑞典游记，却在此终笔，也是没有想到的事。

纪实，还是编造？

——关于《沈从文与丁玲的情缘》

一

最近，从两家晚报上看到转载自《名人专访》杂志的一篇长文《沈从文与丁玲的情缘》(作者：许进，以下简称《情缘》)。我没有看到《名人专访》杂志，只读到所转载的内容。但仅仅如此，根据我对有关史实的了解，便可以断定，这是一篇错误百出、令人啼笑皆非的奇文，是作者极不严肃极不负责任的编造。

沈从文与丁玲半个多世纪的恩恩怨怨，从一个侧面反映出不同性格和志趣的文人在时代大背景下的命运。对此，有了解与研究的必要。但是，应有的态度是，必须严格从史料出发，来不得半点臆想和编造。如今，在当事人都已故去的情形下，更应谨慎地根据可以证实的史料和他们本人的回忆来考证和辨析，不可疏忽和随意。

可是，《情缘》一文的作者，不知出于什么目的，却随心所欲地采取真真假假、胡乱剪接、肆意捏造、无中生有的渲染等手法，按照自己的情调和趣味，将沈从文与丁玲所存在的历史恩怨做了一番“精心打扮”，写出了一篇颇能吸引人的“桃色故事”。

下面仅就一些重要史实作一些辨析，读者就可以明白我这样说并非小题大做。应该特别说明的是，为了方便读者理解和辨别，我不得不时常引录《情缘》中的一些文字，想必这一做法不至于引起所谓的版权纠纷。

二

《情缘》的作者很精明，深谙读者心理，知道仅仅根据业已发掘的史料来讲述《情缘》这样的故事，远不如让当事人自己来叙说更能让人信服，更显得真实。于是，他通篇一再强调是沈从文在接受他的采访时自己主动讲述和丁玲的关系的。

《情缘》一开头写道，他在1982年中秋节“一个天高气爽、云淡风轻的日子”，和几个记者到达凤凰城，得知沈从文偕夫人张兆和回到了家乡，便前去采访：“沈老的老家，在城内一座小山坡上，一栋湘西传统式的木房子，数棵红枫绿柳将整个房屋掩得严严实实。木屋小巧玲珑，整齐清洁。我们的访谈是在禾场上进行的。沈老见是老乡到来，格外高兴。我们为了不打扰这位84岁高龄的作家，只拣几个主要问题进行采访，不过沈老自己最感兴趣的是他与丁玲的深情交往问题，他还告诉我们这可是一段埋没了半个多世纪的往事啊！”

仅仅开头第一段，就有四个明显错误。

第一，沈从文夫妇是在1982年5月回到阔别多年的家乡凤凰，同行的有他的表侄黄永玉以及黄苗子。而作者所说的中秋节这天已是10月1日，沈从文正在日本访问，他怎么可能分身术一般出现在凤凰接受作者的采访呢？唯一可以解释的是，作者把日子记错了。但湘西的春天和秋天气候区别很大，春雨绵绵的日子，又从何而来“天高气爽、云淡风轻”呢？

第二，沈从文夫妇此次回家乡，故居正由当地政府修缮，他们住在黄永玉的弟弟黄永全家，因此，作者所描述的那个房屋并非沈从文的“老家”。1989年我陪同黄永玉到凤凰时，黄永玉便住在那里。重要的是，黄永全的家因为是建在山坡上，门前只有三四米宽的空地，刚刚够摆放一个茶几，围坐几个人，哪里来什么“禾场”？

第三，沈从文1902年出生，1982年是80岁，而非《情缘》所说的84岁。这当然并非了不起的错误，但同样表明作者的不严谨不认真，连查作家词典的工作都没有做。

第四，作者说沈从文自己主动提出要讲他和丁玲的“深情交往问题”,这就更加离谱而不可信了。

熟悉文坛情况的人知道,1980 年后沈从文与丁玲的矛盾已经激化。1980 年丁玲公开发表文章，不点名地严厉批评沈从文当年的政治态度和《记丁玲》一书,曾说过这样的话:“类似的胡言乱语,连篇累牍,不仅暴露了作者对革命的无知、无情,而且显示了作者十分自得于自己对革命者的歪曲和嘲弄。”对此,沈从文耿耿于怀,无法接受。他在 1980 年给徐迟的信中非常气愤地表示了对丁玲的不满:“诗刊三月份上中国‘最伟大女作家’骂我的文章,不仅出人意外,也为我料想不到。真像过去鲁迅所说:‘冷不防从背后杀来一刀’,狠得可怕！乍一看来,用心极深,措辞极险。”1982 年 1 月,在给周健强的信中,他仍然表示出对此事的强烈不满。可见两人的矛盾已经无法缓解,在这种情况下,纵然过去两人有过所谓的“情缘”,沈从文又怎么可能主动向一个素不相识的人大讲特讲呢?

几天前,张兆和在回答我的提问时明确表示,沈从文或者她本人,从来没有接受过《情缘》作者这样一个人的采访,更没有对人讲述过《情缘》所描述过的那样一些故事。

同样,根据这一具体情况分析,《情缘》作者在文章最后拿出丁玲作为自己文章的佐证,也完全是一种编造,是为了增加自己描述的权威性而做的“手脚”而已。他写道:“半年之后,丁玲要我为武陵源导游,在闲谈中她也道出了这段往事,印证了与沈从文所回忆的事实完全相符。记得丁玲当时讲完之后,脸上还带有一种幸福和甜蜜的微笑。”与沈从文关系已经恶化的时候,丁玲又焉能如此呢?

近日,我就《情缘》一文里所说的事情征询了丁玲的丈夫陈明。他说,他和丁玲 1982 年到湖南,是湖南出版局和湖南人民出版社邀请的,同行的还有周良沛等人,陪同旅行的还有少儿出版社的一位女编辑,根本没有所谓点名要《情缘》作者当导游的事情,更不可能有此种交谈。

从时间上也可以证明这一点。按照作者所说,中秋节访问沈从文,半年之后见到丁玲,那就应该是在 1983 年的 3 月前后,但是丁玲到湖南访问的时间则是1982年10月14日—11月12日。

那么,可以推断的是,作者很可能没有采访过沈从文和丁玲。同时,即便作者有可能在某种场合见到过沈从文和丁玲,但绝无可能有过关于"情缘"的交谈,无论沈从文或者丁玲,都不可能。有了这样一个重要的澄清,就可以确定,作者所有天花乱坠式的所谓描述,就只能是建立于子虚乌有基础上的编造。

作者本想借沈从文接受过自己采访这一点来加强文章的分量,却没有想到,他的走笔失误和对事实的无知,使他一开始就露出了马脚。

三

《情缘》作者以为有了"访谈"这样一个形式的包装,就可以随心所欲地编造了。

从《情缘》整个行文和所描述的内容看,作者所依据的史料来源,是沈从文创作的《记丁玲》。

《记丁玲》是沈从文1933年创作的。当时,丁玲被国民党当局绑架而失踪,甚至有传言已经遇难。在这种情况下,沈从文怀着对当局无比愤怒的情绪和真挚的友情,写下了这部《记丁玲》(最初在《国闻周报》上连载时题为《记丁玲女士》)。沈从文以生动的语言,勾画了他所了解的丁玲的形象,记录了将近十年间,他们的交往和友谊。其中,包括他和胡也频、丁玲认识的过程;他们三人志同道合从事文学创作、编辑刊物的友谊;以及因为三个人曾经一起居住而招致文坛沸沸扬扬的传言,等等。应该说,这是一部富有独创性的传记作品,其中有一些文学渲染和描写,但所叙述的基本史实是可信的,是真实的。和在这之前创作的《记胡也频》一起,是目前我们了解沈从文与丁玲关系的最为重要的史料。

但是,《情缘》的作者要么是没有读懂原文,要么是故意张冠李戴,他在转述《记丁玲》中的内容时,不断出现错误。同时,由于他事先安排了沈从文主动讲述的假象,也就放心大胆地往里面塞自己的"私货"(作者对沈从文作品的肤浅理解和误读,还表现在一些细节上。譬如他将沈、丁结识的同时代作家凌叔华错为袁叔华,于庚虞错为丁庚虞,徐霞村错为徐霞林。当然,这里是否有手民之误,就不得而知了)。

先看看作者所大力渲染的沈从文和丁玲、胡也频在北京的第一次见面。

1925 年春天，胡也频带着丁玲到沈从文所住的公寓“窄而霉斋”拜访，这是丁玲第一次与沈从文见面。当时胡也频正爱上丁玲。几个月后，沈从文经人介绍，到香山图书馆工作，已经同居的胡也频和丁玲从湖南回来后也搬到了香山。他们得知沈从文也在香山，拜访不遇，便留下字条约他到他们的新家去。沈从文在《记胡也频》和《记丁玲》中，生动记述了丁玲给他的最初印象，写到了因为同是老乡而有了共同话题，同时也写了他眼中胡也频和丁玲的浪漫和快乐。

在《记胡也频》中，沈从文在叙述香山的第二次见面之后，明明白白写了这么一句话：“这是我第二次见到他们的情形。”

可是，《情缘》的作者对这句话居然视而不见，硬把两次见面混为一体。他这样做的目的其实非常明确，就是要充分表现他所谓的沈从文对丁玲的“一见钟情”和对胡也频的“嫉妒之情”。请看看他的两段描述：

1.“共同的怀乡病使二人无话不谈，他们的友谊从一见面就显得亲密无间了。沈从文常常想起母亲和远方的弟弟，加上正值青春期，对早年夭亡表妹的思念，潜意识正发生着替代性的对异性的爱的特别渴求，沈从文痴痴地望着丁玲发呆。”

2.“谁知当丁玲将他引入房中，发现还有一个男人，房中放了一张双人床和一些用具，布置虽简陋，但从一些痕迹看去，像是刚过新婚的洞房。他心中早已明白三分，相见恨晚，不觉有一种怅然若失之感，顿生一股无名的醋意嫉妒之火。这个男人就是胡也颇。沈从文暗暗羡慕胡也频艳福不浅，尽走‘桃花运’。三人都谈得十分投机，一见面就像是多年的老朋友。沈从文表面上兴高采烈的样子，内心却有无尽的痛苦和妒意。”

这些“生动”描述在沈从文的笔下从没有出现过，即便他对人回忆恐怕也不至于如此评说自己吧？显然，它们完全是《情缘》作者按照自己的兴趣和想象，在发挥着他的“文学才能”。他不顾沈从文和胡也频有着深厚友谊这一事实，将沈从文描写成了一个充满情欲、心胸狭窄的小人。

作者这样的分析和描写，到底有什么依据？

四

在这样一种基调下，作者反复描述所谓的沈从文与丁玲未能成功的“爱情”，描写各自对此的遗憾。关于沈从文、胡也频、丁玲的传言，当年就有过，但还从来没有《情缘》作者的这种随心所欲。

对于人们所传言的所谓浪漫故事，沈从文和丁玲在不同的场合，都异口同声否认。早在1931年，沈从文在《记胡也频》中就写道：“那时还有一些属于我的很古怪的话语，我心想，这倒是很奇异的事情，半年来上海一切都似乎没有什么改变，关于谣言倒进步了许多了。”

1980年，沈从文访问美国时，美国学者夏志清问他和丁玲是否有过“罗曼史”，他回答说：“没有，只是朋友。”

1984年沈从文对研究者凌宇以一种不容置疑的口气说：没有这回事，那是上海小报造的谣。

1983年丁玲访问美国时，台湾诗人丛苏也问她同样的问题：你和沈从文有没有超友谊的感情。丁玲回答：“没有，我们太不一样了。”

他们的否认是可信的。作为沈从文的传记作者，凌宇对此事作过这样的分析：“然而倘若承认男女间的性爱，并非仅仅是一种生理欲求，它还需要情感与精神（包括双方的人格、气质）的相互吸引，那么，一贯被丁玲看做‘软弱’、‘动摇’、‘胆小’的沈从文，是不会引起丁玲情感和精神上的共鸣的。她与沈从文的关系，即便在当时，也不会超出朋友之间的范围，应该是可以相信的。”

他的话有一定道理。

但是，《情缘》作者为了证明自己定下的基调，就不惜一而再、再而三地按照自己的思路和想象来给历史场景“添油加醋”。

他这样写胡也频遇害后沈从文和丁玲的见面：

“当沈从文把胡也频被害的不幸消息告诉丁玲时，丁玲悲痛万分，热泪长流，长时间伏在沈从文的肩上放声痛哭。沈从文理解丁玲此时此刻的心情，一个劲地安慰她要节哀，保重身体，并默默地陪伴着丁玲度过了一个痛苦难眠之夜。”

但是根据沈从文当年在《记丁玲》中的记述，丁玲乍一知道这个消息时的镇定，使在场的沈从文感到钦佩。后来，丁玲在熟人面前也没有掉下一滴眼泪，对每一个前来向她表示慰问的人，她只是抿着嘴微笑。正是根据这一情况，沈从文认为丁玲不再是在北京与情人陶醉在浪漫爱情中的那个女子，温情，多愁善感，已经淡去。而这种转变，影响了她的创作和后来的生活道路。

沈从文写过这样一段话："在熟人中就可以看出她这种不将悲痛显出，不要人同情怜悯的精神，原近于一种矜持。她其实仍然是一个多情善感的女子，而且也不把这样一个女子在这份生活中所应有的哀恸抹去。但她却要强，且能自持，把自己改造成一个结实硬朗的人。因为她知道用理性来控制自己，此后生活方不至于徒然糟蹋自己，故她便始终节制自己，在最伤心的日子里，照料孩子，用孩子种种麻烦来折磨自己，从不向人示弱。当时既不做儿女妇人的哭泣，此后在作品上也从不做出儿女妇人的陈述。"

沈从文的这些话写于半个世纪前，联系到丁玲后来人生旅程上的实际状况，可以说是真实可信的，并且也是准确的。那么，我们又怎么能相信《情缘》作者的描写呢？

作者还写到丁玲在1933年失踪之后的一些事情。

他说沈从文在得知丁玲失踪之后，"立即冒着极大的风险去南京探监，并策划她越狱"。

他还说："1936年的中秋节前夕，丁玲逃出了地狱。出狱的第三天，沈从文又匆匆赶去秘密与她相会，二人见面抱头痛哭，并长时间地拥抱接吻。此时此刻，丁玲才意识到自己真正爱上了沈从文，打算把自己终身托付给他。"

这就更加荒唐了。作者仍然是在编造，对起码的历史事实都不了解。

首先，丁玲在1933年5月14日失踪之后，震动了整个中国。但是，在很长时间里，根本没有人知道她的准确下落。后来又有关于丁玲已经被处决的传闻。正是在这种情况下，沈从文才创作了《记丁玲女士》和小说《三个女性》。在当时，根本不存在任何可能立即冒风险去探监，更无从谈起策划越狱之事，这一点，稍稍看一看当时文化界的呼吁、沈从文的文章和丁玲后来的回忆录《魍魉岁月》都不难找到证明。而且，以沈从文这样一个文弱书生，即便知道下落，又如何"策划越狱"呢？作者真是在"合理想象"！

文化界人士知道丁玲的下落是在1935年冬天，距她失踪已将近两年。这时，丁玲已经属于软禁时期，并非关在狱中，前往探视并不存在风险。沈从文是在北京得知这个消息的。1935年12月，在一二·九运动之后，华北形势吃紧，他便和张兆和带着一岁多的儿子龙朱回苏州张家。途中，他们特地在南京逗留，去看望了丁玲。这是他们在丁玲失踪后的第一次见面。

1989年10月，张兆和对我回忆过这次见到丁玲的情景："那是我们的孩子龙朱一岁多的时候，因为北京受到日本侵略的威胁，我们送孩子到南方去。我和沈从文到上海，路过南京，去看软禁的丁玲。记得她当时住在太平桥一带，和冯达同居，姚蓬子一家也住在一起。我们见到她，她很兴奋。她的儿子小苇护这时已经从常德到了南京，我给小孩还拍了照片，至今还保存着。我们在一起吃饭，看上去她对我们非常热情，没有感觉到什么别扭。"

在这次探望之后，沈从文将丁玲的情况转告了正在编辑天津《大公报》文学副刊的萧乾，并建议他向丁玲约稿。于是，1936年春天，萧乾从天津到上海参与创办《大公报》上海版，就到南京探望了丁玲。丁玲随后寄给萧乾一篇短篇小说《松子》，这是她失踪三年后第一次公开发表的作品。

丁玲在1936年秋天利用可以相对自由活动的机会，在冯雪峰、王昆仑等地下党员的策划下从南京抵达北京，随后逃到延安。在北京时，她曾到沈从文家中拜访，张兆和、湘西老乡刘祖春(后来曾任中共中央宣传部副部长)先后对我证实了她的这次拜访。

由此可见，沈从文和丁玲的重逢，完全是正常的友谊往来，幽会的情景又何曾会出现？哪里存在丁玲在"逃离地狱"后第三天与沈从文"秘密相会"的可能性？至于《情缘》作者所写的那些细节描写和对话，只能说是他别出心裁的臆想，或者说，他是在编撰一个近乎天方夜谭式的言情故事。

更有甚者，在《情缘》即将结束时，作者为了进一步增加文章的可信性，特地插上这么一段：

“已近尾声，我大胆地问了声：‘沈老，你们的缘，其实可以再延续下去呀！’他惋惜地望望我们说：‘多情却似总无情啊！’”

熟悉沈从文晚年的人，大概谁也不可能相信他这样一个年过八旬的老人，一个与丁玲已经矛盾无法调解的人，会对作者讲出这样的话。它倒是让我想到古龙一部小说的名字《多情剑客无情剑》。

五

显而易见，《情缘》虽然打着纪实的幌子，却完全是在编造一个蹩脚的言情故事。

为了达到自己的目的，沈从文和丁玲，都成了作者手中的木偶，任由他摆布。历史真实不再重要，认真的创作态度更无从谈起。在不少知情者仍然在世的情况下，作者居然如此大胆地编造，实在令人惊奇。

对于这样一篇不可多得的编造出来的“纪实”，实在有予以戳穿予以澄清的必要。不能让乐于编造并以此获得某些利益的人，在那里轻松得意地欣赏读者坠入他所设置的“陷阱”，不能让类似的文风败坏历史纪实的名声。

据了解，《情缘》的作者是湘西慈利县政协的一位工作人员，他以另外的笔名，曾将同一文章略加改动，给北京某家杂志投过稿，但未能发表出来。现在，如果作者对我的批评能够提出反批评，如果作者有自己的充分材料证明自己描写的准确性和真实性，或者作者能够自圆其说，我都愿意洗耳恭听。

我等待着。

《沈从文与丁玲》为何被"腰斩"?

跌进沼泽地

多年来我主要研究现代文人,沈从文、丁玲作为现代文学史上的重要作家,自然也在我的视野之内。他们的交往、友谊,乃至后来的矛盾,我想,是不仅仅属于个人恩怨方面的故事,而是可以作为历史沧桑中文人性格的写照。在写关于沈从文与丁玲的文章时,我想尽量达到的也是这一目的,即真实、客观、冷静地写出历史人物的丰富性、复杂性。所以,我的主要着眼点并不在于个人之间的情感纠葛,而是尽可能地全面地展现历史,同时对混淆视听的一些文章也可以起到矫正作用。

从20世纪20年代相识,到80年代相继去世,沈从文和丁玲的交往,经历了友好、冷淡、隔膜、攻击等不同阶段,他们的人生观念和生活的喜怒哀乐,是随着中国政治历史的变迁而不断变换场景和色彩。他们的人生是一部巨大的交响乐,相互的恩怨自然是密不可分的乐章,哪怕它最后发出不和谐的声音。惟其不和谐,更显其复杂和重要。惟其重要,才诱惑人们去聆听,去欣赏,于欣赏之中,更深切地了解他们,感悟各自的性格。这便是我之所以对这个题目产生兴趣并进行研究的原因。

但没想到,半年之内,我所写的两篇关于沈从文与丁玲的文章,先后都遭遇到“腰斩”的命运。一次是在1996年10月的《文汇报》,一次是在1997年6月的《新民晚报》。令人诧异而不解的是,导致腰斩的是与沈从文、丁玲都相识的文坛前辈陈沂先生。

作品一而再、再而三地被腰斩,这是我开始发表作品以来十多年间从未遇到的事情,而被腰斩的原因和陈沂先生所采取的干预的方式,又是那么莫名其妙令人费解。朗朗乾坤,谁能料想风波突起?我不由得颇有一种吃文字饭有如走钢丝绳的感觉,你说不准在什么时候、什么地方、因为什么极微妙的原因就跌将下来,掉进沼泽地里。

苦涩的“腰斩”滋味。

两次腰斩

去年,先后在多家报纸上读到转载的一篇《沈从文与丁玲的情缘》,根据我所了解的情况,我认为这是一篇编造的虚假纪实。特别拙劣的是,作者极不负责地将两人之间的交往改写成一个“桃色故事”,这显然是历史题材纪实作品创作所不能允许的。因此,我在进一步采访沈从文的夫人张兆和、丁玲的丈夫陈明的基础上,写出长文《纪实,还是编造?》予以反驳与澄清。文章由《文汇报》“笔会”准备分两次发表。1996年10月9日发表上半部分,文后注明“未完待续”,“笔会”准备第二天刊载后半部分。

然而,意想不到的麻烦来了。居住在上海的陈沂先生,在读到拙文之后,当即通过各种途径、用一般读者所难以具有的影响力,制止了下半部分文章的发表。对停发拙文报纸上没有任何交代说明,“未完待续”便永远悬挂在那里让热心的读者去想、去猜疑。本人从事报纸工作多年,对现代报刊史也略有了解,以往似乎还没有发生过类似的情况。

同样的情况今年又重演。我撰写的《沈从文与丁玲》自1997年4月底开始在《新民晚报》“夜光杯”副刊上连载。在这篇长篇纪实中,我根据自己的研究和考证,详细地描述了在时代大背景下两个不同性格的文人的命运、成就和他们之间的友谊、矛盾,发表之后,颇受到一些热心读者和文坛前辈的关注和好评。然而,在连载刊出二十多期后,陈沂先生又看到了拙著,并再一次表现出对鄙人作品的超乎寻常的关注,依然发挥别人难以具有的影响力,三番五次指责报社,要求马上停载,并威胁说若不停载他将如何如何。其间经过报社多次交涉,本人也破天荒地给报社和陈沂先生去函,表明态度,希望考虑作品的完整性和对读者负责的态度,不要“腰斩”。但是,商量仍然无效,最终连载还是夭折,所写内容到1949年即告中止。这样,最为重要的沈从文与丁玲“文革”前后的关系发展,晚年友谊的突然破裂,彼此逝世后留给文坛的话题等内容,无缘与读者见面。一部完整的作品,就这样又一次被腰斩。

奇怪的理由

我与陈沂先生素未谋面,80年代初读朱正先生的一篇文章,才对他有所了解。在那篇文章中,朱正先生经过严谨考证,认为陈沂先生回忆鲁迅的一篇文章存在着基本事实的错误,因为当年鲁迅到北平来,不可能像陈沂先生所回忆的那样,与身为北平左联成员的陈沂有过私下来往,更不可能以左联领导人的身份对他作出指示。看过也就看过,我并没有在意。因为我知道,文坛回忆录中出现误差是难免的。只是,我完全没有想到,十多年后,陈沂先生会以一种特殊方式两度干涉我的作品发表。

一个读者对一篇作品表示不满,这是非常正常的现象,也是他的神圣权利。问题是,他完全可以写文章公开发表予以辨析(如同朱正先生所做的那样),甚至予以批评。陈沂先生在30年代就参加了左联活动,也可称做文坛前辈,想必写这样的文章是轻车熟路,其实完全没有必要借用行政干预的手段。

据说陈沂先生第一次要求“腰斩”拙文的理由有三:1.沈从文与丁玲的事情都是过去的事还写它干什么?2.丁玲的丈夫陈明还活着,会告你们报社。3.李辉的文章格调不高。今年第二次要求“腰斩”拙文时,理由是:丁玲是革命者,为什么还要写她当年的感情生活?

理由似乎很堂皇,其实很奇怪。

不能回避往事和感情生活

过去的事就没有必要写吗?

现实从来就是历史的延续，对往事的审视、反思，正是为了更好地把握现实，作为作家的陈沂先生，回忆鲁迅也好，写自己的生活回忆也好，不也是过去的事吗？缘何别人就不能去写？何况，我那篇《纪实，还是编造？》，是对一篇新近发表的杜撰的“纪实文章”有感而发，既有史料又有新闻性，这一点，稍稍具备文学与新闻常识的人大概都会明白，为何一位文坛前辈反倒读不明白呢？

当然，现实中的人，很难对历史人物作出十分准确的评说。但力求通过客观的、言之有据的叙述，来勾画历史的轨迹，总是作者的愿望。不作简单的是与非的评判，为人们描绘史料中呈现出的性格和有意味的话题，这便是我写作时所想达到的目的。对于沈从文、丁玲这类一生经历过一次次大起大落的文人，不管从哪种角度审视，都会有意想不到的收获，并能给人们以启迪。从某种意义上说，阅读一两个文人的生活也就是在阅读历史。对他们的情绪、品行、性格的了解，也就是在审视文人丰富多彩的层面。这样的过去的事情为何不值得写呢？

至于说到革命者的感情生活，就更没有理由说不能写。我们看到，任何描写革命家的传记，都不可避免要写到他们个人的感情生活，没有这方面的真实描写，人物形象就很难说是完整、全面和丰富的。写好历史人物的感情生活，无疑是传记写作不可或缺的内容，而且显然是天经地义、不言而喻的。丁玲是革命者，更是一个作家，凡是研究她的人，难道能避开其感情生活吗？写革命者而不涉及其感情生活，这样的作品恐怕只有从“文革”期间的八个样板戏里去寻找。

就在我的《纪实，还是编造？》被腰斩之后，“笔会”发表了陈沂先生60年代写给妻子的信。过去的信，自然是谈过去的事情；夫妻间的私下通信，自然也属于个人感情生活范畴；陈沂先生参加革命多年，也算革命者吧，那么，令人纳闷的是，这些信怎么就可以发表，而写沈从文与丁玲的文章就不能发表？百思不得其解。如果按照陈沂先生的理由来解释的话，要么写信者不是革命者，可以不在限制其列，要么信中所表现的不只是个人情感，而是文件、社论之类的大道理。可我反复读这些信，从署名的爱称到所谈内容，无论如何只能说是个人之间的通信，而非其他。

陈明与张兆和

至于陈沂先生所说陈明先生会告报社一事，这恐怕是他自己的臆想。多年来，我与陈明先生有着良好关系，我很尊敬他，在研究沈从文与丁玲的这一课题的过程中，我先后多次采访他，得到他的热情帮助，并为此提供了不少资料。文章写出后，也请他审阅过，他对之没有任何异议，而是加以鼓励，还提供新的线索建议我进一步研究下去。

1996年10月9日晚上，得知《纪实，还是编造？》一文第二天将被腰斩时，我去陈明先生家，他当着我的面亲自打电话给《文汇报》值班总编辑，表明了他的态度。他告诉那位总编辑说：他赞同我的文章观点，而且还感谢我出来批驳小报上编造的所谓沈从文与丁玲的“桃色故事”。陈明先生当时还对我说，他遇到陈沂先生时，会将这一意见告知，以避免一些误会。

从80年代初，我就和沈从文夫妇开始往来，撰写过一些关于他的文章，也收集过一些他的资料。他去世后，我仍然常常去看望张兆和老人，我的这一研究课题，同样得到她的支持和帮助。在得知陈沂先生出面干涉拙文的发表时，她感到意外，也表示出不满、气愤和无奈。从她那里我才知道，早在30年代初，陈沂先生和她曾是上海公学的同班同学，从那时起一直到现在，在很长时间里，陈沂先生一直与她有联系，但她没有想到，现在他会以这种方式出面阻止关于沈从文与丁玲文章的发表。

因此，陈沂先生所说有关家属会有意见，只能说是将自己的意志强加于人。而所谓“革命作家，怎么能写那些个人感情的事情”，无非是“以革命的名义……”而已。

格调不高吗

陈沂先生说我的文章格调不高，我不知是对我的所有作品而言，还是主要针对关于沈从文与丁玲的文章而言。本人从事传记写作和随笔创作多年，由于学识、思想、功底诸因素，作品肯定还存在不少缺陷，但唯一可以引以为安慰的是坚持了严肃、认真的态度。至于所写的关于沈从文与丁玲的作品，我所遵循的原则，就是以严谨的文风来描述历史，描述时代背景下文人的性格，以及他们的恩怨沧桑。我予以批评的正是某些作品中存在的态度不严肃、笔调庸俗的问题，读过拙文的读者，完全可以自己作出客观判断。

好在《沈从文与丁玲》在《新民晚报》上一共发表了50多回，全文也即将结集出版；好在《文汇报》“笔会”编辑的《感受那片森林——笔会文萃1996》最近已由文汇出版社出版，其中也将《纪实，还是编造？》一文全文选入。那么，有兴趣的读者不妨找来一读，看看拙文是否如陈沂先生所说的“格调不高”而不应该发表？

需要的是平等对话

莫名其妙被“腰斩”的滋味是苦涩的。

作为一个写作者，我想最好的就是用公开发表文章的方式来表明自己的态度。70多年前，郁达夫看到文学青年沈从文生活艰难，愤而发表《致一个文学青年的公开状》，以激烈的情绪为沈从文呼吁。开始我本来想借鉴一下，以《致陈沂先生的公开状》为本文的题目。后来想，这样不免火气太甚，也并非我的初衷。我唯一的希望是，陈沂先生若是真正爱护一个青年作家的话，可以以一个老作家的身份出来公开写文章，对我的关于沈从文与丁玲的文章以及所有作品发表说理的批评。对于陈沂先生一切客观公正、严肃认真的批评，我将洗耳恭听并努力改进。

客观、真实、平等、说理，这才是当今文坛真正需要的。

有多少天窗可以再开?

期盼中,《沈从文家书》(上、下两册)终于由江苏教育出版社出版了。

在沈从文的全部创作中,书信特别是家书有着特别重要的价值。它们既反映出一个天才作家心灵历程和情感变化的轨迹,更寄寓了他的文学才华,特别是当不再从事文学创作转而从事文物研究和撰述之后,家书几乎成了他唯一施展文学才能的天地,延续着他的文学梦。与此同时,作为私密性极强的家书,总是会或多或少记录着写信人对现实的观察、认识和思考,从而也就在很大程度上能够为历史留下相对真实可信的史料,提供不同角度的细节。

十多年前,我找到沈夫人张兆和和沈公子虎雏,就以上面这些话说服他们第一次编选了一本《从文家书》出版,使我们有机会更深入地了解沈从文。

虎雏先生去年告诉我,他将在《从文家书》和《沈从文全集》的基础上重新编选一本《沈从文家书》,补充一些新发现的信以及家人写给沈从文的信,使其成为迄今最为齐全的沈从文家书全编。

可是,没有想到,新拿到手的《沈从文家书》,一处又一处由出版方作出的莫名其妙的删节,却让人对这一版本失望至极,复有难以言说的悲哀，为沈从文，更为我们读者自身。

问题主要出在下册。1965—1977 年之间的家书，删节注明和空格天窗随时可见。奇怪的是，哪怕 2002 年出版的《沈从文全集》中已经收录的家书，此次居然也没有避免。这里，且与《沈从文全集》(以下简称《全集》)作一对比，看看《沈从文家书》(以下简称苏版《家书》)到底作了什么样的删节。

1.苏版《家书》第 391 页。

此为沈从文 1965 年 11 月 24 日致张兆和信。被删节内容见《全集》21 卷第 499~500 页，系沈对当时国际局势的描述和分析：

> 这些事也许可以避免，也许将于一年二年中会出现，到时红红却成了当年的虎虎，带着她上路的，还得我们！照日本近几月几篇重要文章看来，日韩条约一见实施，一二年内朝鲜就必然随时会有新的事故发生，特别是西贡方面傀儡政权的崩溃前夕，作为他们挽救崩溃的战略，东北问题更容易产生，可能性极大。印度为转移内部经济困难，也会作为美帝工具，而用苏米格廿一飞机和新的兵器在边上挑衅……最讨厌的大致还是日军国主义者梦心幻想，为世界、为他本国带来的灾难危险性格外大。活到这一世纪的人，说壮丽也够壮丽，但是说痛苦也够痛苦！谁都明白战争带来的破坏性，但是谁也无能力使世界几种矛盾化为平衡。特别是资本帝国主义的侵略性，以为解除其本国经济上的危险和内部种种矛盾，最后总是战争，用扩大侵略的战争来作为最后一着棋。目下趋势已显明可以看出又到了战云四布的前夕。特别是越南问题的发展引起的局势，我们不准备忽然的突击，就将犯大错误！闻日本刊物竟有推测今年十一月我不受突击(珍珠港事件似即十一月)，明年三月也会出现问题。因为估计彼时美军结集已完毕，而包围我国的所有大军用机场等也已完成，关岛、琉球及第七舰队的准备工作也已经差不多，且以原子弹一投我即只有投降。这种文章虽出于日人估计，也近于心理战一部分。由我们看来，南越事已够他们焦头烂额，向中

国挑衅,一时还不至于冒险。但总的趋势看来,随时还是会有事情发生。闻京密运河的发掘,即是备战工作一部分,平时可用以灌溉几百万亩京郊土地,战时万一水库被炸,也不至洪水泛滥。南方若干省份已早作预防万一紧急处置。北京方面干部安排,也是不论夫妇一人在外埠工作,即将另一人也外调。馆中已有一同事照政策外调。小弟工厂已有部分入川,连家具也带走(怕那方来不及供应)。惟昨至郊外一看,却又到处在搞新建筑,有的规模并且相当巨大,可见从我方估计,打也不怕,炸也不怕。一切拟进行的建设,还是照预定计划进行。全国均在为第三个五年计划而准备。

2.苏版《家书》第394页。

此为沈从文1965年12月12日致张兆和信。《全集》第21卷第506页中的“科学院社会科学各部门,正在大举讨论吴晗关于海瑞戏剧和姚文元戚本禹文章……”一句,《家书》删除“姚文元”三字,以方框代替。

3.苏版《家书》第426页。

此为沈从文1967年10月21日致沈虎雏、张之佩信。被删节部分见《全集》22卷第66页:

“好在‘三家村’‘阎王殿’均无关系,当不至于如巴金、冰心困难。这自然也只是比较上说的。”

4.苏版《家书》第438页。

此为沈从文1968年2月16日致张之佩信。被删节部分见《全集》第22卷第108页:

妈妈昨在科学院看大字报,才知道学部造反派头头王恩宇、傅崇兰通通捉了。最出人意外的是戚本禹大标语已上街,也随同关锋、王力而出了问题。虽意外,也意中,原来戚、王、关、林、吴、穆、潘、吴……都极熟悉,通声气,戚在两面手法中活动,野心大得很!过去总还以为是“主席身边人”,说话算话,准数。一经揭发,才知道野心扩张到不易设想！又听说文艺组(口)也有了些改动。谁管这个，我们还不知道(“欧阳海之歌是大毒草”也上了街)。只知道金敬迈早已调走，但是一定有许多能干得力小将将继续顶上去，接下去。这一摊子本来并不好管，人事太复杂！

5.苏版《家书》第547页。

此为沈从文1972年6月30日致张兆和信。被删节部分见《全集》第23卷第108页：

闻说川之梁、浙之南、赣之程[②](赣另还有四位)均点了名，举一反三，可知在逐渐清理中必还大有其人也。

删除上述内容后，《家书》又相应删去注释[②]：川之梁指四川省的梁兴初；浙之南指浙江省的南萍；赣之程指江西省的程世清。此前分别为该省革命委员会主要领导人。

6.苏版《家书》第659、660页。

此为沈从文1977年8月16日致沈虎雏、张之佩信。被删节内容见《全集》第25卷第114页：“……这里不久将开十一大会。或已经开，传闻邓颖超、陈云、徐向前……加入政治局常委。”

第116页，同一信中“过去一时安徽生产在宣传中一切好得很，近听本省内行说，却近于一种骗局，所以万里一去，即把假象揭穿……”一句中，“万里”名字被删除，以方格代替。

苏版《家书》中还有一些删节，恕不一一列举。

虎雏先生告知，应出版方要求，除一些删节外，还有几封原已收录在《全集》、《沈从文别集》中的信，此次也被剔除，未能收录进苏版《家书》。

其一，沈从文1967年2月2日致沈虎雏、张之佩信，谈及“文革”进入夺权阶段作者所见，及运动中人事变故传闻。《全集》载第22卷第27~29页。

其二,沈从文 1967 年 3 月 25 日致沈虎雏、张之佩信,谈及对运动趋势的估计,自己的现实状况和对命运的推测。《全集》载第 22 卷第 30~34 页。

其三,沈从文 1976 年 11 月 4 日致沈虎雏、张之佩信。谈及"四人帮"各种罪行和丑闻、批"黑画"、江青服等。《全集》载第 24 卷第 534~537 页。

我不清楚出版者到底根据什么原则作出以上删节和剔除。我不明白,为什么可以保留戚本禹的名字,而姚文元的名字必须删除?当年农村改革的功臣万里的名字为什么要删除?沈从文这样一个文弱书生对时事的观察、关注和议论,为什么要删除?

难道与"文革"有关的人与事,就不能在历史文本中存在,就一定要从人们的记忆中删除,从历史中删除吗?

看看日历——2006 年——正是"文革"爆发 40 周年、结束 30 周年的日子。

虎雏先生给我的信中说:"下册被开了许多'天窗',似半个多世纪以来首例。……连万里、姚文元名字都要隐去,删的取舍原则十分可笑,却是现实。这版本也就如错版邮票,成为某种标本了。"

说得不错。苏版《沈从文家书》的确是一个标本,不过,是一个悲哀的标本而已。

烦恼

图书馆有大有小，烦恼各有不同。

小图书馆常常为缺少图书而烦恼。去年黄宗英忙过一件事，就是四处打电话，为她笔下描写过的人物侯隽募集图书。她说，侯隽在天津宝坻县担任县委副书记，分管文教，颇为县图书馆藏书寒酸而烦恼。她到底是热心而又麻利，三下五除二鼓动朋友们捐献出一批自己的著作和藏书。

那天，侯隽带着图书馆的人员来到北京，开着面包车满城转悠。东一家西一家，大概颇有点收获，但这些努力恐怕只是杯水车薪，图书馆缺书的烦恼，想必仍然会存在下去。

大图书馆可就不一样了。王熙凤说大有大的难处，图书馆也是如此。虽然也有资金不足购进新书的烦恼，但最大的烦恼，恐怕是图书太多。假如又有一些珍贵版本或者手稿之类的文物，那就更加头痛了。得整理，得细心保管，经济拮据，捉襟见肘。怎么不烦恼？此种情形下，无奈，真巴不得书少点儿，手稿之类的宝物也少点儿，省得让人操心。这样的烦恼，绝对是小图书馆无法想象的。

一次去看巴金，老人正和女儿小林为新近看到的一篇文章而愤愤不平。那是一家大图书馆的馆长在某次会议上的讲话，大意是说图书馆颇为保管一些手稿而烦恼,其中提到了《家》的手稿,这些手稿捐献给了图书馆,并不能给图书馆带来什么经济效益,每年却还得花不少钱来保管。听那口气,似乎类似的珍贵手稿,不是增加了图书馆的荣耀,反倒是增加了烦恼。

热心、慷慨,反倒增添别人负担,这绝对不是巴金的初衷,难怪他读到这样的文章而不解,而烦恼。不过,手稿捐出去,也就如同把水泼出去,想收回是万万不可能的。没有办法,只好说说而已,烦恼则久久不会散去。

听说前些年闻一多的儿女也曾遇到过烦恼。编辑出版《闻一多全集》,需要到某大图书馆查阅闻一多手稿。虽然是父亲的遗物,但已成为馆藏珍品,即使是亲人使用,没有钱那也是不能通融的。无奈之下,儿女们只好上书邓小平,最终才得到妥善解决。

有了这样一些意想之外的事情,对于向图书馆捐献珍贵图书和手稿,难免有人会犹豫起来。怕无形之中给人家增加了负担,怕一旦捐献出去,如果自己想看,会遇到诸多不便。怕来怕去,索性束之高阁,且让它在那里睡觉去吧。可是,最大的损失是谁呢?

前几天去看范用,他兴致勃勃地拿出一摞史料给我看。这是1946年年初重庆发生的著名"校场口事件"的有关原始材料。在那次重庆各界召开的庆祝政治协商会议召开的集会上,郭沫若、李公朴等60多人受到殴打,从而引起全国性轰动。这次事件的全过程,从筹备集会到收集慰问信,范用都是参与者。

随便翻翻这摞史料,各界著名人士召开的数次筹备会议的记录,包括与会者签名、发言、历史情景历历在目;医生写的郭沫若、李公朴的验伤报告,两张小小的诊单,和罗隆基亲自写的消息原件,让人感到特殊的分量;各界人士的慰问信中,有八路军西安办事处的来信,有徐悲鸿的亲笔信……任何一件,都有极其珍贵的价值。如果拿到拍卖市场去,价格想必不菲。

范用说,他一直想把这摞史料捐献出去。可是,他犹豫着,他不知该捐献给何处,不敢断定何处才是它们的最佳归宿。

可以理解的犹豫与烦恼。

曾经听范用讲过这样一件事。前些年在影印出版几本共产党早期杂志时,其中有一本缺少几页,他听说美国某图书馆藏有此杂志,就写信请求援助,希望把那几页复印寄来。没想到,他收到的是复印完整的一套杂志,并且分文不收。

他颇为感慨。

理想中的图书馆也许就应这样。

底线:巴金赠书为何流失?

什么事情大概都有一个底线,一旦超越了底线,才会让人惊奇,让人无法接受乃至无法原谅。

做人有底线。譬如朋友之间,可以有矛盾、有冲突,甚至可以反目。但即便反目,却不可出卖。一旦出卖朋友,他就越过了底线。纵然有万般理由,纵然有难言之隐,也很难得到相关人的原谅,甚或令路人侧目。

图书馆当然也有图书馆的底线。近来巴金赠书从国家图书馆流失出来一事,之所以弄得媒体沸沸扬扬,家属感到遗憾,读者也感到诧异、不解乃至气愤。赠书为什么流失?怎样流失的?国图到底发生了什么,如何应对这一事件?人们不断发出疑问,同时,对民间捐献的热情与前景,也产生极大的忧虑。这一切都因为国家图书馆超越了底线。

我是偶然在北京旧书摊上发现巴金赠书的。这是六本盖有“巴金赠书”的英文杂志 *THE DIAL*(《日晷》),其中一册上还有巴金的亲笔签名。根据我的了解,这些杂志应该是巴金 20 世纪 80 年代捐献给当年的北京图书馆(今国家图书馆)的。我收集到的《日晷》杂志为 1925—1926 年间的 6 本。该杂志 1880 年在美国新泽西创刊,是一本纯文学杂志,内文包括小说、诗歌、书评等。巴金 1927 年年初到巴黎留学,这些杂志有可能是他当年购买的。

巴金赠书竟然从国家图书馆流失出来，我感到诧异，与巴金家人联系后，他们确认这是巴金赠书无疑。于是，我与《北京青年报》联系，提供这一新闻线索。2002年12月10日，《北京青年报》发表了该报记者陶澜采写的新闻《巴金赠书缘何流向旧书摊》。报道了我手中的杂志和巴金女儿李小林的说明。巴金赠书从国家图书馆流失一事，遂引发全国各地媒体普遍关注。

12月11日，该报发表相关追踪报道。报道写到，一位北京藏书爱好者在读到10日的报纸后，主动与记者联系，称他收藏有多本从国家图书馆流出的巴金赠书。记者与他见面，亲眼看到了一本，上面分别盖有“巴金藏书”印、“巴金赠书”印、“北京图书馆藏书”印，以及阿拉伯数字的国图财产登记号。

此位藏书者又与我取得了联系。我与他两度见面，亲眼看见他出示的一本1860年前后出版的歌德的德文版《浮士德》精装本，以及另外两册16开的古典名著彩色插图本。这几册书上，除以上提及的几种图章外，还盖有“国家图书馆赠”印。

显然，巴金赠书确实从国家图书馆流失了出来。

在得知巴金赠书从国家图书馆大量流失的消息后，巴金家人感到难以理解和震惊。

李小林回忆，巴金一生酷爱藏书，晚年花费很大精力和时间整理藏书，分期分批有针对性地赠送给北京图书馆(国图)、上海图书馆、中国现代文学馆等。巴金共向国图捐赠过6次藏书，仅1981年、1982年两次的赠书就达3000多册。收到这些赠书后，国图曾致函感谢，其中这样说：“这些书刊是你多年苦心收集、珍藏的，其中许多书刊，如限定版《一千零一夜》、《十日谈》等英、德文译本，都是十分名贵和难得的。这些书刊，对于充实我馆的藏书，加强国家图书馆的建设，必将发挥重要作用，特向你致以衷心的感谢。”

巴金赠书大量流失，令家人为之痛心。在国图一方迟迟未与之联系的情况下，巴金家人于12月16日，向《文汇报》等媒体公开了致国图的公开信。公开信称：这些书都是捐赠人的心血，如果认为没有价值的话，可以还给我们，不应该随便卖到旧书摊或当废品处理，这至少是对捐赠人的不尊重。他们在信中希望国图能善待巴金赠书。

大量赠书流失，也令巴金家人对巴金捐赠的《家》、《春》、《秋》、《随想录》等著作的手稿能否在国图得到善待而担忧，遂在信中要求国图归还，再转赠给“能善待它们的地方”。

超越底线的国家图书馆的反应和态度变化，则是耐人寻味的。

在最初得知巴金赠书流失旧书摊的消息时，国家图书馆立即断然否认。《北京青年报》的陶澜写到，在看到我提供的《日晷》杂志的封面复印件时，国图宣传科的有关人员“肯定地说”：“不可能是国图流出去的。”宣传科人员特意询问了外文期刊部负责人，回答也是“不可能”。

在12月10日媒体予以披露之后，国图常务副馆长杨炳延的措辞与头一天有关人员的回答有所不同。他对《北京青年报》记者表示：“当然，由于各种各样的原因，国图图书可能有流散的情况存在，这是不容否认的。对这次事件的相关调查正在进行中。国家图书馆在强化读者服务的同时，还要继续加强管理，制定严格的规章制度，避免国家财产的流失。”

就在《北京青年报》准备继续追踪报道时，突然接到有关“招呼”，希望北京媒体不再介入。是有关方面出于爱护国家图书馆形象的考虑而主动干预，抑或馆方暗中加以运作而舒缓公众目光的炙热？待考，这里暂且不表。

应了“东方不亮西方亮”这句话，北京的媒体突然偃旗息鼓，上海与广州以及成都等地却烽火再起。12月17日上海的《文汇报》以《希望能善待这些珍贵书籍》为题，报道了巴金家人致国家图书馆的公开信主要内容。大概这一报道才让国图领导意识到了问题的严重性，他们遂于当天与巴金家人进行电话联系。我不清楚，馆方为何在《北京青年报》曝光之后，一个星期里迟迟不与巴金家人联系，连最起码的沟通也没有，却非要等到公开信发表。

好在情况总算有了转机。据12月20日出版的《文汇读书周报》报道说，在17日的这次通话中，该馆一位负责人向巴金家人证实，我收集的6本《日晷》，确实是国图的藏书。

不过，让我感到诧异的是，据12月21日的四川在线消息报道，该媒体记者19日采访国图外文期刊部时，一位工作人员在电话里“语气肯定地”说：“我们已经在大库里一本本地把巴老赠书进行了清理，按当时的书单全部核对过了，一本期刊都没有遗失。”她还“强硬表示”，“我们准备追究未经证实就把新闻登出去的人。”

看到来自国图不同的说法，我真的越来越糊涂了。

12月20日，两位副馆长专程前往上海，向巴金家人当面致歉，表示将尽快清查巴金7000多册赠书的整体情况。待清查之后，再与家属沟通，并给社会一个答复。

大约一个月后，巴金家人收到了馆方的清单。馆方称，经工作人员认真清点，巴金捐赠给国家图书馆的7000多册图书，约有600册没有找到。也就是说，它们很可能流失出去了！

十分之一的比例，令人吃惊！也许图书馆某个角落说不定还躲藏着一本两本或者更多，但数百本巴金赠书从图书馆流失了，显然已是不争的事实。说实话，一开始我还仅仅以为是个人的行为造成少量赠书流失，根本没有料到数量如此之多。这么多的赠书竟然流失出来，看来不会是个人行为了。虽然清单交给了巴金家人，但国图对媒体和公众尚无解释。是管理漏洞，还是其他严重原因？流失的难道仅仅是巴金赠书吗？公众显然希望得到真实的、全面的、不加掩饰的说明。

好歹我可以松口气了。我的披露总算被证实不是空穴来风，更非民间藏书者的造假与炒作。

深深的忧虑却挥之不去。

图书馆是文化人为之信赖的精神家园，大多文化人总是乐于把这里当做自己所珍爱的书籍、文献的最好归宿。因此，民间捐献历来是图书馆、博物馆丰富其藏品的一个重要来源。可是，巴金赠书大量流失事件，显然是对民间捐献热情的一大打击。如何接受民间捐献，如何保管好、利用好民间捐献，国图发生的此次事件虽然还没有最后的调查结果，但已经向各图书馆、博物馆敲响了警钟。

在我看来，巴金赠书的流失之所以引起社会普遍关注，不仅仅因为巴金是名人，而在于这些赠书本身具有文化的和市场的双重价值。譬如，在旧书市场上，如有巴金这种名人签名的图书，往往一册会在数百元以上，有的一两页书信，也会卖到数千元。如此高的市场价值和升值趋势，不能不让人们对巴金赠书的大量流失表示出极大的关注。作为图书馆，一旦接受了民间的捐献，就必然在拥有的同时也负有收藏与管理的责任。就像社会募捐一样，一个基金会假如接受了民间捐款，那就必须专款专用，不得挪用。假如，的确有些捐献的书不是图书馆所需要的，那就应该或者退还捐献人及家属，或者在征得同意后，将不需要部分进行公开拍卖，拍卖所得，可设立专项资金用来管理、整理、研究其余保留的赠书，使其发挥更大的作用，以免束之高阁。对民间捐献如果不予以重视，必然要打击民间捐献的积极性，这对图书馆藏书的增加和丰富显然是极为不利的。

出版家范用一生爱书，他对我说："知道了巴金赠书流失的消息，我很难过。我真不知道我的书以后该怎么办？"藏书家黄裳在写给我的信中不止一次谈论此事。他说他原来就害怕藏品一旦捐献给图书馆，就如入侯门，连自己要看也难，现在巴金的赠书流失出来，他对此更感忧虑。

作家冯骥才酷爱收藏，一直对文化保护情有独钟。他认为巴金赠书从国图流失事件，是对民间捐献的一大打击。他对我说："个人的文化聚积的最好出路是捐献。民间捐献在任何国家都是高尚的行为。巴金赠书的流失显然是对这种高尚行为的无情打击，而且发生在国家图书馆，其影响当然特别大。这件事造成的负面影响，要远比赠书流失大得多。这极有可能把民间捐献这条路切断了。可以说，它给整个国家的民间捐献蒙上了阴影，短时间是挥之不去的。"

显然，巴金赠书流失，带来的负面影响不可低估，同时，也将引发更深的思考。

越过底线，任何时候、任何事情、任何人，都可怕。

在恐惧中开始生活

2003年，这个城市的恐惧是突然到来的。

我至今也还不明白，可怕的、至今仍未被完全认识的SARS，为何在中国一开始被命名为“非典型肺炎”——一种以往医学中曾经出现过的术语。

这个名称开始出现的时候，这座城市和中国的许多地方一样，并没有感到恐惧。相反，有段时间它只是我和同事间茶余饭后的谈资。我们感到新鲜，谈笑间议论着它在称谓层面的好玩儿、有趣。我们都在媒体工作，且都是50年代出生的人，早已习惯了“典型”的称谓。媒体的主要功能就是报道正在发生的事情，无论是喜还是忧，只要发生了就该报道，天经地义，责无旁贷，没有二话可说。可是，从小到步入中年，我们眼中的媒体，多年来好像就是热衷于按部就班地、有计划地寻找“典型”、树立“典型”。就好像“典型”如同产品，是可以按照需求不间断地批量生产的。数十年间，到底树立过多少的“典型”，恐怕没有谁一下子能够一个不落地数出来。有时闲聊时，我们甚至比赛，看谁说出的“典型”的名字最多。

就是在这样一种背景中，突然间出现这样一个名称——非典型。

谁能想到，在后来的日子里，一个“非”字，竟是如此犀利无比地挑开一个个脓包，把诸多弊端暴露殆尽；一个“非”字，竟是如此无情地把人性的方方面面推到了前台。真的，在4月刚刚走来时，大概没有几个人会意识到一个“非”字，会引发如此巨大的动荡，波及中国政治、社会和人性的许多层面、许多角落。

我们的闲聊，是在4月初。在北京，那些日子不断能听到一些关于“非典”的传言，公开报道中也讲到了一位联合国官员在北京的病逝。但我们从未料到实际情形已经十分严峻，更没想到，我们每个人都将很快身不由已地进入一个城市的恐惧之中。

尽管海外的朋友一个个临时取消了此时访问北京的行程，还不断向我发出警告，我还是在4月8日飞往了上海，在那里逗留六天，其间还到嘉兴寻访。在当时，我没有意识到这本是一次不该安排的旅行。

开始感觉到局势的严峻，不是在北京，而是在从上海回北京的航班上。

那天是4月13日——后来才知道，“非典”此时已在北京呈蔓延之势。

走进客舱，我大吃一惊，偌大的波音客机可以载客400多人，但乘客大约只有20人。客舱显得空荡荡，为数不多的几名乘客戴着口罩，行状似乎有些紧张，脸上也许还有几丝凝重，但被白色裹住了，我看不见。其余的乘客，包括我在内，则乐得各找一个宽敞处坐下，开始行程。

现在想来，这一次上海之行，多少可以说有一定的风险。我在后怕。后怕的不只是我在行程中是否可能染上“非典”，更后怕的是，假如我是一个传染源，在上海，在嘉兴，我将传染多少前辈和好友，以及素不相识的人。

真正意识到局势的可怕，是在4月18日。那天，听说一位熟识的朋友患上了“非典”。她是我的一位同事的大学同班同学。她打来电话求救。此时她已经发烧了十天，每天都在38℃以上，最高时达到40℃。根据各种症状和拍片结果，应是“非典”无疑。她是在陪同一位老人到某家医院进行检查时被传染的。她又去这家医院求医，要求住院隔离，却一再被拒收。看门诊时，对面的大夫居然没戴口罩，她听到的对话是：“瞧，又是一个！”等来的答复是：“回家多喝点儿水吧！”于是，她只好坐上出租车拖着病体一次又一次回家。后来才知道，这家医院就是北京的一个重要传染源。无奈中，她自己四处请朋友和同学帮忙。终于在同学的帮助下，住进了协和医院，这时她已经出现了呼吸困难的危急症状。在协和医院，她被确诊为SARS。

听到她的情况，气愤之后是深深的忧虑。我不敢想象，那些天里，到底有多少类似的患者在这座城市无奈地游走着？有多少危险潜伏在每个人的身边？现在想来，如果在4月20日整个北京和全国还不采取行动的话，五一黄金周数亿人将在茫然不晓的情形下大流动。一旦疫情蔓延，那将是一个多么可怕的残酷现实！绝非危言耸听，那样的惨状，几乎离我们仅一步之遥！

北京顿时成了一个被恐惧笼罩的世界。最初几天，抢购食品；接下来，街上车少了，人少了，过去熙熙攘攘的人行道上，也空前的只有零星的身影匆匆而过。五一期间，从家里的窗户往外看去，到处空空荡荡，整座城市在大白天也如同过去午夜一般冷寂。大家自觉地不再串门，不再聚餐。即便自己并不在乎，但也不方便去打搅别人，谁知对方是否敢接触你？90岁的黄苗子先生，电话中大呼一声："你是汉子，你就来！"我这才如同往常一样坦然地走进他的家门。

我从来没有恐慌过。但我却愿意理解那些恐惧，理解那些在危险初起时逃离北京的人，包括民工和大学生。当这座城市在传言(后来证明而非谣言)中命运不定之时，当整座城市似乎处在自生自灭的状态时，他们的选择无可厚非。他们需要回到父母亲人身边，家才能给他们以安全和温暖。工地没有提供这种安全感，校方也在被动地等待指示而没有给学生提供保护，此时，那些在这座城市没有家可以躲避的人，又为何不能选择自己唯一的权利——逃离？在这座城市有家的人，那些"事后诸葛亮"，又有什么理由谴责回家的人？

我也理解一些过激的反应。一位郑州的朋友来电话说，在他们那里，现在北京寄来的报纸，有的人拆都不敢拆就扔进了纸篓，害怕上面有病毒。有则消息说，某地一位老人在超市购物，挑好一件东西，付款时发现产地是北京，便如同触电一般将之扔开。这是他们本能的反应，有些过敏，也显得脆弱，但不能对之仅仅报以嘲笑。

所有种种就是生活本身。

其实,恐惧是人之常情,一时的慌乱也不可怕。可怕的倒是人们忘记了生活本身是复杂的,是艰难的;忘记了灾难、痛苦,有时是与快乐、幸福并存的。

在这样一个特殊时期,所呈现的种种并非天外来客,对因"非典"而显露出来的种种弊端,我并不感到惊奇。"非典"镜子里映照出来的一切,其实本来就在我们的生活中存在着。大到政治,小到吐痰,难道没有"非典",它们就不存在,就与我们无关?"非典"无非让人们从歌舞升平的陶醉中惊醒过来,让人们从漫天焰火的奇妙幻景和膨胀的心态中走出来,回到实实在在的现实生活。

一个人不能慌乱,一座城市、一个国家更不能慌乱。但,恐惧与慌乱却不是同一个概念。在一种可怕的疾病蔓延时,恐惧是每个人的本能反应。在科学尚未找到办法有效地彻底消除传染源的时候,恐惧让人警觉,恐惧也有可能让人对以往社会种种、生活种种有新的认识,新的感悟。

在大自然面前,在错综复杂的生活中,在许多不可知的事物面前,乃至想到即将到来的明天,人类需要一种恐惧。迷信与报应之说被扫除,但并不意味我们不该恐惧。因恐惧才不至于自以为是,因恐惧才会对万事万物产生敬畏。

敬畏,多么需要!敬畏自然,敬畏百姓,敬畏一切不可知的事物。

在这样一个非常时刻,我为因身患"非典"或抢救病人而死去的人们而悲哀,我为正在住院治疗的"非典"患者而祈祷,我也为别人、包括我本人是否会感染"非典"而担忧。

同时,更深的忧虑是:当"非典"最终过去,人们是否会把亲历的一切,包括恐惧,包括思虑,顿时忘得一干二净?照样暴殄天物,照样随地吐痰,照样掩饰真相,照样官官相护,仿佛一切都未发生过,一切都不必恐惧,更不必敬畏。于是媒体也更忙了,不是冷静而无情地解剖,不是痛定思痛予以更新革面,而是又开始满足于新一轮的找典型、树典型。如果真的那样,我不会感到吃惊,却会有无言的痛切和深深的失望。

这座城市,这个民族曾经健忘过,这一次又会怎样?

但愿这个春天的恐惧能让所有人刻骨铭心。

就在我开始写这篇文章时，那位患"非典"的朋友出院了。

打通电话，第一句话我就说："祝贺你，大难不死，必有后福。"

她说："我不知道有没有后福。"

我说："没死本身就是福。你鬼门关走一趟又回来了，感受肯定不一样。"

她回答说是。她讲了许多自己的故事，讲了躺在病床上面对死亡逼近的那种恐惧。她说，从染病起，多少天里，她从来没有哭过。那天被协和医院大夫接走离开家时，即便想到可能再也不会回来了，她也没有落泪。但等出院又回到家里，看到走时的模样依旧，她却突然一个人大哭一场。

我没有听见她的哭声。但我听她说，要将自己亲历的一切如实写下来。

经历后，再写下来，就是开始又一种生活。对于她，前后本来就是一体的，幸运的是她有了这种可能。而那些如她一样染病而死去的人，没有了可能。

这个春天在这座城市经历的一切，但愿她都不会忘却，包括恐惧。

贴金与空白

我爱读回忆录之类的作品，无论作家艺术家的，或者政治家、军事家、科学家……还有间谍的。

读回忆录，那种感觉，就像是和作者一起漫步于历史场景之中。不管历史多么久远，也不管是哪个国度，一本真实、详尽、生动的回忆录，总是会引发出许多遥想，或者思考。我甚至觉得，在一些出色的回忆录面前，史书常常就不免显得过于概念化、过于简单化。

我看重回忆录中作者对自己生活的详尽叙述。一些看似琐碎的细节，一些细微的心理变化，也许恰恰是把握人的性格的关键，在人物命运发展过程中起到举足轻重的作用，甚至在很大程度上决定着大大小小历史事件的发生。

读过一位文学前辈的回忆录，他写到了“文革”开始时内心的真实感受。他并没有意识到突兀而至的会是一场全民族的灾难。他早就是“右派”，看到那些将他打成“右派”，或者批判过他、蔑视过他的人，一夜之间也失去了曾有的威风，变得和他一样，他的确有一种快感。他回忆这些往事时，带有一种自责和解剖。我相信，类似的心理状态可能在不少人身上出现过。史书想必不会留意这样的心理活动，可是对于我们，却可以通过他们的回忆，从这样一个角度来认识“文革”何以能够发生。

回忆录显然是认识历史必不可少的一种途径。众多的回忆录相互呼应相互映衬，错综复杂的历史原貌才有可能完整而清晰地呈现出来。小到个人，大到国家，莫不如此。这就好比在做填空练习，不同的人不同类型的回忆录，把史书留下的空白一一充实。

这一切当然都应以真实为前提。因为真实，《忏悔录》才使卢梭变得可亲可爱，个人命运与历史场景交融一起，构成一个时代不可多得的生动画卷。因为真实，《随想录》才使巴金完成自己一生人格的塑造，自我忏悔与灵魂解剖，成为他反思历史的基石，从而提出了一个从道德角度来描述历史的重要命题。在这一意义上说，回忆录是个人的，但因为其真实而深刻，也就成为时代的、民族的。

可是，回忆录有时却又容易成为作者自我粉饰的一种方式。在这样的作者那里，历史是可以随意按照自己的愿望来改造、来回忆的。譬如我读到的一些文学界人士的回忆录，时常便有“借题发挥”之嫌疑。

或者拉大旗做虎皮。仅仅与鲁迅一面之缘的，可以说自己如何受到鲁迅的青睐与器重，并在鲁迅领导下工作。无非想借此证明自己在历史上如何如何重要，实际情况却又并非如此。或者往自己脸上贴金，尽管自己的作品当年普通得很，可能是繁星中最不耀眼的一颗，却可以自我拔高，心情渲染其盛况，俨然是被忽略的巨著一般……诸如此类的“生花妙笔”，随着回忆录逐渐热门而越来越多，几乎成为随处可见的一种奇观。十多年前，朱正先生出版过一本《鲁迅回忆录正误》一书，就被认为是鲁迅研究中不可多得的著作之一。现在如果有人写上一本《回忆录指谬》之类的书，一定会大受欢迎。

不过，最为令人担忧的却是给历史留下空白。

君不见有的人说到荣耀风光时，不厌其烦，侃侃而谈。而对自己的过失，却讳莫如深。远不能来一次认真的梳理，更谈不上自我解剖。常常十年二十年的时间就仿佛在历史上没有存在过一样，在回忆录里失去了踪影。特别是，对于个人乃至他人来说，哪怕极为重要的活动，也略而不写。有一部回忆录，洋洋洒洒数十万言，可唯独对自己如何领导批判和专案组之类的事情避而不谈。读这样的回忆录，我便不由得对它的真实性和价值在心里大大打了折扣。

历史能有空白吗？中国传统山水画历来讲究空白。然而，那空白是画面整体的一部分，看似空白，实际上却有着丰富内涵。是空旷，是远景，是结构布局的有机成分。科学也有空白。但对于科学家，空白常常是诱惑，是毕生为之奋斗而不倦的目标。填补空白，是他们最大的幸福。历史却不然。历史不应有空白。留有空白的历史，显然是残缺的。个人或民族，都是如此。

于是，我养成了一个习惯，在读回忆录或者史书时，便留意它到底留下了多少空白，人们又该如何将之填补。

“改写”之忧

止庵先生善读书。这一次，他读《听杨绛谈往事》(吴学昭著)，读出一些疑惑。他在《“听”与“读”之外》一文中，指出作者吴学昭为造成“听杨绛谈往事”的效果，过度草率“改写”传主本人回忆文章，造成人称转换之后叙述口气的涩滞紊乱，反倒不如传主本人叙述读来顺畅贴切。

止庵所论甚是。《听杨绛谈往事》固然提供了一些有趣细节，但作者准备不充分和急于求成也显而易见。访谈不充分，且来不及对相关历史背景和文化背景进行研究，缺乏旁征博引，左右参照，更无从分析，也就只好以“改写”传主本人的书面文字来代替“谈”。浮躁之下，草草推出成果，复请出传主“钦定”——只此一家，别无分店，这也似乎出人意外。一部传记难道必须由传主“认可”吗？世界各国传记写作盛行，只听说过传主健在时可以指定传记作者，提供资料，但传主并不能干涉作者写作，更不需要请传主审查通过。倒是听说过有的传记令传主暴跳如雷，即便如此，也不让人感到多么奇怪。

止庵说得很委婉，但他对“改写”的质疑，其实提出了关于传记写作和口述历史写作必须正视的一个问题。即作者是否可以改写传主的回忆？“加工”是否可以随心所欲？

由《听杨绛谈往事》我想到了另一本汪东林先生所著《梁漱溟问答

录》。多年来,我一直喜欢《梁漱溟问答录》,梁先生的许多精彩人生片段,是读这本书获知的。由于作者注明是谈话记录,故一直相信其第一手价值。前些日子,我在编选《梁漱溟往来信札手迹》过程中,撰写一篇《梁漱溟暮年读书记》作为代序,在写到梁先生与学生的关系与通信时,便引用了《梁漱溟问答录》中传主关于早年在北京什刹海举办"朝会"的谈话。

不久前,接到梁公子培宽先生2008年10月14日的来信。培宽先生信中所言,令我大吃一惊:

"关于先生执笔的《代序》一文,末后提及'朝会'活动情景,引用了汪东林的《梁漱溟问答录》中的一段文字,而这段文字是汪东林先生据《朝话》一书中的一段文字'加工'而成。'加工'就往往失真,如汪书中'抑扬朝气'的话,即令人费解('朝气'只须'扬',何须'抑'?)。因此,还是以引用《朝话》书中原来文章为好,这样才更为真实,才是先父本来的话。(现将《朝话》中《朝会的来历及其意义》一文,复印一份,随此信寄上,供参考。)"

"随信寄上《重读〈梁漱溟问答录〉》一文,文中对汪东林先生于书中因'加工'而产生的问题,有所分析。请指正。"

看信,再读《重读〈梁漱溟问答录〉》中培宽先生的仔细考证,才知道,原来所谓"问答录",其实有些谈话并非梁漱溟本人口述,而是作者根据传主回忆文章改写而成。因是"改写",欲给读者造成谈话的印象,自然免不了"加工",这就难免顾此失彼,添加失当。岂不知,如此一来,传主自述的权威性和价值,也就要大大地打折扣了。

其实,"改写"之忧不限于传记写作和口述历史,如今在各类报刊上,时常可见有人巧妙地将别人的表述"借"过来,略加"改写",就天衣无缝地用在了自己的作品中。

读近期北京某著名周刊上一篇谈中国漆器收藏的文章,题为《醉红的悬念》。最后一段写得美丽至极:

> 曾经有位外国朋友说,你们中国漆器里,剔红那种红色,英文没有办法找到一个准确的字,不是樱桃不是苹果不是西红柿的红,

中文好像也说不准确，又像红枣又像红杏又像过年写春联的红纸，真是有种让人琢磨不透的感觉。也许都不像，不如借个词牌唤她《醉红妆》。

如我一样，编者似乎也很欣赏这段文字，遂略加删减，又醒目地将之排在标题下方作为全文提示文字。

题目和文字，不陌生。翻开董桥《今朝风日好》（作家出版社，2007年），目录中就有《醉红的悬念》，一字不差。董桥写的正是漆器收藏。他的英国友人李侬，“回了一趟乡间旧居找出这份凌乱的数据影印了两份，一份给戴立克，一份给我。是她叔叔二十世纪四五十年代经手买卖东方文玩的记录……”于是，他由此开始叙述漆器的美妙。文章最后文字如下：

“英文剔红那种红色英文没有办法找到一个准确的字，不是樱桃不是苹果不是西红柿的红。”小李说。中文好像也说不准确，又像红枣又像红杏又像过年写春联的红纸，其实都不像：我情愿借个词牌唤她《醉红妆》。

显然，该周刊文章谈论漆器的精华之处，都来自董桥。该文章的作者，“借用”了董桥的标题，又大胆地“改写”了他的文字。不同的是，他将李侬的话与董桥自己的比喻捏合为一体，另外又加上了一句“真是有种让人琢磨不透的感觉”几个字，如此轻巧地就将他人苦思冥想的成果放进了自己的采摘筐。

面对写作界日益盛行的“改写”，我倒是真的有些“琢磨不透”了。

永远的困惑与误区

——对教育现状的忧虑与质询

题记：问题是失去生命力的高考制度本身扼杀了中学教育任何改革的可能性。只要摆脱高考的指挥棒，教育改革马上会出现微型机勃勃的景象，但是谁能鼓励学生不以高考为人生价值和知识价值的标准？五四时期许多有理想的教育可以通过自由办学培养有德有才的真正有用人才，但那时没有统一高考的指挥棒。现在这种高考制度正是计划经济观察来管理教育的畸形的样板。

——陈思和

陈思和

广东番禺人，1954年生于上海。1982年1月毕业于上海复旦大学中文系，现任复旦大学中文系主任。主要著述有《新文学整体观》、《人格的发展——巴金传》、《笔走龙蛇》、《中国当代文学史教程》等。

1.心绪万端说高考

李辉：高考刚过，对于全国成千上万的家长和学生来说，每年都要经历这样一次"黑色的七月"。我还记得两个月前我们在一起聊天时,你曾这样说,早知道搞得今天这样可怕,还是不要恢复高考制度的好。你这话给我留下很深的印象。当然我感觉这也许是一种激愤的表述。不过,在我们准备进行的一系列回顾二十世纪的对话中,谈教育应该是必不可少的。因为教育,无论在中国还是在世界其他地方,总是有许多困惑,甚至存在误区。在中国这方面的问题可能更严重一些。

近一两年来,陆续有一些谈教育的文章,但我感到并不充分,而且没有涉及我所认为重要的一些问题。你的专业虽然是文学批评,但涉及面超越了文学领域,这几年侧重于文化理论和社会理论的思考;另外,从你这些年的经历看,自1978年进大学起,你就没有离开过大学,可以说接触了大量的教育方面的现实情况,肯定会有许多感触。因此,我很想请你谈谈对二十世纪教育的一些想法,包括它存在的问题、知识分子与教育的关系、中国现有条件下教育应当怎样发展等。首先,我想知道的是你为什么对高考制度有这么严厉的批评?

陈思和:我们这些人其实都是恢复高考制度的受惠者。没有高考我们都进不了大学。但我觉得近年来的考试制度——包括高考、中考在内的各种考试越来越成为一种人性异化和知识异化的现象,妨碍了青少年的人性自由发展和知识的全面培养。从理论上讲,考试是一种社会规范。代表着社会需要和社会利益,这就要求每个应试者服从社会规范。比方说,入学有入学考试,升学有升学考试,不管哪种考试,都是社会意志的体现。考试是要别人出题的,这种出题本身并不考虑应试者的特点,它只是要求应试者服从于某种社会共同需要。我们的学问知识是相对独立的东西,可是在现实当中,这些知识又是被调动起来为社会服务的。推而论之,人的生命应该是自由的,每个人都有发展自己的权利,但是人的发展过程需要服从社会规范,按社会公众理想塑造成社会认可的形象。在这个过程中,个体生命与社会意志之间要通过许多考试来磨合,个人牺牲自己的自由,换来社会的承认,同时也换来自己的进一步发展。人的发展是以社会标准来衡量的。在学校里,在单位里,可能考试的方式不一样,但总地说来,都是为了不断获得社会的承认,获得更高的自由,为此不得不付出代价,这个代价就是牺牲自由。这是一个悖论。

李辉:实际情况是这样。本世纪初废除科举制,转向西式教育,后来发展的现代教育越来越规范化,到现在考试制度更为严格。从发挥个人自由的角度看,这个代价是否太沉重了?你是说,考试并不是要鼓励应试者把自己的最好水平、智慧体现出来、发挥出来。

陈思和:没有一种考试是这样的。恰恰反过来,比如学校里的政治考试,从中学考起,一直考到大学里还要考。但它的目的并不是要培养学生的政治头脑和政治能力,学生也不能自由讨论政治问题,所有的话都是按现成的答案背出来,换来的只是一个及格分数。

李辉:我觉得政治考试出的题目从中学到大学都差不多,而且对青少年的知识形成起不了太大作用。比如,据我所知,有的地方初中升高中的考试,题目一个是邓小平理论是什么;另一个是东南亚金融危机给经济带来什么影响。这些题目都应该是专家讨论的问题,中学生怎么讲得清楚?好像中学生们都精通政治经济学和哲学似的,实际上学生只能靠背教科书上的答案,然后再把答案交给老师。中学学过的一些知识,上大学后又重新学,完全是原地踏步走,对扩展人的思维空间,形成思维方式并没有特别的帮助。

陈思和:这只是一个小问题。既然考试反映了一种社会需要,那么就应该从社会的角度来追究考试的根本意义。如果一个社会是健康向上的,真正重视人才,需要造就和培养人才来推动社会改革和社会进步,那考试制度会反映出这种社会要求。譬如二十世纪七十年代末恢复高考制度是有积极意义的。在毛泽东时代个人是没有选择自己出路的可能性的,个人就是一颗螺丝钉,社会机器像一只巨大的手,个人的一切都被它控制。那时要改变命运,只有通过高考,才可以改变生存环境。对此我是有很深体会的。

"文革"时,我在社会上混,后来把编制挂在一个街道图书馆,它属于集体所有制,但实际上我一直在卢湾区图书馆参与书评工作,它属于国有制单位,我在那儿工作多年,区图书馆也希望我调过去,作了很多努力,但我就是调不过去,因为所有制不同,这些僵死的、非个人的因素就可以置人于死地。那时个人想改变所有制,连参军都不行,从农村入伍复员后还得回农村。唯有高考可以改变这一切,尽管高考也是通过社会意志让你服从,但毕竟给了你改变命运的可能性。

李辉:像我们这些幸运的在恢复高考后第一批进入大学的人,命运的确是根本性的转变。否则,我们不会认识,也不会像今天这样坐在这里谈这些问题。

陈思和:那时还有家庭成分、户口等限制,都把你规定在一个狭隘的范围内动弹不得。恢复高考,是打破这种关系束缚的唯一希望,为发挥人的主观因素改变命运提供了条件。从这一点来说,我们都得感谢高考。

然而,高考在目前开放的社会形态下,对个人改变命运的积极意义减弱了。当然,农村青年读大学也可以留在城市里工作,但总的来说付出的代价太多。通过其他方式,比如通过做生意、打工也可以达到在城市工作的目的,户口现在已经不成为太大的问题,甚至出钱就能买到城市户口。社会对人的束缚相对少了。

2.教有到底为什么?

李辉:你这是从社会意义上来看高考制度的意义。它与教育的关系是不是更重要?学生通过高考改变命运是很重要,但他们参加高考的更大目的,可能是为了对现代知识的追求。在这个问题上高考的意义如何体现?我记得恢复高考那时,社会处在新旧交替时代,各方面不太成熟,倒有很多个人自由的空间,像我们考试题目和大学里设置的课程都不像现在那么严密规范,是不是教育越严密越规范,它的束缚性就越大?这是不是一个必然?

陈思和:教育目的与社会需要是有关系的,高考的意义在这些问题上集中表现出来。在发展变革、生机勃勃的社会里,教育往往是以有利推动社会改革、打破旧的社会机制、向社会输送新的血液为目的的。这种情况下,教育代表了社会所不能容忍的新生力量,是社会进步运动的推动因素。但在比较成熟、发达的社会里,不需要大幅度体制改革,教育就成为巩固社会秩序的润滑剂。它不是不断输送人才去打破旧体制,而是培养服务性人才,使社会更稳固。社会性质的不同导致了培养目的的不同。许地山先生在香港大学时把教育目标分成三种,一种是培养有用人才,就是精英教育,培养有思想、有才华,从根本上推动社会进步的人才。第二种是培养可用人才,以一个社会目标为前提,培养被社会录用的实用性人才。按今天的说法,就是大量的技术性人员。还有一种是享用人才,它帮助社会消费,比如穿名牌、做广告等,促动社会消费。在发展中国家里,社会不富裕,不需要大量享用人才,需要有目的培养有用和可用人才,而有用人才是主要培养对象。当社会发达,社会很稳固时,教育性质改变了,这种改变有意无意地削弱了有用人才的培养,着重培养可用人才和享用人才。

李辉:根据你个人的经历,这种改变的过程是什么样的?又带来什么问题呢?

陈思和:二十世纪八十年代的中国教育是以培养有用人才为主要目标。整个八十年代的中国高等教育是生机勃勃的,知识分子在思想解放的背景下,冲破各种框框,在大学教育里贯穿并培养了独立的精神,自由的思想。可以说,我们这一代恢复高考后崛起的知识分子,是整个社会机制培养出来的。但是,这种有生命力的教育精神到九十年代就仿佛消失了。社会朝着官僚化、技术化、世俗化的方向发展。这样,高考的指导思想与具体要求都变了,也可以说是异化了。现在的教育目标显然不在于培养有用人才的独立精神和自由思想,而另外两种强调技术性、生活享受性的学生就应运而生。大学生中流传两句话,好学生拼命考托福想出国,不好的学生打麻将谈恋爱。考托福出国是个象征,社会有意无意引导、培养可用人才。社会不断通过社会成功人士、富人形象来刺激学生、引导学生,让他们投入所谓创造社会财富潮流中去。还有一种,表面上不鼓励,实际是纵容的,让学生放纵自己的个性。放纵个性就是享受各种消费,成为所谓的“新人类”。这样的人付出越来越少,消费越来越大。现在我们很少教育学生要艰苦朴素,要在孤独清贫的环境中从事思想和学术研究。反过来,现在特别是高中,有许多所谓的“贵族学校”,甚至政府也在鼓励贵族教育,它强调的不是教育质量,而是保证拿到毕业证,保证享受,比如宣传三个人一间房啊、网球场啊等,用这些东西刺激学生,说到底,就是培养消费人才、享用人才。

李辉:这种贵族学校跟英国贵族学校还不一样,英国的所谓贵族教育，是建立在贵族传统之上的，他们接受的教育是规范的，甚至也是死板的。我译过的福斯特的散文中，有一篇论述英国人性格的长文，他便讲到典型的英国公学教育，便是至今仍存在的一种贵族训练。在这样的学校学习很规范，从文化课程设置到体育项目等都相当烦琐，譬如要学习拉丁文、希腊文等，采取绝对传统的贵族式教学。这种公学一直受到批评，并不被认为是理想的现代教育模式。但是，它毕竟还是一种建立于自己的文化之上的教育。

陈思和：我们国家的“贵族”是要打引号的。所谓办贵族学校的人，并不具备教育工作者的素养，都是些手里提着大哥大的生意人，你真以为他们懂得什么是“贵族”？什么是教育？我们社会本来就没有贵族，也不需要贵族，有的只是刺激学生的腐烂生活欲望而已。处在这种教育体制下，学生的目标是出国，到大公司做秘书、做花瓶、做政府官员，所有急功近利的目标都成为学生追求的生活目标。表面上看这样的学校满足了社会从业的教育需要，解决了学生升学困难的问题，但为此付出的代价也是惨重的。从长远利益看，一个民族慢慢就失去活力，失去了人文精神的根底。培养出来的学生，一出学校就是为进入社会而存在的，而不是改变社会，推动社会进步。这样一年两年可能是有利于社会繁荣，慢慢地，就成为社会进步的阻力，对社会的根本发展是有害的。

李辉：表现出来的问题就是现实中学生的就业压力越来越大，这就如你所说，这样的目标结果限制了学生的思想和知识的自由发挥和选择。你是否认为这样的教育目标在高考制度上反映出来？

陈思和：对。只要看看现在高考制度越来越死板，逼得高中教学全部围绕着高考的指挥棒转就不难想象了。同样，初中教学又是不得不围绕着中考的指挥棒转。有些出版社与地方教育机构达成一种默契，以编印辅导教材为名来大发学生财和考试财。现在的中学生除了整天被那些教材题海所折磨以外，根本没有时间可以随心所欲地阅读有益的课外读物，也没有空间来寄放他们自由的心灵世界。现在的中学教育的异化已经成为一种摧残青少年的公害了，我可以举出无数的例子来证明这一点。这些问题，并不是中学里的有识之士看不到，私下里中学校长和教师都可以表示忧虑，但问题是失去生命力的高考制度本身扼杀了中学教育任何改革的可能性。只要摆脱高考的指挥棒,教育改革马上会出现生机勃勃的景象,但是谁能鼓励学生不以高考为人生价值和知识价值的标准?五四时期许多有理想的教育家可以通过自由办学培养有德有才的真正有用人才,但那时没有统一高考的指挥棒。现在这种高考制度正是用计划经济观念来管理教育的畸形的样板。

我对理科不了解,不想多说。但对人文学科有很深体会。这样一种违反人性和知识本质的考试制度最终是在中学生的心里埋下仇恨的种子。首先是对知识的仇恨,其次是对禁欲的仇恨,许多学生一旦考上大学不是把大学看做新的求知起点,而是觉得终于松了一口气,可以自我放纵一下,结果一、二年级往往是混过去的;还有就是自卑的种子,现在的高中教育在人文知识方面可以说没有什么基础,一进大学文科就会碰到知识极度贫乏的困惑,学生面对茫茫书库无所适从,这时候才知道中学里学的人文知识九分都是无用的东西,甚至产生出自暴自弃的心理。为什么高考的幸运儿会不适应大学的人文教育呢?问题就在高考制度束缚人的自由心灵,把人读死读傻。所以我说,早知道高考制度会有这么大的消极面,还不如不要恢复。

李辉:不过全世界的教育似乎都在为考试制度而苦恼。那你觉得理想的高考制度应该怎样?还是干脆重新废除高考制度?

陈思和:我刚才说过,考试反映了社会对人才的需要标准。目前的高考制度所反映出来的僵化、教条、没有任何创造性等问题,反映了社会趋向官僚化、技术化、世俗化的特征,这三个特征都是不需要独立精神、自由思想和社会活力的。这种社会趋向不彻底改变,怎么可能指望教育领域能“不拘一格降人才”呢?而且这样一种社会趋向说到底既不符合市场经济的活跃繁荣和自由竞争,也不符合二十一世纪信息时代的人才素质的培养。作为教育改革的第一步,我觉得应该打破全国统一高考的形式。

李辉:最近看报道,好像从现在开始将陆续在一部分大学实施自行出题和举行考试,这可以看做一种新的尝试。但要想从根本上解决问题,恐怕还是如你所说的使教育的多层次化与考试制度的多元化相配套。

陈思和：尤其是重点大学，应该授权让他们根据各个学校的教育特点自行出题和举行考试，每个学校有自己的教育目标和人学要求，形成正常的竞争机制。同时也应该尽量限制那些利用学生求学心理来骗钱的所谓"贵族"学校，多鼓励多吸引真正有教育理想和教育经验的知识分子来实践中等教育和民间大学的工作，使教育的多层次化与考试制度的多元化相配套。这些问题一具体就会有许多话可说，我们以后再慢慢谈。

3.北大与现代教育的国家精神

李辉：我们确实越谈越具体了，还是跳出来谈谈二十世纪中国教育的传统吧。本世纪中国教育方面比较重要的是废除封建的科举制，进入现代教育时代。整个中国的现代教育事业在战争和内乱的动荡中举步维艰，一直处在不稳定状态。究竟什么样的教育形式才是理想的教育，很难有一个明确的看法。但从现代教育发展看，教育的方式其实是多样的，学校的种类和形式也是多样的。譬如有官办的，有民办的，还有大量的教会学校等，所奉行的教育思想也各不相同。现在社会上一般比较认同的是蔡元培的教育思想，前不久北大百年大庆，关于北大传统的讨论很多，各种看法也不一致，不知你是怎样理解北大精神，它与二十世纪中国教育之间存在什么样的关系？

陈思和：我对北大毫无研究，说不出什么独特的见解。其实说爱国也好民主也好，都可以包容在"北大精神"这样一种总的传统里。北大是清政府企图实行政治上维新变法的产物。它的前身京师大学堂，无论它的成立还是正式招生，都与国家所采取的政治改革措施有关，不管它体现了多少新思想，实质都是为国家体制培养人才的，是体现了国家意志的学术机构。为什么陈独秀在上海办《新青年》不能推动全国性的思潮，一到北大就成功了？就是因为北大是代表国家意志的，在这里提倡新文化，提倡白话文，就会对全国教育界产生影响。

李辉：北大的成立所具备的身份就决定了它特殊的历史地位，它在历史中的影响也就注定要超过其他学校。五四运动由它而发起也就具有必然性了。

陈思和：五四运动在某种意义上仍然是传统士大夫“公车上书”的变相体现，过去余英时讲过这个问题，说是依靠了士大夫的余荫，才让军人武夫张皇失措。不仅是教授，学生也是这样的，当时北大的学生在社会一般心理里相当于传统意义上的太学生，是未来政府的官员，他们天然以领导全国精神界为追求目标。五四运动在北大一爆发，全国响应，如果是爆发在广西、福建、上海，恐怕很难产生全国性的影响。后来的学生运动没有这种好福气，就是因为这种传统余威没有了，等待他们的只能是枪弹和牢狱。

李辉：那么你是如何看待北大传统，以及这种传统的变化呢？

陈思和：讲北大传统是自由主义也好，爱国主义也好，有一点是不容否认的，在北大的传统中始终有着京师大学堂的影子，是有这个背景在后面的。北大的精神传统体现了国家的意志。爱国主义精神和自由民主精神正是国家意志的两端。二十世纪中国是经历了推翻千年帝制和走向现代民主的发展趋势。但在帝制推翻后，专制的政治形态与民主的政治形态一直交替着制约国家形象，常常新的革命都以民主为旗，而新的政权又以专制为实。然而北大相交替着的两种精神传统，正反映了现代国家意志的两种价值取向。

蔡元培虽然是中国第一代从士大夫中分化出来的现代知识分子，但他一生的价值取向仍在庙堂。他在北大实行兼容并包的方针，在比较西方化的背景下形成民主氛围，这仍然体现了国家政治的一种态度。不论是辜鸿铭那样的保皇派，还是陈独秀那样的革命派，还有胡适那样的自由派，“兼容并包”主要还是体现在政治上的民主性和开放性。同时蔡元培废除了用英语举行校务委员会的规定，恢复用中文讨论校务问题，又体现了非西方化的爱国主义的政治态度。我们今天推崇北大传统代表了知识分子的民主精神，或者说是自由主义的传统，别忘了它仍然是一种国家意志，是专制国家向民主转型过程中的标志，是转型过程中的国家意志。不过国家的民主转型没那么容易和彻底，而知识分子却超前表达出来了。所以说，北大的两种精神传统都是近代中国国家意志在学术上的投影。至于今天在宣传上的各取所需，那是另一回事。

李辉：纪念北大百年，发表的文章不少，但好像还没有人从你这样的角度谈北大传统。

陈思和：我认为现代知识分子独立品格和价值取向应该是多元的，北大精神只是其中一个比较有代表性的特征。北大是一个引子，因为国家意志中已经出现了民主化的倾向，而这种倾向又以比较民主的方式表现出来。北大的学生可以不去做高官，不是学而优则仕，但他们的价值取向是“天下兴亡”，我把这种精神看做五四精神的一翼。也就是我说的广场意识，广场知识分子着眼点仍是庙堂，仍是以庙堂为归宿的。他们通过“广场”这一特殊的议政方式，把政治主张向民众呼吁进而唤起民众，让民众拥护他们的主张，以多数的形象来影响庙堂。五四运动就是这样。像《巴黎和约》不合知识分子的意，但他们不是通过国会提案，而是通过学生运动，学生在庙堂外的广场上游行抗议，扩大社会影响，影响庙堂，使国家改变了决定。

前面所讲的是中国现代教育的第一类特征，它整体上体现了国家精神，由于是处在专制体制的崩溃并由此向民主化转变的进程中，所以，教育精神是分裂的，它一方面培养为现实政治服务的人才，就是所谓的爱国主义教育；另一方面它又是超前的，它为未来的国家民主化发展培养了人才，这也是我们所说的自由主义精神或者民主精神。

4.教会学校、民办学校及其他

李辉：在我的印象中，你概括的这种自由主义精神或者民主精神，是不是可以说是现代教育特别是大学的主潮。就是像燕京大学这样的教会学校，还有清华大学，这样的大学似乎也多少贯穿着同样的精神。由此我想到，现代教育中民间办学是个非常突出的特征，而且占有相当大的比例。如果把教会学校也包括在内的话，像燕京大学、辅仁大学、复旦大学、厦门大学都是当年非常有名的民办高校。后来1952年院校调整之后，私立大学几乎完全消失。这与目前世界各国的私立大学的状况相比，可以说是个非常悬殊的差别。有篇报道说，在美国、日本、菲律宾、韩国、泰国等国，私立高校的比例达到65%以上，其中日本达73%以上。我们所知道的世界名牌大学，像美国的哈佛、耶鲁、斯坦福，英国的牛津，日本的早稻田等，都是私立大学。中国在这方面我想在下个世纪可能会有大的发展。你熟悉现代教育这方面的情况,那么对民间教育所起到的作用如何看呢?

陈思和:但我认为具有民间性质的大学体现出中国现代教育的第二类特征。它们不是官办的,而是知识分子出于爱国、传播民主思想的需要,利用民间力量筹办起来的。中国有大量这样的学校:它们是民间的、草野的。有些教会背景的学校,虽然情况比较复杂,但也可以算在里面。当然从大的方面讲,任何大学教育都体现了国家意志,但这类学校由于它的民间性,与北大那样的京师大学堂的背景有本质的不同,它一开始就渗透了非庙堂的民间精神。这种民间精神是指知识分子意识到广场道路在现代政治环境下无法走通时,在失败的艰难中离开了广场,来到了政治权利薄弱的民间,重新确定自己的工作岗位,建立新的价值取向。这可以用陈寅恪的"独立之精神,自由之思想"来概括。陈寅恪先生的这个思想是针对王国维自杀提出来的, 王国维与当时的政治毫无关系。他去世时,正是北伐胜利,国民党将建立统一政权的时候。从理论上说,它是一个现代民族国家,爱国主义和自由民主都是适用的。而陈先生提出这个思想,却是与这个政府划清界限,他的"独立之思想,自由之精神",不是放在政治民主的范畴来谈的,他与蔡元培的"兼容并包"不一样,他是作为一个学人而有自己的自由思想、独立品格,他的价值是以知识分子学术地位为标准的。传统知识分子只为圣贤立言只对庙堂发言,这种前提下,陈先生提出这个精神只对学术负责,只是在中国传统学术思想上要维护独立、自由精神,政治怎么样我不管。当时就是针对国民党政府而言的, 就是你不要指望知识分子来响应你来为你服务,知识分子有自己的东西,有自己实现价值的东西,它体现在学术上。

陈寅恪这个思想二十世纪五十年代在中山大学时再次提出, 那是北京方面请他担任历史研究所所长。他重提出来的意思很清楚,我不反对现国家政权,但我要维护我的独立思想。陈寅恪为近代知识分子指出了一条道路。当时像胡风那样的知识分子为了要维护政府的纯洁性;去上三十万言书,他的立场是广场的,价值观却是庙堂的。而陈寅恪的道路则非常清楚,在现代社会里,知识分子已无法承担这些重任,他只能承担在学术范围内的事情。在传统社会里文化精神是通过庙堂来实现的，而在现代社会里，政统和学统是可以分开的，知识分子的传统可以通过自己的方式来维护。

李辉：这会不会被看做一种社会责任感的淡化，一种退缩？

陈思和：知识分子的责任感是退缩到学术责任里面，但也因此学术中充满了人格力量。知识分子对社会清醒的看法，对社会的批判，对真理的维护，都是通过自己的学术行为来完成的。这样的传统，在今天在中国现代教育里应当慢慢发展壮大，它的壮大是符合中国特点的。因为中国没有完备的民主体制，没有很大的民主化改革，所以，知识分子要有一个清晰的自我岗位意识。在民间岗位中，知识分子有很多渠道传播自己的精神，现代教育就是通过对学术思想的传授，完成知识分子的梯队建设，完成知识分子学统的薪尽火传。这样的话，社会风气的败坏兴盛，与中国文化精神的发展没有直接的利害冲突，即使知识分子没有一个好的社会环境，仍然能够在学术活动中安身立命。作家王安忆写过一篇文章说，知识分子的工作好像城市的森林，不能说跟城市有直接关系，但是它调节了城市的空气，清洁了城市。在中国现代化的过程中，特别需要有根据自己的现实处境使文化融会贯通的力量，如果不是这样，文化就会被国家功利主义政策所掩盖；或者就是生搬硬套外国经验和理论，造成学术思想的混乱。

李辉：所以你非常强调这种知识分子的学术性责任。

陈思和：这是中国现代知识分子离开广场、庙堂后的第一步，它产生了现代教育的第二类特征：它是现代知识分子游离国家意志后，重新开辟的传播知识延续传统的空间。它是来自民间的自由力量，有了这种精神才使现代知识分子的生长成为可能，它是通过传播“独立之思想，自由之精神”的渠道，来培养文化学术的有用人才。

李辉：几年前，在“沧桑看云”专栏中，我曾经写过一篇《静听教堂回声》，集中谈现代文人与教会学校的关系。我觉得，对现代教育中的教会学校，我们很缺乏研究。你刚才把教会学校也列入民间一类。对于教会学校现在人们几乎往往避而不谈，但我觉得它也有你所讲的民间传统。教会学校在二十世纪的作用是很值得探讨的，我希望有人写写教会学校，把院校合并中消失的教会学校的利与弊、兴与衰都探讨一下，我想听一下你是怎么看教会学校的?

陈思和:对教会学校我没有研究,只能说一点外行话。教会学校不是中国政府办的,它反映了西方思想文化和经济力量对中国的渗透。它是培养符合西方化人才的。在这样的环境中,知识分子地位是什么?第一,教会是有外国势力做背景的,国家精神渗透不进去,它更具有非官方性。第二,教会学校更多的是培养技术人才,像医学、土木工程等,是以发达国家的经济文化为参照系的技术人才。自然教会学校培养出来的知识分子也是爱国的,但它的主流不是反对西方帝国主义而是希望中国跟西方一样发达,这种爱国主义表现内涵不一样。退一步来说,教会学校培养的可用人才比较多。

李辉:可以说,它们培养了一代更具有开放意识的知识分子。

陈思和:这与中国现代化过程也是合拍的,但这里面也是有负面因素的,这回就不谈了。它以西方发达国家为参照系,培养可用人才,这两个方面特点是符合我谈的现代教育的第二类特征的。

5.教育者是知识分子还是官僚?

李辉:你对现代教育中的职业教育如何看?

陈思和:我认为职业教育一类的学校,应该是现代教育的第三类特征,这一点在上海这个地方就非常明显。民间办起了非人文学科的职业学校,还有技术学校。像黄炎培的中华职教社,中国过去不重视这方面,传统教育着重搞精英教育。职教培养的是典型的可用人才,提供普通人的文化知识,提高全民族文化素质。在现代化过程中,职业教育起到了很大的作用,它使没有机会读书的阶层获得文化知识,这是第一;第二是教育家都有外国实用主义的教育背景,他们不是土秀才,他们把西方现代教育精神贯穿在普通教育中,使普通人有民主思想,他们不是通过抽象方式教育,而是通过非常生活化的、职业化的教育来提高民族素质。职教社跟人文学科的大学不同,大学是精神层面的,职教社是生活层面的。但它不是没有自由精神,它是结合具体的职业技术培训来传播人文精神。邹韬奋就是由职教走上民主斗争的。不像现在,职教完全抽空了人文精神。

李辉：根据我所看到的资料，过去搞平民、乡村教育的知识分子大都是具有人文理想和独立个性的人，这些也决定了他们培养出的人才的特点。我看过一篇关于陶行知的文章，他在南京郊区办晓庄学校，一天蒋介石去看他，事先没联系，接待科长就跟陶行知说，委员长来了。陶说，告诉他，我现在正在给教师讲话，不能接待他。蒋等了很长时间，走了。这件事可以有两种解释，一是他有革命思想，与蒋介石不合作，采取的是反对态度；二是知识分子是有人格的，有傲气的，我是教育家，教育家与政治家是平起平坐的，也说明了在当时的情况下，他有这种勇气。不过，蒋介石也不能把他怎么样，知识分子的独立精神是教育家必不可少的。我不知道现在一个教育工作者还能否有这种精神，也不要说国家级的大官，在一个现管他的干部面前能这样傲就了不起了。

陈思和：培养可用人才仍然要有一以贯之的知识分子的人文精神在里面。所以，要总结现代教育的经验，我认为三类特征都要兼顾，第一是国家意志也有从专制向民主转化的意识在里面，知识分子应该有超前的民主意识为向导；第二是知识分子有独立于庙堂的民间学术立场，学术责任也可以高于国家责任；第三是知识分子在从事职业教育的过程中同样渗透人文理想。这三者是知识分子对庙堂、对专业、对民间的态度，它们完整地体现了知识分子在现代教育中的位置。现今知识分子在这三个方面都退出了，一个是长期的政治运动扫荡了知识分子的精神力量，使民主意识排除在国家意志之外，使学术传统不再是知识分子安身立命的知识空间，使人文精神不成为知识分子的根本精神，知识分子就没有力量参与社会，很容易蜕化为混饭吃的教书匠、打工仔。在精神萎缩的状态下，哪怕是搞职教，也变成了办“贵族”学校这种怪胎。我不否认教育可以赚钱，但陶行知、黄炎培他们搞教育不是为了赚钱，如果只看到赚钱，就把知识分子的精神自我阉割了。有时为了政治上避祸，知识分子故意强调自己的专业与精神思想无关，只是搞技术工作的，自己把人文精神抽掉。这样的现状教育能不迅速堕落吗？蔡元培、陈寅恪、陶行知的精神都没有了。

李辉：教育界知识分子的精神萎缩可能来自两个方面。现在我们讲的教育的问题主要是从经济方面上讲的,说学校资金缺,教师待遇低,都是事实。但还有更重要的一面是教育工作者的政治地位和社会地位有待提高。过去的中小学校长在地方上非常有威信,在一些事情上县长都要尊重他们,这也可能是表面上的,但是至少说明知识分子在民间是有威信的。而现在的校长基本上是任命制,他们不一定是教育领域的优秀人才。我记得有一次去参观南方的一个中学,按说应该由校长介绍学校的情况,可是却由县长介绍,校长只是畏畏缩缩地站在一边。从这些小地方看,校长是根本没有地位的,他是由政府任命的,要靠政府来拨款的,只好跟在县长的后面。所以要恢复教育在民间的地位,让学生产生对教育工作者的敬佩,知识分子不但在学术人格上作出表率,而且还应该有一定的社会地位。

陈思和:这些现象都有些积重难返,无法即刻间拨乱反正的。国家把教育官僚化了,它成了国家权力系统的一部分。这种情况下,学校的官员是由政府任命的,校长也是一种干部级别,是以考察干部的方式来决定校长任命的。校长并不必须以教育为专业,或以教育为理想。有些大学校长是某一方面的著名专家,但他不一定是教育家,不一定对教育有根本性的理解。现在,我们很少读到哪个大学校长阐述自己独立教育思想的著作,能对社会转型期间的教育特征、经验教训、人才培养目标以及知识分子对社会、对教育的责任等,提出系统的学术思考和理论体系。教育本身没有建立它自身的价值系统和价值标准,学校只是国家官僚体制中的一个环节,这样的情况下教育工作者怎么能让人尊重?校长与官员在一起是上下级的关系,在官员的心目中,校长就是想各种办法要钱化缘的人,官员为什么要尊重你?

李辉:现在办教育也实在太穷,校长不能不把精力放在到处化缘要钱上。报纸上经常可以看到地方上教育经费低于其他经费,或者教育经费落实不了。

陈思和:让校长变成一个要钱化缘的角色也是荒唐,我们是国家办的学校,又不是私人企业。现在农村教育萎缩得厉害,每当电视节目报道这些方面,都让人气愤得看不下去。制作节目人员可能是为了引起社会的同情,来支持希望工程。但我总觉得,教育应该成为国家的头等大事，首先就应该由国家出来维持，通过法律来保证教育事业。一个县、一个地区每年必须有多少比率的税收用于教育经费，硬性规定下来，有政策有法律保护。你可以不吃不喝、不买车、不贪污，但不能不出这笔钱。中国是个官本位国家，只要把教育经费投入的多少作为地方官员升迁的重要考核依据，这个问题就解决了。有时看到新闻里表扬某些地方官员"重视"教育，说什么"宁可卖了小车，也要办好教育"。不知道后来那位官员是否真的卖了汽车，但我感到悲哀的是，连教育经费都拖欠的地区居然还有钱买进小车，这样的地方官员本来就应该罢免。如果有这样的社会共识和民主机制，我相信中国的经济再糟糕也不至于教育经费不足。真的能这样的话，校长在官员面前就不再是求乞者的形象，反过来应是监督官员是否违法的人员，在官员的眼睛里地位就不一样了。

李辉：中国比较合理的教育格局应当是教育制度丰富性和形式的多样化，国家能力有限，就保住重点教育的学校，然后鼓励民间办学，知识分子办学，让多种教育形式并存。

陈思和：你这个想法正好与时下的精神相违背，现在的主流是求大求全，学院升格为大学，专科升格为本科，小学校合并成大学校，大学校合并为大大学校。我也没看到这样做在教育上有什么先进经验，许多学校倒成了一个庞大的官僚机构。有学校合并以后传出民谣：校长一教室，处长一礼堂，科长一操场，教师要下岗。然后又是一大堆的排座次，分浮财，不亦乐乎，像闹土改一样。

李辉：据我所知，至少1952年的院校合并在很多方面证明是一个失败。

陈思和：不知道中国什么时候可以安安静静地过日子，各行各业都能在自己的岗位上安居乐业，研究如何把本专业的工作搞好。现在就是不搞合并也已经忙得热火朝天，大学校长和各级干部每年总有一半以上的时间是应付各种各样的评比检查，争取各种各样的项目经费，拉拢各种各样的人事关系。我就不懂为什么国家这点经费就不能用法律的形式或固定的制度来解决？为什么要搞得这样劳民伤财？那些学校领导剩下的一半时间还要忙出国、应酬、会议等，他哪里还有时间去研究和思考教育的问题?

李辉:除了干部以外,作为知识分子的教授也应该对教育建设负起一定的责任,教育不论是人文学科还是理工科,都是承担为未来培养人才的职责。从培养的重点看,理想的教育应当培养有独立思想、有独立人格、有创造性的人才。如果按照过去的标准,如与蔡元培、陶行知、晏阳初等人相比,今天我们到底有多少人称得上是个名副其实的教育家呢?真是难说。你对知识分子在教育上的责任如何看?

陈思和:我觉得人文学科的知识分子应当承前启后,自觉承担起传播人文精神的传统。目前整个社会发展是不希望知识分子形成独立阶层,只是希望知识分子成为职业化的工具,教书作研究都成为混饭吃的职业,和其他人没有什么两样,彼此彼此大家都一样,这就把人类理想价值抽掉了。从事任何职业没有了理想,没有了对职业的创造性理想,就不会有好的发展,知识分子作为人文精神承传阶层,如果没有理想和胸怀,没有敬业、献身的精神,本身就不再是知识分子了。教育界是知识分子云集的地方,知识分子首先应该自觉地确立岗位意识,思考如何在自觉的岗位上履行自己的职责。知识分子在教育上,要敬业,要以培养优秀学生为目标;要承担精神传播的责任,要培养有思想的知识分子,即便是技术人员培训,也要有人文精神在背后,使他们成为人格健全的人。如果没有人文精神的支撑,技术也会使人堕落。前不久报纸上登过一个消息,有一个理工科毕业的很优秀的大学生,结果利用技术参与制造毒品,知识都用在别处了。要使我们的教育健康发展,我的态度是:第一要恢复知识分子的自觉,首先要认定自己是知识分子,要尊重自己和自己的职业。比如农村的校长,在文化普遍低的情况下,他要确立自己的知识分子地位,就要对社会起到监督作用,要对地方的发展提出高明的建议。如果同流合污,整天陪县长、镇长吃饭,怎能获得人们的尊重?当然,要获得人们的尊重也是要付出代价的,恐怕要受到压力,但这是相辅相成的。第二是要扩大民间教育,现代教育不能搞大一统,一个健全的社会对人才的需求是多层次的、多层面的,一个学校不可能同时培养几套人马,要适应多层次的需要,教育也应该是多层次的,有的是培养高精尖人才，有的是普及文化，有的是职业教育。这些政策上应该开放，除了体现国家精神的高等学府外，其他方面的教育应该放手，让大量的民间力量参与办学，不能让办学仅成为一些商人赚钱的手段，而是鼓励知识分子参与民间教学，让他们办职业教育，用他们的理想去教育学生，让学生有中国传统历史文化修养，有健全的人格，培养有人的尊严的一代。第三，在高等学校应该鼓励专家治校，反右时候“教授治校”理论被批判，结果是现在各个大学的行政工作人员地位高于教育人员，这是极不合理的现象，应该大大压缩非教育人员，使学校以教育人员为主，建立起行政人员服务于教育人员，而不是管理教育人员的格局。真正恢复教授在学校中的地位，让他们有发言权，教学方案和形式应该以教授的意见为主，而不是行政人员空想一套方案由教授去执行，那是本末颠倒。

李辉：1992年我去瑞典的隆德大学访问，那里采取的就是这个方式，经费落实到系里，开支由教授决定。这恐怕也是世界大学体制改革的趋势。

陈思和：教授治校是高校体制改革的必要步骤。相信教授有能力管好学校，教授治校不是抽象的，也不是危言耸听的，系主任是执行教授主张的执行人员，知识分子监督系主任执行得怎么样。以系为单位，所有教授、副教授都有参与系工作的权利，教育经费和人事安排要通过教授委员会，以少数服从多数的方式来执行。在上层，学院和学校还要有更高一级的教授委员会，要保证教授在教授委员会有发言的权利，再设立监督委员会监督教授委员工作。这样就把现有的体制颠倒过来，教授不再是打工人员，他对学校也有了责任感，慢慢就会履行自己的职责，学术活力也会恢复起来。

李辉：还有一个人员流动的问题，现在恐怕还不能像二十年代，今年在这个大学，明年在那个大学任教。这种情况涉及待遇、住房等问题，还有户口制度问题，实现起来很难。我想应该鼓励民间私立学校聘请教授去兼课。政府规定民间大学必须要有多少教授兼课。这是对民间学校教学质量的保证。

陈思和：你看，我们又把问题谈具体了，越具体就越复杂，现在谈起来还为时过早呢。总的想法是应该让知识分子在教育领域把积极性充分发挥出来,不是消极地做个教书匠,而是把自己当做教育领域的真正"匹夫"。教育兴亡,匹夫有责,让知识分子觉得自己真正在教育上发挥了作用,责任心就出来了。

二、读书怀人

告别权力的瞬间

——读《华盛顿传》漫笔二章

题记:灯下,一夜夜,读法国福尔的《拿破仑论》和美国欧文的《华盛顿传》。夜色很浓。历史伟人的影子同样如此。

伟人都属于历史。一个似乎永恒的难题困惑着史学家:是伟人创造了历史,还是历史选择了伟人。对于文人,引起他们兴趣的是不断引发故事或新意的那些瞬间。

福尔的笔那样出色,虽是历史专论,优美而精辟的语言,却俨然一部政治交响诗,一层层扫描,透彻地吟唱他心中的英雄。(透彻地——这或许是不协调的词语搭配,却只能如此,才能道出我读此书的感受。)

《华盛顿传》则是另外一种风格。它的语言显得朴实,更接近于史传。然而,翔实的史料叙述,依然吟唱了作者心中的伟人。

不同的史学家,都会将历史与他的心灵感受交融在一起。

拿破仑、华盛顿同样是伟人,同样高耸于历史之巅。可是,读这两本书,给人的感受则有所不同。你得怀着敬畏仰视拿破仑,华盛顿则使你感到平民般的朴实。在权力面前,他们两人有着多么大的不同,前者,似乎生命就是为权力和战争而存在;后者,则屡屡把权力的荣耀视若淡泊,告别权力的每一瞬间,都成为历史的永恒记忆。

读书笔记有许多种。将书中主人公生活的瞬间，化成自己灯下的文字，讲叙一两个使你感受深切的故事，这或许可视作特殊的漫笔。

灯下读书向无禁忌，漫笔也似应如此。

瞬间之一：解甲归田

就要告别多年相依为命的军队，告别熟悉的军官们，虽然出于自愿的选择，华盛顿也仍然无法消除心头的留恋。他激动不已，为业已结束的战争，也为士兵的最朴素的情感。

几天前，1783 年 11 月 25 日，率军开进纽约城时万众欢腾的情景，在华盛顿心中留下多么美好的回声。那是荣耀的时刻，那是万般艰辛终于得到报偿的瞬间。儿时的将军之梦，毕生的自由理想，在那一时刻，凝聚为胜利的礼花，一齐闪耀在空中。五彩缤纷的烟火，映照着纽约城每个公民喜悦的面孔，华盛顿，忍不住落下眼泪。城外，奉命投降撤走的英军，黯然无光的神情，愈加阴郁伤感。

独立战争，整整八年的战争，终于以美国胜利而告结束。13 个州，300 万人的理想在华盛顿手中变为了永无变更的现实。美利坚合众国，一个新生的名字，得到它昔日的宗主国的承认，开始了它辉煌的历史。

华盛顿理该受到不容置疑的赞美。人们欢呼着。在士兵的簇拥下，他走进纽约城。多年的风餐露宿跋涉转战，没有减去他的风采。骑在马上，以优雅的姿态，他接受民众由衷的欢呼。但是，就在那时候，他早已作出了郑重选择；辞去总司令职务，解甲归田。过去多次作出的许诺，绝不是权宜之计，或者沽名钓誉的虚伪，他要用现实来证明这是出自诚恳的决定。

12 月 4 日，一条驳船停靠渡口，它将载华盛顿离开纽约，前往安纳波利斯参加大陆会议，在那里，他将正式辞去总司令。

驳船静静地躺在水面。这是华盛顿熟悉的地方。眺望远处的长岛，他怀念长眠那里的将士，回想起当年雾中撤退的情景。身边的这个城市，记录下了他的屈辱和荣耀。他从来不是神奇的将军，不过是普普通通的人。但是，只有他能够于曲折坎坷中，不屈不挠地为理想而走到终点。他可以为自己在这所城市里经历的一切而骄傲。

华盛顿上船前，走过渡口附近的一家旅馆，他的军官们聚集在这里,来为他送行,与他作最后的告别。

他走进房间,步履稳健,但没有了青春的潇洒,衰老开始爬上银发和皱纹。看到这些老战友,他再也不能保持平常的克制,激动溢于言表。他自己斟满一杯酒,神情黯然,语调异乎寻常的颤抖。他对军官们发表告别词,他说：

"现在,我怀着热爱和感激之情向你们告别。我最衷心地祝愿你们今后富裕、幸福,就像过去拥有光荣、体面一样。"

告别词结束时,华盛顿稍稍停顿一下,又补充一句：

"我不能向你们一一告别，但是如果你们每一个人来同我握手,我将非常感激。"

他的话音刚落,站在他身旁的一位将军,立即走上前去,热烈地久久地拥抱他。他激动得落泪了。许多人是第一次看到自己的将军落泪。他们再也抑制不住激动,每双眼睛都泪光闪闪。他们一一走来,亲切地同华盛顿拥抱,默默地,没有一句多余的话。

一个意义深远令人回味无穷的场面。权力的诱惑,刹那间变得毫无意义。这是真正的军人,真正的将军。这里虽然没有刀光剑影,却远比任何战场更富色彩,比任何战火更能映照出军人高尚的品质。

告别之后，华盛顿率先走出房间，军官们仍然默默地跟在他的身后,脸上从来没有此刻这么严肃庄重,仿佛跟随这位他们爱戴的将军,去进行又一次艰巨的战争。

华盛顿挥挥手,向肃立两旁的一队年轻步兵致意,步行到渡口。登上驳船,他转过身,扶在船舷上,一只手挥动帽子,向送行的人们默默告别,白发飘动在轻风中。岸上的军官,也挥动着帽子,他们目送驳船缓缓驶去,一直消失在远方。

船航行着。浪花轻轻拍打船身,飞溅的水珠,落在华盛顿的身上。他没有走进船舱,还是默默地凝望远处的白云。白云何悠悠。

本来,他还有许多话要在告别时说出,无奈那种场面,他无法如平常一样冷静而富有条理地表述自己的种种想法。告别军队,解甲归田,并不意味着他不再关心国家的命运，只满足于在那富饶广阔的庄园里过悠闲生活。他只是不愿意让自己成为民主政体的障碍,权力于他,没有诱惑。对于以后的美国,他有自己的想法,他希望在辞去总司令一职时,他的意见能够引起大陆会议、军队以及所有美国人的重视。

几个月前,在英军还没彻底投降之前,他就在一次演讲中阐述过这些意见,如今,船向大陆会议驶去,它们变得愈加明朗,如同海水般清澈。在华盛顿看来,对于一个独立的美国,自由是基础。无论谁都不能以任何理由破坏它。他更希望国家组成牢不可破的联邦制度,由首脑行使宪法赋予的权力。

安纳波利斯到了。华盛顿出现在大陆会议的大厅里,他把辞职的时间定在 1783 年 12 月 23 日中午 12 点钟。大陆会议接受了他的辞职。

华盛顿站立在讲坛上。在过去的岁月里,大陆会议与他有过一些不愉快的日子,但他自始至终尊重它的决议,他把它视为民主政体的具体体现。此刻,在这个庄严的场合,他捧出自己的全部真诚。他告别军队,告别公职,也是在告别一个时代,未来的生活在等待着他。

他深情地向大家说出最后一段话:

“现在完成了委派给我的工作,我要退出这个大舞台了。长期以来,我一直是按照这个庄严机构的命令行事的。在向这个庄严的机构亲切地告别的时候,我在这里交出我的任职令,并且结束公职生活的一切工作。”

第二天,华盛顿就离开安纳波利斯,向家乡弗农庄园奔去。圣诞前夜,他终于回到了妻子身旁。翌日清晨,华盛顿从楼梯上走下。他身着便装,神态悠闲,愉快地同家人打着招呼。然后,走出家门,跨上马鞍,缓缓地向河边走去。

新的一天开始了。新的生活开始了。

瞬间之二:坚辞总统

没有人像他那样,再一次将显赫的权力视若淡泊;没有人料想到,在辞去总司令之后 13 年的 1796 年,华盛顿会再度经历一个类似的历史场面。

他真正老了。白发苍苍,映衬着疲乏的倦容。就任总统 8 年来的辛劳,比战争更使他心力交瘁。没有战场上的剑拔弩张和漫漫硝烟,但一个新生国家政体的确立、外交立场的选择、内阁成员间的平衡,无不困扰着他,逼着他施展出更多的智慧和才能,包括令人信服的美德。

本来, 从一开始他就不愿出任如此重要而艰难的职务。解甲归田后,弗农庄园的管理,充实着他的心。种植、狩猎、算账,诸如此类的日常生活,使他渐渐淡忘战争的紧张,真正体味到无官一身轻的乐趣。他悠然自得地向朋友描述自己这种安逸的家庭生活:一幢小别墅里,四周放置着农具,张挂着羊皮。夏日炎热,他在自己料理的葡萄架下、无花果树荫下静心乘凉。他说他只想求得安静,从容地沿着生命之河顺流而下,直至被安葬在祖先沉寂的宅第。

然而,他的心境非超然于国家的命运之外。他更无法将自己的意志同人民的选择形成对立。最终他只好勉强地离开庄园,再度重返政坛,成为美国第一任总统,那是 1789 年的春天,4 年后,又不得不连任。如今,8 年即将过去,华盛顿不能不作出谁也无法更改的决定:不参加竞选第三届总统,尽管人民会拥戴他。

华盛顿不是轻率地作出这样的决定。他看到,年轻的美国,已经开始成熟,由他领导的宪法制定会议,1987 年早已为它的存在和发展确立一个宪法。他完全可以心安理得地离去,无愧地向民众表白:自己在执政 8 年间始终没有存心犯错误。这是自谦的表白。

他决定离去,更是不愿让权力如此长久地集中在一个人手中。他理想的民主社会,应该制约个人权力,应该让更有才能的人脱颖而出。衰老,已使他渐渐感到体力不支,庄园的悠闲,是那么诱人。他必须回到那里去,那里,才是他真正的归宿。

1797 年 3 月 3 日,这是华盛顿担任公职的最后一天。在此之前,他已经在报上发表了引退演说, 与国会两院议员作了最后会面。自那时起,他就计算着最后卸任的日子,这一天终于来到,他如期举行告别宴会。第二天,3 月 4 日, 他就该作为前任出现在新总统亚当斯的就职仪式上。

宴会上,各国使节和夫人、首都政界名流愉快地欢聚一堂,陪伴华盛顿,与他告别。

华盛顿含着笑意,伫立一旁。这是令人陶醉的时刻。想到就要告别荣耀但又喧闹复杂的政坛,他感到难以抑制的喜悦。这种渴望由来已久,现在变成了现实。他频频举杯,与周围的客人寒暄。他想到9个月前就对人说过的话,今日它们好像更能反映他此刻的心境:

"……我早就怀有的渴望,那就是告老还乡,安享天年,怀着莫大的安慰,想到自己已经在能力许可的范围内对祖国尽了最大力量——不是为了发财,不是为了飞黄腾达,也不是为了安排亲信,使他们得到同他们的天赋才干不相匹配的职位,当然更不是为了给自己的亲属谋求高官厚禄。"

他将坦然地离开这里。

宴会快要结束时,华盛顿如同13年前同军官告别时一样,自己斟满了酒。他慈祥地举起杯,说道:

"女士们,先生们,这是我最后一次以公仆的身份为大家的健康干杯。我是真心诚意地为大家的健康干杯,祝大家幸福!"

人们突然寂静无声,直到此时,他们似乎才意识到这是一个难忘的庄重时刻,适才快乐的气氛,顿时变为少有的严肃、宁静。女人们竟然无法抑制一段突兀而来的激动,流出了眼泪。

宴会默默地结束。人们多么希望它不会结束,甚或它从未举行过。

第二天上午11点钟,华盛顿最后一次出现在国会大厦里。闻讯赶来的群众,聚集到大厦周围;礼堂里,也挤满了人群,他们想与华盛顿最后告别。

人们欢呼着,女人们不停地挥舞手帕,向缓缓走进大厅的华盛顿致意。华盛顿没有讲话,只是作为一个普通公民,注视着新任总统亚当斯宣誓就职。亚当斯在就职演说中,以无比景仰的心情,赞美华盛顿。他知道,大厅里的每一个人,都会同他一样感受到华盛顿伟大而平凡的魅力。他称颂华盛顿:"长期以来用自己的深谋远虑、大公无私、稳健妥当、坚忍不拔的伟大行动赢得了同胞们的感激,获得了外国最热烈的赞扬,博得了流芳百世、永垂青史的光荣。"

没有什么话更能比这几句确切地表达大厅里人们对华盛顿的崇敬。热烈的掌声,回荡在大厅,回荡在华盛顿的心中,他感激地向人们挥挥手。

仪式结束,华盛顿先行离去。行至门口,风度翩翩的先生女士们,突然失去了理智,争先恐后地拥向他,拥向走廊。拥挤的人群,几乎造成伤亡,他们都想再看上一眼这位受爱戴的老人。

华盛顿走上大街,挥动礼帽,向群众致意。人们依依难舍,不愿离去,跟随他的马车一直走到他的寓所门前。这是任何语言也难以描绘的情景,这是任何人为的场面无法取代的真诚欢呼。在这一瞬间,领袖与民众,伟大与平凡,历史与未来,得到了完美而统一的体现。

华盛顿哭了, 他再也无法保持冷静。群众的热情他未料到如此强烈。他行至门口,转过身,人们发现,他泪花点点,脸上的神情似是严肃,又似悲哀。他一时说不出话,只是挥动着手向人们表示谢意,任满头银发,飘动在微风里。他会把这一瞬间感受到的一切,珍藏在记忆里。

他走进寓所。门外,人群久久未能散去。

我写《告别权力的瞬间》

我爱读人物传记。在人物命运的跌宕起伏中，可以领略历史的丰富画卷，感受生活的错综复杂。我的藏书里，传记、回忆录、日记、书信等诸如此类与历史人物命运相关的书，不下千册，面对它们，俨然面对一个广袤的世界。伫立书柜前，总爱设想着与某一个历史人物在现实场景里相逢，与他对话。或者，偶尔设想一下，某个历史人物的某一次抉择如果略有不同，或许他的命运就大大不同了。

历史人物浩如烟海，不同的人在不同的领域扮演着不同的角色，从而也就呈现出不同的形态。政治家、军事家、艺术家、诗人、科学家、企业家……英雄、枭雄、伟人、小丑……正是千姿百态的人物，为我们的感悟和解读提供了巨大的空间。

其实，所谓感悟与解读，很大程度上是属于个人的事。不同的人，因知识结构、思想深度乃至人生态度的不同，对同一历史现象或历史人物的理解，肯定会有所差异，甚至大相径庭。然而，唯因如此，历史才更显丰富，更具魅力。

我常爱说这么一句话——“走进历史的诱惑”。所谓诱惑，就在于历史提供了令后人有无穷的感悟与解读的可能性。在每个人那里，与历史的对话，常常是因现实生活的触动而去完成一次穿越时间隧道的时空旅行。我们可以神游于传主的生活场景和精神世界，捕捉他们一个又一个的生活瞬间。就时间自身而言，某人的某一生活瞬间早已消失，成为遥远的场景；对阅读者自我的心灵而言，某一瞬间却可能因其与现实生活产生一种关联，遂变得活泼新鲜，水灵灵的，具体得仿佛触手可及。在这一情形下，瞬间俨然已成永恒，伴随着岁月流逝又流到了我们身边。

1990年写作《告别权力的瞬间》时，我便有这样的感受。

当时我先后阅读了两个世界伟人的传记，一是《拿破仑论》，一是《华盛顿传》。拿破仑和华盛顿都称得上是改变了世界历史走向的重要政治家，可是，他们对待权力的态度却迥然相异。

对于拿破仑，权力的诱惑远比共和政治理想的实现更为重要，当他率领的法国共和国大军挺进整个欧洲大陆大获全胜时，世人为他欢呼，曾寄希望他能借此将自由、平等、博爱的资产阶级民主革命的思想推广开来。伟大的音乐家贝多芬，甚至谱写了一部《英雄交响乐》要献给他。然而，拿破仑未能抵挡权力的诱惑，突然宣布将共和改为帝制，自己成为新的皇帝。一夜之间，拿破仑实现了皇帝梦，却击碎了世人对他的厚望。昔日的伟大已成渺小，曾有的崇拜化为云烟。气愤的贝多芬，把乐谱上已经写好的"献给拿破仑"的字句删去。由此而见，权力成就了拿破仑，同时，也毁灭了他。

与拿破仑截然相反，华盛顿面对权力的诱惑，则一直保持着警惕、冷静与节制。他先后两次辞去最高权力的举动，令世人吃惊。然而，正是华盛顿的这一举动，为美国这个新生国家的权力制约制度的形成，为确立总统不得连任三届的规定，做出了表率。于是，一个人告别权力的瞬间，成了延续200年而不断的传统。

两者比较，从现代民主意识角度来看，就与民众的亲近、平和而言，华盛顿显然要比拿破仑伟大得多。读《华盛顿传》，走进华盛顿的一生，他的两次告别权力的瞬间，深深触动了我。

我出生于1956年，自60年代初期有记忆之时起，便亲历了中国当代史上最艰难、最动荡的岁月。从三年灾害带来的饥荒，到席卷乡镇的"四清运动"；从十年"文革"，到1978年开始的思想解放运动……在一个接一个的政治运动中，在瞬息万变的社会变革中，我——乃至同时代的许多人,都曾目睹过政治权力高度集中、个人崇拜达到疯狂而带给中国的恶果。许多年里,最高权力的每一次替换,总是影响着社会的进程,牵动着亿万人的心。因此,自20世纪80年代以来,如何解决权力过度集中的问题,如何使权力的产生、使用进一步制度化,如何监督各级政府权力的使用,一直是改革开放中的中国所急需解决的历史课题。

吾辈有幸生活在这样一个充满活力也充满变数的时代,对这样一个历史课题的提出和解决,自然而然有着深切感受。这也是我当时为什么写出《告别权力的瞬间》的初衷。我想写出平凡中的伟大,以史为鉴,让更多的读者在阅读后有同样的思考。

转眼已是17年前的往事,当年的思考却没有成为过去。围绕权力的产生、使用、监督、过渡等一系列环节所存在的问题,至今令人们关注。仅就腐败而言,权力的滥用几乎已成为方方面面的顽症。权力!权力!有多少腐败假汝之手猖獗而行?

人们爱引用这样一句名言:“权力导致腐败,绝对的权力导致绝对的腐败。”我不止一次看到,有人提到这句话时,他的脸上挂满忧虑,忧虑中又流露出无奈。的确,权力如果不能有序产生,如果不能有效监督,改革成果岂能共享?公平、公正又如何实现?

其实,围绕权力所产生的一系列问题在世界不少地方,也同样没有得到根本解决。权力的诱惑与权力的腐败,总是纠缠在一起,以不同方式扭曲人心、蚕食人心,进而颠覆人心。只要权力的滥用存在一天,它就是整个人类所必须面对的严峻话题。

正是在这一意义上,我们可以说:华盛顿告别权力的瞬间,已成人类的永恒。

刚要停笔,忽然想起1977年的往事。那一年年底,我参加“文革”后恢复高考的第一次考试,幸运地考入复旦大学中文系,走进了渴望已久的上海城。上大学前,我正在家乡湖北随县(今易名随州市)一所工厂的子弟学校任语文老师(滥竽充数而已)。记得那一年给学生重点讲授的一篇范文,是《人民日报》的一篇社论,大概是“当之无愧的接班人”之类的标题。论文所谈,涉及毛泽东1976年去世后党和国家最高权力交替的大问题,当年只有21岁的我,又焉能讲得好?无非是照本宣科,误人子弟罢了。

那时，没有读过《华盛顿传》，也不知道华盛顿告别权力的故事。即便知道，又该如何讲课呢？

今天，我也答不上来。

历史还原:必要与可能

认识王尧兄快十年了。我的感觉中,无论行事或者作文,他总是显得游刃有余、从容不迫,于稳健、敏锐中透出江南才子的聪颖。几年前,他集中研究一批当代作家"文革"中处女作的创作和发表过程,其角度、立意和阐述,已经开始体现出他与众不同的独特性。他重视资料收集和整理,著文不肆张扬,却精于叙述,绵里藏针,把作家的创作演变与时代氛围的关系,勾画得极为生动而贴切。当时读了他的这组文章,我颇感兴趣,遂邀请他加盟我主编的"大象漫步书系",将这组文章以《迟到的批判》为题结集出版。同某些故作惊人之语而被吵得沸沸扬扬的著作相比,他的这本扎实的书虽没有引起轰动,但在当代作家研究和"文革"文学研究的领域,仍被视为一个重要的收获,这无疑是他的一次精彩亮相,他的这一研究显然是他人难以替代的。在"文革"文学的研究方面,他称得上一位踏踏实实、孜孜以求、卓有成就的开拓者。

早就听王尧说过他准备研究"文革"与"五四"之间的关系,在《当代作家评论》今年第一期上,终于读到了他的长篇专论《"文革"对"五四"及"现代文艺"的叙述和阐释》(以下简称《叙述和阐释》)。他的专论有一种宏大气势,且是建立在扎实的历史事实的叙述基础之上。他以扎实的资料梳理和概括,深入系统的分析和比较,使自己的"文革"历史研究达到了一种新的高度。在当下学术界,这显然是值得重视的成果。他的努力为这一领域的研究拓展了更大的空间,提供了诸多有待进一步论述的理论命题。我把它既当做理论探讨文章,也当做一种历史读本。有理由相信,随着他的这一专论的发表,关于"文革"与"五四"关系的研究,有可能会在不同层面上拓展深入下去。

在《叙述和阐释》中,王尧这样明确地表明了自己在研究这一重大课题时的历史态度:"我觉得现在需要对'历史'作些还原,这种'还原'未必能够抵达历史真实的深处,但也许比从概念、命题出发去解释局部现象更科学些。"表面上看,他的姿态是低调的,远不像有些人仅仅抓住一点某种理论的皮毛或者一时的感觉,便毫不考虑历史的实际,海阔天空地挥洒一番,以满足于自己言说的快感。这些年来,我们不难看到,在学术、评论诸领域,浮躁、肤浅、卖弄、哗众取宠等现象颇为盛行。有的人不屑于扎扎实实地研究问题,而是习惯于或者说满足于大而无当、随意发挥式的评说。在他们那里,复杂的历史人物和历史现象被简单化、情绪化,历史或现实的现象和材料,只不过是他们手中任意挥舞的魔棒,以演绎自己的浅薄和偏激。从写作角度来说,这也许可以看做一种文风的特殊选择,尽管你不习惯它、不喜欢它,但姑且还能容忍它。但在历史研究领域,这却是研究者之大忌,它对历史研究有百害而无一利。因此,在我看来,历史研究领域目前尤其需要真正意义上的研究者、批评家,而王尧以这篇《叙述和阐释》,充分表明他正是在作着这样的努力。

在"五四"与"文革"相互关系的比较研究中,把"还原"作为起点无疑是王尧明智的选择。他提出的这一主张之所以重要,乃在于当今情形下,我们对许多历史的描述和解释,其实存在着诸多空白和误区。通常不难看到,当研究者对某一历史事实或现象在那里头头是道地侃侃而谈时,有可能他所论及的对象与历史本身相距遥远,甚至风马牛不相及。发生这种情况有时并不在于研究者的理论水平高低或见识的多少,而在于所讨论的历史对象,经过时间的冲洗,其本来面貌早已被有意或无意地改变了,只是研究者尚未感觉到而已。

关于"文革"与"五四"之间的关系,已有各种各样的说法,较为引人关注的是强调"文革"与"五四"在激进主义方面的共同性,进而认为"文革”是“五四”反传统思想的继承和发展。王尧显然是不赞同这一观点的,但他并不急于作简单的“是”或“否”的判断,而是把重点放在描述“文革”如何用它的方式,来叙述和阐释“五四”以及“现代文艺”,他以翔实的史料,相当清晰地叙述出不同历史时期对“五四”的解释,以及发展到“文革”期间“五四”所面临的新的遭遇。根据他的学术经验,他认为,与其直截了当地说“是”或者“否”,还不如换一思路,将历史尽可能地予以还原之后,再从中勾勒出不同历史阶段和历史现象相互之间的关联。这是很理性的选择。当历史在人们视野里还是模糊的、残缺的,有着大量空白的时候,当许多历史史实已被忽略的时候,焉能做到真正客观地、深入地分析和总结?

我一直感到困惑的是,我们到底对“五四”、对“文革”知道多少?或者说,我们通常所说的“五四”和“文革”,到底在多大程度上是与它们的历史原貌相吻合的?两个历史时代中某些现象和行为外表的相似,是否就一定是因果关系、渊源关系,是历史演进的必然?譬如我们常常谈到“五四”,但似乎已不再顾及当年社会、经济、外交等诸多方面的历史现实,而仅仅局限于已经固定的概括和定义来谈论。“五四”时代北洋军阀政权与孙中山之间力量的对峙,他们各自背后的国际势力的影响力,教育体制的多样化和新闻出版自由的初步形成等,在何种程度上,决定着“五四” 的文化行为和社会运作;1919 年 5 月发生的学生游行和火烧赵家楼的事件,到底是与思想启蒙和新文化的关系密切,还是与义和团以来中国长期存在的民族情绪有关;作为新兴的政治力量,刚刚走上历史舞台的无产阶级政党,在这样的历史阶段到底扮演着什么角色,起到了多大作用;工人们的罢工和走上街头,是否真的改变了知识分子从事新文化建设的热情……有太多的疑惑,有太多的谜团,的确需要我们渐渐还原、梳理,尽可能地使之符合历史实际。

对“五四”的解释、归纳,一直在变化着,且越来越远离历史本身,“文革”时几乎到了根据现实政治的需要而随心所欲解说的程度。《叙述和阐释》特意选择了青年节、批孔、红卫兵、鲁迅、北京大学这样几个点和面来具体描述和分析“文革”是如何完成着它对“五四”的阉割、扭曲和利用,而这种完成,也就直接影响着对“现代文艺”的阐释。在行文中,王尧作了这样一些判断：

"'民主'、'科学'的精神在'文革'中不再被视为'五四'精神，一个不争的事实是，作为思想启蒙运动的'五四'在'文革'中是不存在的。"

"'文革'对'五四'新文化运动实际上是抽象肯定具体否定。"

"'文革'时知识分子身份的转换和知识分子话语权的剥夺，改写了知识分子的历史……"

他说得不错，这种点与面的选择也颇具匠心和历史眼光。我想强调的是，"五四"其实早就离人们远行了。当年在延安，一直被视为"五四"巨子和杰出代表的鲁迅，一方面被高度评价，但另一方面，一些承继他的精神和杂文风格的作家却受到批判和打击，可以说，他的精神早已是"抽象肯定具体否定"了。后来，随着胡风、冯雪峰、萧军等一批与鲁迅关系密切的作家和批评家的相继被批判和打倒，进一步证明了"塑造鲁迅"不过是政治运作棋盘上的一颗棋子而已。与此同时，《讲话》强调的不再是知识分子的"启蒙"和"提高"，而是"改造"和"普及"。在此种情形下，对"五四"进行重新阐释是必然的。50年代初"思想改造运动"广泛展开，随后发生所谓的"胡风反革命集团"和"反右运动"，成为知识分子生活的主要内容，可以说，到此时，历史的改写已俨然变为了现实。(因此，尽管《叙述和阐释》一文所论述的时间范围限定在"文革"期间，但如果能单列一节集中简述一下"文革"前数十年间不同历史时期对"五四"的种种解读，或许会使其论述更趋完整。)

显而易见，对在"五四"时代形成的知识分子精神特征和历史身份的彻底"改造"，根本上改变了知识分子的影响力和作用，这一点在"文革"前已表现得非常明显。当年引导历史走向、体现"五四"精神的群体，早已不再扮演社会的主角。如王尧所说，他们失去了自己的话语权。不仅仅如此，"五四"时代得以形成的诸多环境因素，随着知识分子群体的基本退出，也早已不复存在了。如果有人认真研究一下"文革"前中国教育的现状，就不难发现，在"文革"初期发挥重要作用的红卫兵一代人，在其成长时期所接受的教育，并不是来自"五四"(包括精神、文化等)，而是来自高度政治化的、一味强调"破坏"的"革命传统"。因此，我觉得，"文革"中所表现出的反传统的种种破坏性和激进主义，倒是更容易从

《湖南农民运动考察报告》所热情称颂的“痞子运动”的行为那里找到源头和“榜样的力量”。我想,在考察和研究“五四”和“文革”的关系时,也许有必要也从这样的角度进行思考。

在刚开始写这篇文章时,我曾写过这样一句话:“还原,是起点,也是终点。”后来,我把它删了。我觉得,在历史研究中,“还原”应该是首要目的,在这一意义上说,显然可以将之既视为起点,也视为终点。可是,我又有所迟疑。迟疑的不是如何确定“还原”在历史研究中占据的位置,而是到底如何确定“原”的标准,如何判断某一理论或观点是立足于“原”之上,还是与“原”相距遥远甚至背离。的确,在涉及历史问题的讨论时,常常出现这种情况:由于研究者各自的理论背景、学术取向、侧重点的不同,对同一时代、同一现象、同一事实的解释和结论也各有不同,有时甚至完全不同。这种情况与那些不了解历史而随意言说的情况有所不同,因而也就更让人感到困惑。

困惑也许正是历史研究永远让人迷恋的、让人乐此不疲的魅力所在。当王尧完成了《叙述和阐释》的“还原”行程之后,我想他的困惑也未必完全消去,他要做的可能是对与他所还原的历史有关的种种理论进行进一步的梳理、评说,这也许才是他的最终目的。

生命的穿透力如此强烈

——读《赵丹自述》和《阿丹魂》

一位朋友在读了《赵丹自述》(大象出版社,2003 年 3 月版)后,写下这样的感受:

“赵丹是我喜欢的电影人,我觉得,他那一代里几位出色的明星,在眼下中国耀眼的星星中,是没有人能比得上的。是的,现在的星星更漂亮,演技更纯熟,置身的背景更华丽……可是看上去怎么都是一副空架子。尤其他们的眼睛,流露的都是现世物欲,哪有什么虚无缥缈的浪漫情怀啊?可是,一个好演员,能有一个虚无缥缈的东西让心感动,那样的气质才会感动另一个人心。赵丹就是这样一位好演员。我尤其喜欢他的后期作品,更尤其喜欢他中年以后的眼神,许云峰、林则徐……在我的记忆里都是难以企及的高峰。”

是的,赵丹不应被忘记,而且也不会被忘记。虽然有的年轻人对他已经开始感到陌生。我赞同朋友的观点,在 20 世纪的中国艺术界,像赵丹这样的演员绝不会是昙花一现的人物, 他的艺术, 乃至他的人生遭际,都将不断地被人们关注。紧随《赵丹自述》出版的是上海诗人姜金城撰写的传记《阿丹魂》(学林出版社,2003 年 7 月版)两本不同体例不同角度的书,参照着阅读,感到一个杰出艺术家的生命竟以一种强烈的悲剧穿透力,凸显在历史烟云中。

赵丹说过一句话："一个艺术家，无论什么时候，都应该给人们以真，以美，以幸福！"姜金城很欣赏这句话，将它醒目地印在封底上。我想，在读了这两本书之后，对于赵丹这位艺术家来说，他的一生似乎还可以再加上这么一句："给历史以沉思。"

很遗憾，赵丹没有来得及写一本完整的回忆录，在他1980年去世的时候，中国还不时兴个人写自述和回忆录，不然，以他的经历与交际，以他的才气和文笔，他会写出一本丰富而精彩的回忆录。一次，黄宗英在给我的信中写道："阿丹生前曾说：'我以后写回忆录，一定写真真实实的自己和身边的人，绝不拔高。'……"我相信这一点，在经过了"文革"肉体与精神的痛苦折磨之后，赵丹已显得大彻大悟，已经开始用自己的眼睛观察现实，思考历史，如果假以时日，他会写出一本真实的回忆录。

好在赵丹在去世前两年作过几次系列演讲，勾勒出了他演艺生涯的大致轮廓，这基本吻合了自述这一体例的特点。在《赵丹自述》中，这些演讲，无疑是难得的内容。在他的生动活泼的叙述中，从家乡南通那个开始热爱话剧的少年，到《马路天使》《十字街头》以及后来的《林则徐》中的艺术家，快乐地走在艺术创造的道路上。不过，这些演讲，因听众对象大多是电影和话剧的学员，主要侧重于表演体验和对另外一些艺术家的评说，对他自己的个人生活，特别是磨难经历的回忆甚少。这一空白，现在则由黄宗英提供的赵丹写于"文革"时期的大量交代而填充了。

姜金城作为一位亲历赵丹生命最后几年行程的年轻友人，他在《阿丹魂》中也为我们提供了许多赵丹还没有来得及告诉人们的故事。《阿丹魂》是传记，却非通常所见的编年体写法的传记。在我看来，它是姜金城的"自述"，但"自述"的主题不是他自己，而是赵丹。的确如此，《阿丹魂》采取跳跃而灵活的结构，将自己与赵丹的交往，对赵丹的回忆和理解，与诗人的感慨和激情相结合，生动地描绘出了赵丹的性格。

无论读《赵丹自述》还是读《阿丹魂》，从对赵丹命运的感慨而言，最为强烈也最令人叹息的，莫过于他在"文革"期间被关押时不得不写出大量交代的经历。何曾想到，这位中国电影史上最为出色的天才演员，几年里，每天被迫做的事情，无非是反反复复地交代往事，自我批判，自我贬斥。他多么向往银幕，向往在一个个艺术形象中体现自己的价值。他的艺术正在旺盛期，正是收获时节，可是他却不得不将生命消耗在一页页自我践踏的交代中。读赵丹的交代是一件痛苦的事情。尤其令人难以忍受的是，有时他甚至不得不用最恶毒的语言咒骂自己。在这样的交代的字里行间呈现出来的，不再是一个光彩夺目才华横溢的艺术家，而只是一个委琐、屈辱、无奈的囚犯。在高压之下，只能把自己人生的一幅幅画面，涂抹上丑陋的色彩，唯有如此，才能表现出被改造者的真诚。在当时处境下，在那个年代里，与赵丹有着同样命运遭际的人，又有几人能摆脱这样的无奈与尴尬？

不管怎么说，赵丹的这批交代材料能够保留下来，是值得庆幸的，它们有着特殊的文献价值。它们不仅能从不同角度补充人们对赵丹人生的了解，从那些历史细节回忆中，感受他的复杂心情。同时，它们更为"文革"研究留下一份不可多得的文本。后人可以从中了解到，在那样的日子里，居然会有这样的文字，这样的自我贬斥的形式。读它们，我相信人们仍会透过赵丹无奈中写出的文字，看到那个光彩夺目的艺术家在历史风云中的活跃身影。

在冬天，怀念梅志

狂风一夜，落叶满地。说是北京今年的冬天来得慢，但还是在大风之后携着寒意来了。

在初冬，我怀念梅志先生。

怀念梅志，很自然想到了毛泽东著名的《咏梅》词："风雨送春归，风雪迎春到。已是悬崖百丈冰，犹有花枝俏。……"太熟悉这些诗句了。我儿时的成长伴随着不断地朗读它、背诵它。如今想起它，不只是因为恰是词的作者1955年大笔一挥，在周扬呈送的即将发表的胡风书信大样上，加上了"胡风反党集团"几个字，随即一场暴风雪突然降临在胡风、梅志夫妇及其朋友们身上；更是因为，词中傲雪挺立的梅花意象，总让我联想到梅志生命的美丽。

历史竟有如此巧合！悲哉？幸哉？

几年前，我曾为丁聪先生画的梅志肖像画写了这样一句话："她让我想到俄罗斯十二月党人的妻子：美丽、坚韧、勇敢。"

与毅然前往西伯利亚，在冰天雪地里陪伴丈夫的俄罗斯十二月党人的妻子们一样，梅志陪同丈夫胡风奋斗、漂泊、受难，逆境中表现出惊人的坚毅与沉静——这就是她的生命的美丽。

第一次见到梅志，是在1981年，我还在复旦大学念书。一段时间，贾植芳先生就一直在念叨："胡风到上海来治病了，他在监狱里患了精神分裂症。"他的关切和期盼，让我感动。一天，他高兴地告诉我：过几天梅志会来他家里吃饭。他要我到时也来。

走进客厅，见到了梅志和女儿晓风。我吃惊地看到，年近古稀的梅志在历经牢狱磨难之后竟无一点衰老迹象。个子不高，身材苗条，没有多少皱纹，也没有什么长吁短叹。她的语调柔和，但说话简洁明了，透出精干、果断与沉静。最美的是眼睛，有脱俗的清澈。这些，与整洁合身的浅色便装和谐地构成一个整体，有意无意之间用女性的美丽为她经历的纷乱动荡的时代提供了强烈的反差。我注目她，听她和先生、师母闲谈。当时没有相机，未能为他们难得的重逢留下影像记录，想想真是遗憾。

几个月后，1982 年 2 月，我毕业来到了北京。稍事安顿，我便去看望胡风、梅志，还带去了贾先生写给他们的信，信中贾先生请他们对我这位新来乍到者多多关照。当时他们还住在北京有名的"前三门"——前门、和平门、宣武门大街上的临街楼房里。房间不大，大约是个两居室。经过在上海一段时间的治疗，胡风病情已有所好转，可以进行简单对话。他的神态虽显得木然，但偶尔闪出的目光却有力而倔犟。家里主事的当然是梅志。

不久，得到政治上平反的他们，新分到一套住房，开始张罗搬家。新家在木樨地，是当年北京刚刚盖好的两幢高干和高级知识分子楼。一些复出的老作家，如胡风、丁玲，还有一批副部长级官员都入住其中。这年夏天，胡风一家搬进了新居。搬家那天，我去帮忙。梅志安排，先把胡风送到新居的客厅，然后，大家再搬家。记忆中，除了几个书架之外，没有太多家具，一辆卡车还没有装满。搬进木樨地，他俩再也没有离开。可惜胡风在这里只生活了三年就在 1985 年逝世。梅志晚年的最后二十二年则一直在这里度过。在这里，她撰写《胡风沉冤录》和《胡风传》；在这里，她写下一篇篇感人的散文；在这里，她看着小孙子从出生到长大成人；在这里，她度过了一生中最安稳、最有家庭气氛的日子——只可惜胡风早早地离她而去。

2004 年 10 月，梅志去世，永远离开了她和胡风最后的家。而他们那年搬进新居的情景，仿佛就在昨天！

拥有稳定而平静的家，是梅志期盼一生的梦想！

1984年，我在《北京晚报》编副刊时，请梅志为“居京琐记”专栏撰文，她写来的第一篇散文《四树斋》，就是描写他们50年代在北京的家。30年代和胡风结婚后，他们一直都在漂泊。先是抗战期间的逃亡，再是内战期间躲避国民党的搜捕……1953年，胡风用稿费在北京买下一个小四合院，位于景山后面，与北海公园相邻。为妻子和孩子安排一个舒适安稳的家，是已经受到批判的胡风此时最大的愿望。他自己张罗着将房子修葺一新。他扩大了厨房，给厕所安好抽水马桶。小院虽只有四间房，但被安排得井井有条。他又买来四棵树种上，分别是：梨树、紫丁香、蟠桃、白杏。这年夏天，一家人来到了北京，住进了他们在北京的第一个家！

然而，他们此时已经陷入困境之中了。搬进新家后，胡风高兴地将书房命名为“四树斋”，但第一次标明“写于四树斋”，就听到文艺界一位领导惊呼：“什么？四树斋？你还要四面树敌吗？”1955年5月，风暴突如其来，梅志在胡风被捕几小时后，也被从家里带走。他们再也看不到这个只住了一年多的新家了。几年后，这一带被拆除，盖起了一个部队机关的大院。房子被拆时，她和胡风都正在狱中度日如年。他们又没有了家！他们被关押了十年，1965年年底刚被释放又赶上“文革”爆发，胡风被遣送至四川，梅志陪伴前行。接着胡风又被判刑，梅志仍然陪同，一起在劳改农场劳动十几年，直到1979年释放出狱，获得平反。从结婚那年开始，漫长的四十几年，一个妻子、一个母亲、一个家庭主妇的人生就是这样走过……

幸好，在晚年梅志有了一个安稳的家，终于享受到了儿孙满堂的天伦之乐，在他们的细心照顾下走到生命终点。诗人牛汉也为丁聪画的梅志肖像写过一段话。其中写道：“胡风和梅志坐在一起，我在心里构思过两行诗：梅志是胡风的花朵/胡风结出了梅志的果实。”真是精妙的诗句。

如今，他们在另一个世界重逢。花与果实早已化为一体。

2002年10月，胡风诞辰100年的纪念活动由复旦大学中文系等部门联合在上海举行，年近九旬的梅志应邀参加。这是她最后一次回到上海——她和胡风相识、相爱的地方，她与胡风共患难的起点。难得的故地重游。

此时梅志身体还不错。步履自如，言谈流畅，记忆也特别清晰。她见到了贾先生；见到了来自全国各地的老朋友……

她又一次走进位于大陆新村的鲁迅故居，当年她和胡风曾是这里的常客。如今她在熟悉的房子里伫立良久。她缓缓走上楼梯，轻轻地抚摩鲁迅的书桌和藤椅。她难忘鲁迅对胡风和她的关爱。她指着大儿子晓谷对我说："当时刚怀上他时，反应很强烈，我很害怕，不想要。鲁迅就批评我，还关心地为我找药，送给我。不然，就没有他了！"说完，她笑了。

她在上海寻找着记忆的温馨。这是真正回家的感觉。

我们找到了 1953 年她和胡风搬到北京前在上海住过的最后一个家——永康路文安坊 6 号。

走进弄堂，老房子依旧，几位老邻居竟然认出了梅志。他们惊讶 88 岁的梅志，还是显得如此精神，记忆还是这样好。谈到往事，谈到变迁，感慨无限。

走出弄堂，前行几百米，就到了三角花园里的普希金纪念碑。当年梅志和胡风常常散步走到这里，仰望普希金铜像，感怀诗人情怀。又一次来到铜像跟前，梅志看着，说铜像是重塑的，但基座未变。说完，她拄着拐杖，一个人慢慢地围着铜像走，然后，在石阶上坐下。

我注目她，如同第一次见到她的时候。她老了，但她以生命书写的美丽，连同她的回忆录，永远带给人对历史的无限感慨。

她在回想什么，我没有问。

她还记得普希金赞美十二月党人妻子的那些诗句吗？"在西伯利亚矿山的深处/保持住你们高傲的耐心……"早年她曾把它们吟诵，此刻，伫立于此，她还会在心底把它们吟诵吗？

记忆，为何如此美丽

不止一次去过富阳。

第一次，在二十多年前。从杭州乘船沿富春江而上，过富阳，进桐庐，到梅城；再沿新安江上行，从白沙入新安江水库——今天的千岛湖，最后抵达黄山……那时候，江水是清澈的，游人也不多，悠闲得要命。将近二十天的行程，感觉整个人都被江南的美丽与灵气浸泡得湿透了，如今记忆还是湿润的。

在富阳，船过鹳山，不能不让人回味郁达夫笔下的富春江景致，遥想他当年伫立江边的身影。当时没有想到，几年之后，我在北京就见到了郁达夫的侄女郁风。她的父亲郁华是郁达夫的大哥，郁达夫是跟随大哥到日本留学，这才有了一个杰出文学家的诞生。再过几年，我成了黄苗子和郁风夫妇的传记作者。于是，当我又到富阳时，我便觉得自己与它有了特殊的关联。

只可惜，近些年每次从富阳归来总感到莫名的失落与遗憾。一次去正赶上城区改造，达夫弄一号郁家老宅的墙上赫然写着“拆”字。拍摄下苍老的墙和丑陋的字，总算没有白走一趟。再过几年走进富阳，达夫弄消失了，故居则整体移建，孤零零地立在空旷的新广场上，像座庙，可笑得让看的人也觉得尴尬。鹳山周边，找不到书摊和书店，好不容易找到一家，却没有一本郁达夫的书。画家丁聪是郁风的老朋友，一次他和夫人特地去富阳寻访友人旧踪，可在街上问了好几个人，居然谁都说不出郁达夫故居所在。他们只好扫兴而返。

郁达夫，难道故乡早把他忘了？近现代呈现过辉煌文化的这座小城难道真的彻底衰微了，变味了？

“刚出炉的书，赠李辉——故人，故事，都是你们熟悉的，而‘故乡’却使仰慕它的朋友们失望……”郁风送我一本她新出的书《故乡、故人、故事》(三联书店)，在扉页上特地题赠了这段话，歉疚而无奈。

话虽是如此，在郁风心中，故乡却是永远的美丽。毫不奇怪，每次听说我要去杭州，郁风总爱说：“你去富阳吗？你应该去。”不容置疑的口气，俨然故乡的主人。她在北京出生，在北京长大，可从来是把富阳看做自己的故乡。“我小的时候，就爱听父亲母亲讲大人的故事，听得多了，就把故事构成了想象，在想象中不知不觉地模拟着自己的未来。”(《自序》)这些故事里，弥漫着故乡的气息，让她在想象中开始痴迷江南。更重要的是，作为艺术家，性情使她更偏爱故乡的白屋黑瓦绿水翠竹，偏爱铺天盖地灿烂如金的油菜花。她的文字与她的画一样，常常充溢着灵气，哪怕 90 岁了，笔触仍是那么敏感、活泼、清新。她的心中，总有清澈的富春江水在流淌。

《故乡、故人、故事》呈现出的正是郁风浓得化不开的故乡情。2005 年 10 月中旬，我正好和她一起到杭州。只有半天空闲时间，她仍提出要去富阳。大家怕她劳累，劝她不要去，她却执意一个人回去：“谁知道我还能不能再回去？我要去给父母亲扫墓。”话说得伤感，也动人。郁达夫的孙女前来接她，带上几本自己的新书，她去了故乡。

她不能不去，牵动她的是故乡的一切。这本书上有一段题记：“为纪念抗日战争胜利六十周年，敬献给——在战争中牺牲的祖母陆太夫人、父亲郁曼陀烈士、三叔郁达夫烈士……”她怎能不回到故乡为牺牲的亲人，献上一束花，献上这本书？

故乡，因为祖母、父亲和三叔这样一些故人的故事，郁风的记忆便有了更深广的历史背景。

珍爱记忆，早已是一个 90 岁老人生命中重要的内容了。其实，哪个人的生命少得了记忆的滋润？从这一角度来说，这本书的书名太老实，过于平淡、直白，与图书市场的光怪陆离看上去颇不协调，但它却又恰到好处地把如今流行的怀旧与回忆的主题表述了出来。读这样的书，熟悉或不熟悉她的人，都会随着她的记忆走进历史场景之中，在她讲述的一个又一个故人的一个又一个的故事里，我们可以看到她的父辈、她的同辈在艰难岁月里的艰难行走。有苦难，更有苦难中的精神的升华，才华的挥洒；有痛苦，更有永远乐观的微笑。

郁风实在有太多值得回忆的往事。但她对自己个人经历的大场面和大曲折，往往看得很淡，不爱渲染。她更看重她所敬重的前辈和同辈，在亲人身上，在沈从文、叶浅予、聂绀弩、夏衍、廖承志等友人身上，她可能觉得更容易寄寓自己的情感，也更容易把人与文化的兴衰、与历史的悲欢离合之间的关系，写透、写深，写出欲说还休的意韵。

前几年，郁风和苗子在澳大利亚旅居期间举办了一次书画展，我们夫妇特地赶去祝贺，也得以有机会在他们位于布里斯班的雅舍与之长谈。她说，听到江青自杀的消息后，她写了一篇回忆文章。人世沧桑，尘埃落定，她愿意以一种客观、平静的心情来回忆。文章中写到，1936年左右，她和江青（当时还叫蓝苹）都是上海妇女俱乐部的成员，俱乐部设在吕班路(今重庆南路)与环龙路(今南昌路)相交的拐角处一家洗染店里。游行、集会、给工人夜校上课，不到20岁的她，陶醉在社会革命的浪漫中。她还回忆到，她在话剧《武则天》中出演武则天B角时，还是已经小有名气的蓝苹帮助她说戏。两人的交往故事，一直延续到“文革”。那时，彼此之间的历史渊源阴错阳差，却使她和苗子身陷囹圄……

“多精彩的故事，你应该写得再长一些，再详细一些。”我甚至催促她能够写成一本书。她答应写，却一直没完成。也许，有一天，她会给大家一个惊喜。

解读一个村庄

不久前，我到一所大学演讲，一位老师问道：常有一些作家闯进史学、政治学、社会学等专业性较强的领域，选择本应由学者与专家完成的课题，并时有力作。相比之下，学者与专家有时则显得不太敏感。这是为什么？

我说：作家缺少学者们的专业训练，也许不严谨，但也因此少了拘谨，敢于尝试，从而有了更多自我选择的自由；专家和学者主要在大学和研究部门工作，无法摆脱诸如授课课时、论文发表数量等统计的压力，而作家则没有这些令人尴尬与无奈的拘束与压力，课题一旦确定下来，反倒更能专注于此，以自己的方式在一个崭新的领域磨炼、探索、施展身手，从一个外行变为内行……

回答匆匆，过于简略。后来再想，其实还有更重要的一点没有谈到。这就是，作家的情结与兴趣，在很大程度上决定了他们对课题的选择、深入与拓展。知青情结，让邓贤写出《中国知青梦》；人道主义与历史责任，让钱钢写出《唐山大地震》；历史情结与反思精神，让张建伟写出《温故戊戌年》、胡平写出《禅机》、邓贤写出《大国之魂》；直面现实的勇气与农民关怀，让卢跃刚写出《以人民的名义》、陈桂棣吴春桃夫妇写出《中国农民调查》……一系列诸如此类的作品，在具有文学感染力的同时，也就成了史学、政治学、社会学等学科的范本。

萦绕于心的情结,成就着一个又一个作家的笔。阅读王兆军的新著《黑墩屯——一个中国村庄的历史素描》(以下简称《黑墩屯》)(中国青年出版社,2006年版),我再次相信了这一点。作者为自己的故乡“修史”,黑墩屯这个山东临沂的普通村庄,因他的笔而变得沉甸甸的了。

农民——二十多年来,萦绕王兆军心中的始终是这难解的情结。

他是我的复旦同窗。魁梧的山东大个,圆乎乎的一张脸晒得黑黑的,一身打扮老实得可爱至极,看着他,听老师念他的名字,我们总要开几句玩笑:瞧你,也敢叫“王昭君”!(如今,电脑键盘上一敲“王兆军”三个字的拼音,出来的正是那个古代美人的大名!)

《黑墩屯》中,王兆军写了这样一段文字:“清越有余而温柔不足,是鲁南方言的主要特点。和吴侬软语不同,这里人说话喜欢高声大嗓子。苏州人说:‘我家有个哥哥娶了一个嫂嫂生了一个宝宝’,听起来就跟音乐似的。如果用黑墩屯的方言说起来,就不那么好听了。外地人说山东人是‘山东棒子’,山东话也跟打人的棍子似的,硬楞楞的,不够柔美(第440页)。”读到此,想想二十多年前的情景,我又笑了。

来自农村的王兆军,从一开始文学创作,就把主要笔触放在了农民身上。他熟悉他们,理解他们,他们的喜怒哀乐,他们的伟大、卑微、狡黠、憨厚、固执、怯懦、狭隘、宽容……诸多相斥、相融的元素,影响着他对周围世界的看法,也成了他试图描写的对象。他的中篇小说《拂晓前的葬礼》,曾以对一位农村干部悲剧性格的具有震撼力的塑造,获得过全国中篇小说奖;他的报告文学《原野的呼唤》,也以反映农民渴望改革、努力走出原有命运的束缚而获得全国报告文学奖。后来,他出国旅居,归国后又周旋于商界,但他从未离开过文学创作,农民情结依然让他迷恋。

在看到《黑墩屯》之前,我从未想到王兆军会费时数年,写出这样一本将近50万字的作品。这着实是一本与他的以往所有作品完全不同的书。从结构来看,它是严格的村志。由地理位置、气候条件、村庄格局起笔,土地、人口、风俗、方言、习惯、商业、教育、宗教……诸多与村史相关的方方面面,在调查笔记、表格、描述、点评等不同文字形式的交替使用中渐次呈现出来。从结构布局与材料剪裁看,作者分明扮演着一个严谨的学者角色。看得出来,在很大程度上他想为自己的村庄,写一本经得起专家评点、可以走进专门学科课堂的范本。

然而,看了太多雷同化、死板而教条的各类方志,作为作家的王兆军,显然更愿意借为家乡修志而写一本属于自己的史书。说是村志,自然不错,但"历史素描"这一界定,表明他在有意识地将方志转化为个人化的作品。在这种个人化的历史叙述中,作家的角色有意无意地登台亮相。他以简洁却又酣畅的随笔风格,生动地叙述着世相众生风土人情;他以小说家擅长的白描手法,勾勒历史烟云中大小人物的性格与命运。我特别欣赏他对农民性格、理想乃至行事方式的分析,他在帮助我们认识这样一个庞大而复杂的群体。因为,正是浩如烟海的中国农民,过去、现在乃至未来很长时间里,还将在很大程度上决定这个国家的生存状态。

"这个梦一般的、诗一般的、云一般的桃花源,就是农民的政治理想的生动描述。桃花源就是他们对社会的最高审美要求,也是他们的思想主体和价值观念。"(第 117 页)

"他们的做法——不光农民——既是对权力的崇拜,也是对法律的亵渎。他们渴望清官,但在遇到麻烦时并不按清官的逻辑去处理问题。恰恰相反,他们在寻找清官的道路上却拉了贪官一把,于是社会理想在这里发生了异化:崇拜清官的培养了贪官。习惯沿袭下来,逐渐形成了一种政治文化:不相信程序和法律却相信个人权力,歌唱光明却亲近黑暗,赞扬公正公开却不得不在黑夜中鬼鬼祟祟走进贪官家的后门。"(第 119 页)

……

读到这些文字时,我感觉到,撰写村志《黑墩屯》的王兆军,作家与史家的角色在转换替代过程中,已经分不清谁是谁了。

信与画结伴而行

我常常认为，要了解一个人乃至了解一个时代，书信和日记均有着不可替代的填补历史细节的作用。因为，真正私人化的书信和日记，为亲友、为自己而写，而非为了逢迎某时某地的需要和公开发表而写。这样的书写者，在书写之时，无疑会颇为真实地记录下个人所见、所闻、所思。《周思聪与友人书》(大象出版社，2006 年 11 月)正是这样一份真实的个人化记录。

作为画家，周思聪的人物画艺术成就在当代美术史上占据着一个重要位置。人们熟悉她的《人民和总理》、《矿工组图》，为她的英年早逝而惋惜至今。《周思聪与友人书》则呈现出这位艺术家不为人知的另一面。该书收录周思聪 1980—1992 年写给北京广播电台记者马文蔚女士的百余封信。在信中，周思聪对朋友几乎无话不谈。时代的风雨波折，艺术创作的酸甜苦辣，美术界的是非曲直，人际的恩怨纠葛……均被画家富有性情地书写下来。倾心之谈，随意挥洒，叙述于细腻、跳跃之中显出洒脱本色。时而流露而出的困惑，使她的文字漫溢出难以消散的惆怅与忧郁。随处可见的真知灼见，读来则让人感叹不已。她这样谈到她对人的审美标准：

“有许许多多这样的人，他们不知道自己有多么美。比如一个通身区(黢)黑的矿工,他以为自己是丑陋的。殊不知他是那么美,令你惊异。我也常在街头观察过一些时令女郎,穿一半件洋货什么的,或是脸盘略有点标致什么的,于是盛气凌人、自命不凡起来。一看便知是个草包,从里面浸透出丑态。这当然不属于我所欣赏的'平凡的人'之列。在我尊敬的画家之中,李可染是德高望重的,然而他却是极平常的人。激动起来,结结巴巴说不出话像个孩子,对许多事常显出惊奇'怎么会这样?'有了高兴事,一遍一遍说给人听。所以他是个常人,是个自然人,至少本质是如此。'我爱平凡的人'这句话,也可以说成'我厌恶自命不凡的人'。"(1987 年 7 月 2 日)

读书信,出现在我们面前的正是这样一位敢爱敢恨、敏于观察、勇于思考的艺术家。整理者即收信人马文蔚大姐在代序《沉默者心语》中写道:"这些文字写于 20 世纪 80 年代到 90 年代初,其真诚、直率,以及内中包含的人格力量、犀利的见解,经过岁月的淘洗,非但没有退色,反而更加光鲜;尤其是对阻碍社会进步、制约艺术发展的意识形态,以及由此而形成的顽固积习,她反应敏锐,恶之尤深。似乎她'醒'得比别人早,头脑多一些准备。她在艺术实践中不计成败,务求突破,以变求生的愿望,是那样强烈。当时很熟悉的文字,不知怎么的有些生疏,像是第一次看到,又仿佛有种冲击力阵阵袭来。"

大姐说得好。正因为如此,个人间的这些通信,也就成了值得一读的历史记录。

尤让人感叹的是,没有想到,周思聪这位杰出的画家,竟还有出色的文笔:

"不必挽留生命的夏天,着意在那枯枝上的秋实。哪怕只是一个苦涩的果,它是实在的,是孕育着春和夏的生的继续。小时候,我最喜欢结伴到郊外去玩。背个小画夹,蹚过小河,一路上踢着羊肠小道上油黑滚圆的羊粪蛋,找个僻静地方,画张秋天的小树林;捡来干树枝,架起篝火烤馒头吃。那些缀着红红小果子的山枣棵子,都长在人够不到的坡坡下面,攀着树枝小心地滑下去摘一把果子,放在嘴里,酸酸的。树枝划破了手,也觉得是那么惬意的事。真可惜,现在,那诱人的去处早已变成城市的一部分。单调的商店,车辆,人流。"(1981 年 12 月 10 日)

细腻描写与怀旧思绪交融在画面之中。由这样一些文字构成的私人化的书信，显然就是出色的散文，足以与她的画结伴而行，传之久远了。

钩沉，为了填补

徐百柯为自己的专栏起了一个再普通平实不过的名称——“钩沉”。

通常人们很容易认为，钩沉近乎于闲适，不过是学究们在故纸堆里的时光消磨，属于考证、校勘之类的枯燥劳作；或者，偏爱于逸闻逸事的随意拾掇，为学术添一些枝叶，为沙龙式的神聊增加少许谈资。如此而已。

其实，这是误解。至少，在徐百柯的《民国那些人》（中央编译出版社，2007年版）中不是如此。对于他，“钩沉”不是轻飘飘的休闲，更不是可有可无的点缀，成了他与历史对话的最佳方式。他费时数年，追寻往事，走进民国时代教育、科技、文艺、实业等各界精英人物的人生。经他的截取、剪裁和点染，众多人物的命运特点和人格魅力，渐次呈现出来。如今，专栏文章一旦汇集成册，集腋成裘，遂蔚然而成丰富的历史人物画廊。

从时间上看，民国距离我们并不太远，应该说并不陌生。可是，当翻开《民国那些人》一书，却不能不感叹，实际上我们对民国了解实在太少、太狭窄。经徐百柯精心挑选而出的近百位民国人物，无论过去熟知的或者陌生的，几乎每个人都是一本大书，都值得写出厚厚的传记。这些民国人物，以其卓越的成就和特殊人格，充实着20世纪的中国，使我们在战争硝烟和政治风云之外，看到了另外一番精神景象和文化风骨。可以说，因他们的存在，历史才更为精彩。

职业和媒体特点所致，徐百柯的钩沉不同于书斋里的学术探微，他寻访历史，目光却始终关注着现实。因此，他的钩沉，更大程度上可以看做对现实的填补。

填补，在我看来，正是历史钩沉的特殊意义所在。

情况正是如此，民国那些人不仅仅属于历史，不会随时间消逝而身影淡出，离我们远去。实际上，他们的命运与人格，自然而然地会与现实形成某种参照和对应，从而也就延伸着我们的思绪。记得一次在读到徐百柯所写潘光旦的文字时，我对潘光旦主张教育应当培养出"士"的情志这一点感受颇深。

"教育不知做人造士为何物，因而应该忏悔。"潘光旦这样说。

《教育的忏悔》——徐百柯为写潘光旦的本篇文章，拟订了这样的标题。

"'读读潘光旦吧，何其相似啊。'说罢，那位学者默然良久。"徐百柯为这篇文章写上最后一句。

这便是徐百柯的高明处，他知道如何以简洁叙述和生动细节打动读者，使有限的篇幅尽量延伸其思想的意义。

譬如，我很欣赏他以这样的细节来写希腊文学翻译家罗念生的性情与人格：

还有一次，他重返希腊，朋友请他到海边游玩。他突然离座，撇下手杖，颤巍巍地小跑到浅滩上，把手浸到海水里，突然高举着湿漉漉的双手朝这边高声喊道："我沾到爱琴海的海水了！我沾到爱琴海的海水了！"

罗念生的长子罗锦鳞是中央戏剧学院的教授，曾导演过多部古希腊悲剧。但在接受采访时，他更像是一个演员。他说起当年自己劝说父亲不妨去争取一些头衔和荣誉，他父亲凑近他，说："我不要那个，那个是虚的。"此时，罗锦鳞似乎完全沉浸在回忆中，他凑近我，带着一种混合捉(合着)顽皮、满足和欣喜的神态——我相信，这就是当年他父亲对着他时的神态——向我模仿道："我不要那个，那个是虚的。"

(《民国那些人》，第 214 页)

古希腊艺术被归纳为"高贵的单纯和静穆的伟大"。后辈学人说，罗念生一生体现了这一境界。我相信，当徐百柯叙述这些时，无疑也在为这种人生境界而感动。

那么，他还会有伤感与困惑吗？君不见，如此境界，在现实中的知识分子身上早已踪影难觅了。

我从未见过徐百柯，但在读《中国青年报》"冰点"周刊时，"钩沉"是我必读的专栏。文字虽简略，每个人物只截取主人公的人生片段，但他的钩沉，却饱含情感，浸透忧思，让人读出了他不时流露出来的困惑、眷念，更有一种悲天悯人的情怀令我感动。

悲天悯人——我不知道徐百柯本人是否同意把这个词用在他的身上，也不知用得是否准确，但只是当我写到这个词的时候，才觉得自己真正读懂了徐百柯，认识了他。

追寻历史，臧否人物，拥有一种悲天悯人的情怀极为难得。任何人都不可能是完人，即便再伟大的人物，要挑出瑕疵并不难。但作为旨在填补现实的历史钩沉者，其首要职责无疑是把历史作为镜子，不苛求故人，而是侧重于从历史人物身上发现值得重视的光彩处，以此照出现实中人的精神、人格的种种缺陷，促使人们的反省，从而，现实能够变得更丰满，更符合人的理想。

《民国那些人》的出色正在于此。

冷寂无声，水流恒久

2009年，刘衡老人走了，享年88岁。一个老记者，永远放下了手中的笔。

除了十多位亲属，前来吊唁的只有五位单位同事。偌大告别厅，显得空空荡荡。她生前说自己的丧事要从简，但没有想到竟如此冷寂，真让人感到凄凉与感伤。不过，这又有什么呢？她留下遗嘱，把遗体献给北京协和医院，供医学研究用。对于她，身后的一切世俗程序，已显得无关紧要。她以这种告别世界的方式，凸显出一位女性的执著、倔犟、冷傲。

第一次知道她的名字，是在我1987年调入《人民日报》之际。当时，我完成《萧乾传》不久，萧老告诉我，你们报社那里有个老记者刘衡，女的，很倔犟，被打成"右派分子"后，从不承认。"文革"期间，在农场还被人殴打，以活埋进行威胁。但她还是不低头。在没见到刘衡之前，萧老的描述留给我很深印象。

见到她，一个太普通、太不显眼的人。印象中，客厅里几乎没有什么新家具，沙发破得扶手扎人，见过生活简朴的人，但像她如此不讲究生活条件，还是让我吃惊。

原来她也是湖北人，一口浓重乡音。"文革"后，重返新闻岗位，她就到湖北记者站工作。说来也巧，1979年她率先采访的地方之一，就是我的家乡随县(今随州市)。这一次,她发表了关于县委书记常东昌的报道《常东昌找穷根》,是较早正面报道农村搞多种经营的通讯之一,从而获得全国好新闻奖。后来,从熟悉她的同事那里,听说了她在随县采访的逸闻——她为人低调,穿着简朴,坐着手扶拖拉机到了一个公社。她说自己是记者,要见公社书记。没人相信,以为是上访的,遂将她作为骗子关了起来。后来打电话到县里,才得到确认。

刘衡当年到我家乡采访时,我正在上海念书。没有想到,几年后,我成了她的同事。她已退休,无缘共事,我却为报社有这样的新闻前辈而自豪。

晚年刘衡活在回忆中。每次去看她,她总会讲难忘的、复杂的人与事。90年代,她摔了一跤,腿骨折后行走不便,很少外出,基本上是坐在家里读报看书。我说:“你写回忆录吧!为自己,也为后人。”七十几岁时,她学会了敲键盘,从最初286电脑的DOS系统,到近年的网络浏览,生命的最后岁月,她与电脑技术的发展相伴而行。行走不便的她,整日坐在电脑前,拥有了电子网络这个无限宽阔的世界。她没有寂寞。费时多年,她写好了回忆录。遗憾的是,回忆录还未正式出版,人却与世长辞了。

读她的回忆文章,我才知道,她与萧乾是1956年在内蒙古认识的。当时,她任《人民日报》驻内蒙古记者站的记者和党支部书记,萧乾应邀担任报社文艺部顾问和特约记者,同年前往内蒙古,采写著名的长篇特写《万里赶羊》。刘衡说,她十分惊讶萧乾这个吃过洋面包的人,竟那样吃苦耐劳,跟着运羊队伍跑一万多里路,从新疆到内蒙古,过天山、走毒蛇区毒草滩、蹚激流、战山洪……

未料想,一年后,他们同时陷入了人生逆境。

1979年,刘衡获得平反后,给萧乾去信报平安。正忙于准备出国访问的萧乾,收到来信,兴奋地马上回信:“有一堆信都不能回了,只回你这封,因我一直很关心你。听姜德明说,你写了很出色的通讯,一时也来不及看了,等十一月底咱们再通信吧。把你的悲、愤,都升华为文章,写出点出色的、有长远价值的东西。诗穷则工,咱们都穷过,你更是如此,应当对得起自己,对得起这个伟大的时代。这信是告诉你,我十分十分关心你,并热烈地支持你。”(1979 年 8 月 11 日)他们就是这样,相互鼓励,以对历史负责的姿态向前而行。

多年后，刘衡以一首诗作为回忆录的代序。诗题为《我是一块瀑布》。她写道：

我是一块瀑布
有着奔腾的水势
……
我没法做温柔平静的湖水
又不愿一天天干枯
我生命的长河要流
一泻而成瀑布

诗写出了性格,写出了追求,写出了一个坚强女性的命运。

她什么都没有带走,包括她的躯体。她把一切留给了这个世界,让后人感怀,让后人用心倾听。

冷寂无声,水流恒久。

沉静从容而行

连日大雪，北京一下子静了许多。雪，覆盖落叶，覆盖紊乱，雪天一色，庭院、树木、屋顶甚至呼吸，都变得从容不迫而沉静。

从容不迫，沉静，这正是我所喜欢的雪的意境——虽然古诗中对雪的吟唱，常与边塞凄凉、兵戈悲壮结伴而行。

窗外雪花飘得正密，泡上茶，抿一口，品读永平兄随笔新作。雪与人与茶与书，映衬交融。

与永平兄同在一个单位已有多年，他采访经济，我采访文艺，相互认识并熟悉只是在近几年。他走路很快，匆匆低头前行，不大关注周围一切，神情里总飘着淡然。认识之前，在电梯里与他相遇，彼此点点头，无一语寒暄，如此而已。后来，我们都成了办公楼接待厅的常客。每到中午时分，大家一起喝茶，一起闲聊，古今中外，海阔天空。他常来，吸着烟斗，慢条斯理，他多是静静地坐在一旁听，偶尔插话，简单几个字，言简意赅，点到为止，很少见他大发议论。大家说到开心处，即便开怀大笑时，他也只是微微一笑。微笑中，他用欣赏的目光看着大家，沉静神态中尤显从容淡定。

从容淡定，是人生的一种境界。我感觉到，永平向往着也为自己营造着这一境界。社会与政治的错综复杂，新闻职业每日不得不面对的匆忙、零碎、喧闹,没有让他改变对这种人生境界的追求。不追逐名利,不为一时的风头十足而动心,把工作视为职业必需而非功利之用,在精神层面上思考,在性情感悟上随性而行。在他的作品里,不难看到,他读自己喜欢之书,信自己愿意相信的一切,不张扬、不狂放,静静地思索,散淡地写。

文与性情相通。永平擅长白描,叙述故事的口气,有一种连绵不绝的渗透力。《马班日记》里写采访途中与一条狗的几日相处,临别时的激动未加渲染,而是在文章最后写了这么几句:“老冷看狗走了我情绪失落,便说:‘我教你唱山歌吧。’于是老冷一句句教我一首彝族的情歌,很优美。可惜现在我只记得一句歌词:‘冷水泡茶慢慢浓。’”不露声色中,却有更深的韵味在其中。

不过,永平似乎并没有完全意识到白描对于他写作的意义,他写西湖等风景,下笔过于着力,描述太浓,反倒没有体现出他的叙述能力。也是这一缘故,在他的作品中,我更喜欢他写人物、写动物的篇章,大概是它们离生活更近,或者,他不刻意追求所谓的文学性,他的随意散淡,反倒更有一种感染力。

有一点则是永平乐于表达的,这就是他的所思、所想、所信。形而上的、不可知的世界,常让我于敬畏中而遥望之。永平则颇愿意走进佛学深处,于不可知中获取可知,再回望俗世。其说教式的议论,愚钝如我者未必全然领会,但那些因生活细节的触动而生发的感悟,的确显现出他的娓娓倾谈的能力。譬如,他由人与猫的关系谈到“喜欢”与“爱”的区别:“比如喜欢猫,很多人可以做到。那是因为猫漂亮、优雅,能满足我们的审美和精神需求。但那只是喜欢。衡量是否爱猫,要看当它生病的时候,不再漂亮的时候,甚至毛掉光了变得丑陋甚至恶心的时候,你还是不是喜欢它,是否还愿意无私地帮助它。所以,喜欢是出于自身的需要,多少有自私的成分。而爱是需要付出的,是奉献,是一心一意地要为对方好,因此是无私的。对动物如此,对人也一样。”(《爱与喜欢的区别在哪里?》)

与叙述故事的白描风格相呼应,这些议论毫不晦涩、曲折,在这样一些看似浅显的篇章中,我读出了丰子恺漫画与散文的平实与淡然。

写至此时,窗外雪已停。如走到高处,满眼该是雪白一片了。

多好的让人沉静的雪景。

记忆喧哗

一、让记忆喧哗起来

一本妙书。

一天，网名"老道"的同学，在武汉大学中文系七八级的网页上，贴出自己30年前入校第一天的日记。旋即，那些在珞珈山上"老八舍"生活过的同学的记忆，都被电击，一下子激活了。一个个帖子随时跟进，不同人的日记穿插呼应，大至恢复高考的社会变革、真理标准讨论开始后的思想碰撞，小至排骨汤之类的武汉美食、同学之间的趣事，辨析或填充某一细节，追忆与阐发某一话题，思绪自由闪动，情绪五颜六色。参与者高歌低吟，时空转换，一个群体的记忆喧哗，酿成了《老八舍往事》之妙。

妙就妙在，群体性的记忆，如今借互联网的便捷和魅力可以做到齐声喧哗。当年的日记，为记忆提供了清晰的历史脉络和具体场景；今日的网络，则使记忆不限于单纯的往事叙述，而是多了当下追忆之时的现实环境与心境的映衬，多了对当年诸多事件的解读。这些解读，在很大程度上，已超越记忆本身。走过30年的风风雨雨之后，"老八舍"这个群体，实际上是在以一代人的特殊经历和知识结构，对历史进行重构。于是，一本追忆之书，在与往事的时空呼应中，既是历史之书，也是现实之书。

我与“老八舍”群体，有着大致相同的经历。下过乡；参加了“文革”后恢复的第一次高考；作为77级考生早于他们半年进入复旦大学中文系。虽不是同一座大学，但当年高校的氛围十分接近；虽不在一个城市，但湖北是我的家乡，珞珈山上的武大校园也不陌生，每次走进走出的记忆，从来没有淡忘。经历过相同的场景，接触过一样熟悉的前辈，有过同样的激动、困惑与感伤……

在别人的往事里，我读着自己的记忆。

二、那个年代的不幸或幸

我第一次走进珞珈山，应是在1975年。一位中学同学，从知青点作为工农兵学员被选送到武大数学系念书，我去看他，走进了珞珈山。我从小在乡下和县城的小圈子里生活。家乡在随县(今易名随州)，医院的一幢三层楼房，算得上县城的高大建筑，孤零零地矗立在南关街道。淡绿的琉璃瓦屋顶，尤为醒目。走进珞珈山，一下子看到这么多琉璃瓦屋顶的高大建筑依山起伏，景象壮观。当年的印象里，武汉让我惊叹的，除了长江大桥，只有珞珈山武大校园。后来读《沈从文自传》，22岁的这位“乡下人”从湘西来到北京，走出火车站，前门城楼矗立在他面前。他惊呆了：“城墙好高！北京好大！”我第一次走进武大校园时，就有类似感觉。在此之前，从没有走进过比这更大的院子，哪里想到过大学校园竟有如此宽阔的天地！如此美丽的景色！(前不久，有报道称，美国某机构评选世界最美丽的十座大学校园，中国只有清华大学名列其中。我想评选者肯定没有到过珞珈山，不然，怎么会有如此大的遗漏呢？)

当年，我很羡慕同学能在这样的美丽之中念书。然而，只有羡慕，不敢有奢望。因为根据当时的政策，家庭出身不好的子女，几乎不可能被选送进大学，而不幸者如我，就在此列。

所谓家庭出身不好的子女，在“文革”中统称为“可以教育好的子女”。翻开《老八舍往事》，读到他们对各自身份的辨析与议论，颇有感触。

“老八舍”同学入学报到的时间是1978年10月5日，第二则日记的时间是10月9日。在这一天的日记后面，众多帖子围绕班上同学的身份状况展开回忆和议论，最集中的话题有二：下乡知青与回乡知青的区分；"可以教育好子女"的历史形成。两个话题，对于我们这些参加高考的人来说，都极为重要。在以往阅读的书中，谈论前者的较多，而后者则少有涉及。

率先提到这个"可以教育好的子女"这一话题的是"宋姐"。

【宋姐回复】新时期恢复高考，采取的是面向全国、分数面前人人平等的"海选"，政权的更替导致了教育上的"重新洗牌"，回乡知青和"可以教育好的子女"（简称"可教子女"）都得到了"公平竞争"的难得机遇。老八舍的回乡知青和"可教子女"应该为数不少，都受到了时代的惠赐啊。

随即有多条帖子跟随议论。

【Lzj 回复】宋姐提到"可教子女"问题，是值得大书一笔的。1978 年以后，从家庭出身中解放出来的人，舍中大概不少，这又是一个昭示历史变迁轨迹的重要现象。

【徐博回复】李教授说得非常深刻。"可教子女"一词是从骨子里显示出那个时代的门第歧视或者说种姓歧视的残酷性。

谈到"文革"后的时代替换，人们谈论很多、史学界也颇为重视的，莫过于 1978 年真理标准讨论和 1979 年左右的平反冤假错案，这倒不错。但是，如果仅仅将恢复高考限于教育走向正轨来考量，则就太看轻恢复高考的历史分量了。《老八舍往事》中的议论，其实涉及了历史变革的根本处。不错，恢复高考是教育的一种理性回归，是告别一个混乱年代的标志性事件，但最具时代震撼意义的、最根本性的变化，应该是社会终于回到了"公平竞争"的底线。对于那个时代有幸可以参加高考的许多"可教子女"来说，当时或许并不清楚卢梭所说的人人生而平等、天赋人权的思想，但能够与曾经蔑视过自己、排斥过自己的同学并肩走进考场，已经感受到巨大的宽慰，更何况有幸被录取，走进向往已久的大学校园。在“可教子女”得到机会参加高考之后，“右派分子”开始平反，1979 年 1 月，中共中央再颁布文件，为 440 多万地主、富农摘掉帽子，其子女也享有与其他同辈人一样的平等身份和权利。

一个国家，不再有阶层划分的整体歧视，才能有凝聚力，才能有活力。30 年过去，今天的人们，或许不再记得，或者根本不知道，在那一时刻，这些举措给社会带来多么大震动，有多少家庭和个人的命运，从此完全改变。改革之初，虽然政治上层的矛盾冲突此起彼伏，但全民族的精神状态总是显得亢奋昂扬，这正是与当时完全打破了“徐博”所说的“门第歧视”，千万人的积极性被前所未有地调动起来，有着密切关系。

看似信笔而写的几个帖子，却撩开了历史的一角，让我们再次看到了已经被淡忘、被忽略的历史关键点。这也是一种必然。历史情结、历史兴趣、历史思索，早已流淌在“老八舍”这个群体的血液中。既然是一段重要历史的“产儿”，他们的书注定要贯穿厚重敏锐的历史感。

一本书的历史之妙，即在于此。

三、放牛教授，仰望星辰

翻阅《老八舍往事》，我的眼睛忽然一亮，一个熟悉的名字——毕奂午——出现在第 205 页。

此页为 1982 年 1 月 5 日的日记：“上午，全校各系公布了 77 级毕业分配的总体方案。今天还宣布了 78 级毕业论文的指导老师名单。”日记后面的一个帖子写得很长：

> 【宋姐回复】我的论文题是《萧乾特写报告研究》，指导老师是毕奂午先生。毕奂午先生可能不少同学不认识。他是 30 年代的老作家，解放初参加过全国第一次文代会……1953 年就是武大中文系教授、系主任。……他说，他年轻时在中学教书，午睡时在门上写上“午睡”，调皮的同学总改成“牛睡”，没想到晚年真的被打成“牛鬼”并去放牛。

或许我孤陋寡闻,这还是第一次看到武汉有人在书中提到毕先生。我颇感亲切。因为,我在上大学之后,正是结识了毕先生,才每年都要去珞珈山几次。如果说我对武大有某种情感联系,那就是因为他。

第一次去看望毕先生是在 1980 年年初,介绍我去的是贾植芳先生。当时,每个假期我从上海回随县家中都要途经武汉,那一次,我带着贾先生的信,走进珞伽山二区宿舍的一幢老楼。后来听说,抗战前在武大任教的苏雪林或者凌叔华、袁昌英,住的就是这幢楼。

对于研究 30 年代文学的人来说,毕奂午虽非赫赫有名,但他的作品集《雨夕》、《掘金记》中的一些诗文,当年颇获好评,现代文学选本中也都少不了他的作品。我那时正与陈思和一起在贾先生指导下研究巴金。这样,巴金也就成了我们初次见面时的主要话题。

从那之后,将近 20 年里,我们一直保持着通信联系。1982 年大学毕业后,我到北京工作,他写信来介绍我去认识萧乾。他还在一封信里具体建议:"你既写文学艺术方面报道多,这样是否可以结合实际工作再多读一点文艺理论方面的书,从技巧研究到流派思潮的作家评传。有时间还可写大一点的文章,如罗曼罗兰写的《米开朗琪罗》、《贝多芬》那样的论著。这是我的一点粗浅的设想,你当然比我想得更切实更有规模一些。"过后,他特地寄来一封写给萧乾的信,让我持信前去拜望。就这样,我认识了萧乾。没有想到,我后来真的开始写传记,而且第一部作品就是《萧乾传》。我虽然没有在珞珈山里念过书,但能够得到曾任武大中文系主任的毕奂午先生的指点与关爱,我仿佛与"老八舍"人就有了同窗之谊。今天,读他们的这本书,我为自己能与他们有这一关联而高兴。

读"宋姐"的关于毕先生命运的叙述,颇有同感。她说得不错,50 年代初毕先生在湖北文化界地位颇为重要,曾担任参加全国文代会湖北代表团的副团长。在出席会议期间,他上洗手间时,一个人觉得他像一个见过面的叛徒,转身就报告上去。随后,毕先生便被打入了另册。从 1955 年肃反到 1957 年反右直到"文革",从无证据和结论,但他却不再受到尊重和使用。到了"文革",他便每天与牛同行,成了真正的牛棚中人。"文革"后他当然被平反了,那个举报被证明纯属子虚乌有。

我未向毕先生求证这一传闻,但听毕先生讲过他"文革"时在武大农场里放牛的故事。正是在每日清晨放牛的时候，他靠仰望天空星辰来消磨时间，并兴趣盎然地开始学习天文学方面的知识，后来他还专门研究过《诗经》和《楚辞》中出现的天文现象。

1980年年底，毕先生创作过一组《初出牛棚告白》新作，在《诗刊》上发表。在《初出牛棚告白》之一中，毕先生将陷入逆境中的知识分子的身份用凄厉而浓重的笔调写出来：

我天天赶着牛群，
但我不是那个田庄
或那个农场的牧人

我受着奇怪的惩处，被罚苦役
夜夜寄宿的牛棚
就是监禁我的牢狱。

墙壁上的破洞里露着一角蓝天
我盼着暗夜快快地走完。

十年前，毕奂午先生逝世于世纪之交。在他去世的两年前，1998年，我又一次走到珞伽山里他的寓所，这是与他的最后一次见面。我很奇怪，20年了，他居然还住在那套陈旧的、破烂不堪的二区宿舍里。像他这样一个老作家、老教授，为什么一直没有改善住房条件？我没有问他。他已经90岁了，我不愿意以这样的话题引起不快。实际上，他也不会。他和赵岚师母对生活是那样无所奢望，是那样甘于清贫，朴素，坚韧。

“宋姐”后面没有人跟帖子，看来当时的中文系学生很少知道毕奂午先生。他的被忽视、被冷落，实在是武大中文系的一大损失。可惜，如今再也无法弥补了。

四、名师何处？母校可好

最令“老八舍”人为之失落和伤感的，是他们无缘见到中文系几位冤死于“文革”中的大学者、名教授。

1979 年 5 月 15 日的日记为：“上午全校听广播大会，由对越自卫反击战的英雄作报告。但中文系分出一半同学去学校体育馆开追悼会，为两位‘文革’中含冤去世的教授平反。”

随后，一个个帖子填补着当时的记忆：

【老道回复】开追悼会的两位教授中，有一位是一级教授刘永济先生，刘先生是教词学的，1966 年 10 月被打成“反动学术权威”、“封建遗老”含冤而死；另一位是不是刘绶松先生啊，刘先生是教现代文学的，“文革”中受到迫害，和妻子张继芳女士双双上吊自杀。

【宋姐回复】他们夫妻俩是在十八栋的住处把一张单人木床竖起来，一边一个吊死的，死后留下五个未成年的孩子和一个老人。

【唯心论回复】我当日所记如下：上午停课，参加中文系教授刘永济、席鲁思先生追悼会。二先生在“文革”中被惨无人道地夺去残年，时七十有余……宁不哀哉！席鲁思，古典文学研究专家。1966 年，“文化大革命”初期被揪去陪斗，他说“士可杀，不可辱！”坚决进行抵制。是年卒，年七十岁。

【黑白子回复】我们进校不久就逢刘博平先生的追悼会……刘先生……是当时中文系的最后一位一级教授、小学家，古汉语与古典文学的老师还会不时引用他的说法。可惜我们无缘亲见其风采。

【老太回复】刘博平先生是国学大师黄侃的大弟子，为武大中文系“五老”之首。

30 年了，历史仍让他们喟叹不已。

好在“老八舍”人还有机会接触一些有学术成就、有文人气质的名师。于是，随着每一门课程的提及，相应地会引发他们对老师的议论纷纷，读来让人印象深刻。他们对老师的感念之情，名师们的讲课风采，生动地呈现在追忆中，读来令人神往。有了老师的讲课细节，有了对教师的感怀，这个群体与母校的情感联系这才有了坚实的基础。

不同日记和帖子讲述不同授课老师的特点：

【老太回复】读老辈人的回忆，总能看到说“师从某某”的字样，可以肯定的是，这个“某某”基本是一代大家或名师。细想下，这里固然存在有意无意的“自高”意思，还可能直接联系到“名师出高徒”赞语，但也不能说没有一种感恩之心或庆幸之意在，因为能当面聆听大师教诲，实在不是每个人都可以有的机会。我的记忆里，讲现代文学的陆耀东先生，讲美学的刘纲纪先生，讲世界史的吴于廑先生，讲唐诗宋词的胡国瑞先生，都是真正的大家名师，听他们讲课，实在就是一种享受。（第 60 页）

1982 年 2 月 13 日上午，周大璞教授讲《训诂学》课。老先生七十多岁了，却站着讲了两小时。（第 205 页）

1981 年 2 月 24 日上午上胡国瑞教授的《宋词研究》课。胡先生已经七十多岁了，但毫无老态，精神也好，课间都没有休息，一口气讲完。

【格格回复】胡先生的宋词讲得棒极了，好像全校学生都去听他讲课，教室装不下，搬到学生俱乐部。一张课椅放在台口，坐上去，啥都不带，没书、没讲义、没粉笔，好像连茶杯都没有，“河汉，河汉，晓桂秋城漫漫……”讲得抑扬顿挫，好像每一根头发都在颤动。

【WF 回复】记得胡先生讲到他喜欢的词时，一脸得意，神采飞扬，令我们这些人听得心驰神往。

【铁拐李回复】先生用地道汉腔讲宋词。他左手摇一把蒲扇，右手击腿而歌……

（第 156~157 页）

上面情景，令人向往。这正是名师的魅力所在。时光流逝，名师的一言一语，一个手势，都让学生难以忘怀，这才是教育应有之义。一个学校，一门学科，没有这样的名师，即便被钱堆起来，也没有吸引力。《老八舍往事》的作者们,深知一个简单的道理:没有名师,哪有名校?只可惜,如今很多官员和学校,已经不在乎这一点了。而"老八舍"人,对母校依然一往情深,在回忆中陶醉,也正是想为现实再找一个刺激,一个参照。

网名"唯心论"的同学,临近毕业时赋词《永遇乐》,其中写道:"生生灭灭,天心难问,也就任凭他去。想东篱悠然些个,管它什么归路。……再三千载,不期而遇,一醉神交万古。好兄弟推心对酒,何须言语。"(第266页)很巧,我们77级同学毕业时,在楼道里举行告别宴,墙上贴的一副对联,其情绪、心境也与之相同,而且也含"酒"字。上联:悲欢离合一杯酒;下联:东西南北万里程。横幅:好聚好散。

许多年过去,生生灭灭,聚聚散散,很多事情都变了,但《老八舍往事》让我看到,这个群体对那个时代的感怀、对老师的情感没有变,现实忧患意识与历史情结也没有变。他们还拥有不变的酒,还有可以说来说去的记忆。

如此这般,读他们的往事,我醉在一代人的记忆中。

雁来燕去,二十春秋

四十几年的人生阅历,十几年的记忆追寻和旁征博引,晋人李建永——相貌彪悍,看似颇有契丹人的塞外风采,实则心细如发,且忍耐力惊人——终于完成了《母亲词典》(中央编译出版社,2010年8月)。他以发表杂文而步入文坛,迄今已达22年。如今,这本写了十几年的厚重作品,为写作生涯树起了一块里程碑。

李建永的处女作《撒娇的流派》,发表于1988年《人民日报》大地副刊举办"风华杯杂文征文"之时,我与他的结识也始于此。

我于1987年冬天调入《人民日报》文艺部,任"大地"副刊的杂文编辑。次年夏天,副刊得到航空航天工业部贵州风华机器厂(风华电冰箱厂)的支持,遂在蓝翎、缪俊杰、舒展三位部主任的筹划和领导下,举办"风华杯杂文征文"。此次"风华杯杂文征文",约请了十一位评委:柯灵、唐弢、黄秋耘、秦牧、戈扬、严秀、黄裳、唐因、范荣康、刘再复、舒展,可谓名家荟萃,阵容强大。22年过去,十一位评委中,如今只有严秀、黄裳、刘再复、舒展四人健在,其他七人,以及蓝翎先生,竟已仙逝。我存有一张评委合影(黄秋耘、黄裳两位先生缺席),评委们的来信与点评也珍藏至今。翻阅凝望,忆及往事,总让人怅然不已。

举办"风华杯杂文征文"时,恰值文化界、创作界的思想最为活跃之际，短短三个月里，征文收到近七千篇来稿，我们从中遴选61篇发表，再请评委各自写来点评，从中评选出25篇获奖作品。此次杂文征文，来稿之踊跃、作者范围之广泛、锋芒之尖锐、风格之多样，颇获一时好评，甚至有论者将之称为当代杂文的一个高峰。杂文家、出版家严秀先生，在《愿"风华"吹皱一池春水》中这样写道："但这回的'风华'杂文却有些新气象。我觉得它在杂文的题材、笔法与作者范围这三个重要方面都得到了较大的发展与收获，而且可能是解放后最客观的一次(综合三者而言)。'风华'钻出了杂文题材不够宽广的圈子，放眼中国现实的大千世界，用事实说明了杂文的写作题材确是无比宽广的，真可谓'普天之下，莫非吾土'了。"

在众多名家之外，格外引起编辑和读者瞩目的，是一些来自基层的杂文作者。我和同事们将他们的作品喻为"平民杂文"。征文结束时，我曾发表《不拘一格断想——"风华杂文征文"编辑手记》一文，集中评点此次征文，并作为此次征文作品的合集《阿Q真地阔了起来》(人民日报出版社，1989年4月)的编后记。在《不拘一格断想》中，我有一节专门谈论"平民杂文"，而李建永的作品也被提及：

> 编辑们每看到一篇"怪文"，总会兴奋异常地相互传阅。有的取陈独秀"平民文学"之义，将征文中的这些作品称为"平民杂文"，有的更形象地冠以"草莽野花"。平民杂文或草莽野花，并非指作者的身份等，而是将之与文学家、学者作一并不科学的区别。"平民杂文"贵在作者不受文体规则的影响，更不遵循作文教程之类写法的引导，而是从生活出发，没有书卷气，没有虚饰，以新、奇、怪取胜，扑面而来的是浓郁的生活气息。在他们的笔下，生活细节情趣盎然，讽刺幽默妙语迭出。如无此类杂文，征文必然逊色，路窄而无野气，不拘一格的阵势也就难免削弱。《祖先崇拜新解》(孔令维)全篇采用反话的形式，讽刺意味甚浓；《"弄潮儿"简历》(梅桑榆)，以俏皮的语言勾画一个耐人寻味的历史现象；《小贩说奇》(姜芳)尤为可爱，作者本人即是小贩，文中生动的细节，非坐书斋者能想象得出的，再加上幽默的文字，可称妙文一篇；《撒娇的流派》(李建永)、

《建立"会议学"刍议》(陈俊明)、《"祖师爷"研讨会纪要》(应名)、《怎样做杂文》(唐某)等,无不既深刻敏锐又新鲜生动。《八个月没有文件啊!》(朱健国),巧在以戏剧或电视剧的描写方式——也许更近乎于荒诞剧,将一个非常尖锐的社会问题,用荒诞的风格表现出来,其讽刺性更为强烈,也更令人深思。(《不拘一格断想》)

22 年过去了,再看旧作,我依然认为,杂文能否重获活力,还得依赖民间的作者,而如今活跃在网络上的博客群体,或许可以视为"平民杂文"的另一方式的呈现。

回到李建永身上。

在 7000 篇来稿中,李建永的《撒娇的流派》令人眼睛一亮。他时年 26 岁,正在山西阳泉市文联工作。在此之前,他未发表过作品,但这篇杂文却呈现出很扎实的文化功底和潇洒、幽默的文风。他别出心裁地以"撒娇"来针砭现实,把政治领域里的光怪陆离现象,归纳为怯娇派、泼娇派、嗔娇派,可谓形象生动,入木三分。譬如,他这样描述"怯娇派":"此派成员惯于'装孙子',在同性上司面前,言谈举止,均做女郎怯生生之状;尤以说话时分,未语先红,娇言半吐(似乎舌尖秃了),不胜羞怯柔媚之态,煞是可爱。他们意在以自身之卑怯,来反衬上司的高大、完美、威严。将自己的人格一概扔到垃圾堆中。趁此时提一些个人要求,谅上司定会慨然允之。此派属内秀型。"多年后,再读此文,仍觉新鲜,不失其生命力,属嬉笑怒骂皆成文章的杂文佳作。

《撒娇的流派》发表后,我当即给李建永写去一信,从此,我们开始了通信,交往也延续至今。1993 年,我为华侨出版社主编一套《金蔷薇随笔文丛》,想学习巴金当年主编"文学丛刊"的方式,以名家带新人。第一辑十位作者,有吴冠中、汪曾祺、于光远、林斤澜、蓝翎、邵燕祥、刘心武、冯骥才等,在诸多名家之外, 我约请李建永编选一本作品集。那一年 4 月,仍是风沙时节,我去了他的故乡——雁门关附近的山阴县高庄村。坐在他家的土炕上,我们一起翻阅文稿,商量编选体例。刚读过他的一篇随笔《女人是水》,我颇为欣赏,当即也就为作品集取了这一书名。

《女人是水》是李建永的第一本作品集。出版时,按照该文丛的体例，我在书的勒口上为他写了一段点评："作者永远操着浓重的山西乡音，他太年轻，还没有机会在山外的世界尽兴地浏览。但书的世界令他迷恋，晋地悠久而厚重的文化氛围，使得他能潜心构造自己的文学世界。他有幽默与讽刺，但不去刻意追求，而是无意之中具备了一种潇洒，一种不拘一格的文风。他谈书，谈社会众生相，谈文化。他刚刚起步，脚步却稳重踏实。"

其实，《女人是水》出版时李建永已年过三十，不算年轻了。他希望走进更广阔的世界。书出不久，他很快走出山西，成了一名从南跑到北的名副其实的文学"漂族"。几番周折，几番摔打，频繁跳槽，吃尽苦头，自己满身是伤，也伤及他人，艰难中一路走来颇为不易。最后，他携妻落脚北京，由一名"北漂"正式成为一家报纸的副刊编辑，且著述不断。当年女儿随他们夫妇入京时只有四岁，童年在租住的大杂院里一间窄小厢房里长大，如今，成了北京大学的学生。走出山西后，将近20年的生活磨砺与人际磨合，让李建永这位曾经过于自负、过于自我的塞外汉子，日趋沉稳、内敛，《母亲词典》的写作过程，伴随着这一人生阶段的苦苦跋涉。

早在十几年前，李建永拿来一摞文稿，三四万字，总题为"母亲词典"。我当即翻阅，颇为惊奇。未想到，一直以杂文创作来针砭现实的他，忽然间，把从母亲那里听来的俗语民谚，纳入了自己的文化追寻和写作范畴，并且一下子就洋洋洒洒写了几万字。关于这一系列，首页有一段写作缘起："老猫炕上睡，一辈传一辈。我的母亲是个不识字的家庭妇女，但她却能够随口说出许多富有生活经验和人生哲理的俗谚。十多年来，我把随时回忆起来的'母亲的话'留心记录下来，居然积攒了数千条。加上我平时收集的一些流行于故乡及周边地区，甚至全国各地的民谚俗语，怕有十几甚而几十万条了吧。有道是，话须通俗方传远，语必关风始动人。"后来，这段话成了他在报纸上开设"母亲词典"专栏的开场白。难得的是，他请漫画家徐鹏飞精心配以绝妙的水墨插图，图文相得益彰，由此，他开拓了一个新的写作领域。

可以说，很多人都是听着前辈们的谚语长大，包括我自己。家父一直在乡镇从事农业技术推广工作，他看的书几乎都与农业、气象有关，从未见过他看小说，更别说读几首唐诗宋词，他脱口而出的十有八九是谚语。记得家里的书架上，摆放着好几本“农谚集”之类的书，有全国性的，也有湖北家乡等区域性的。于是，我当时熟悉的谚语就以农谚为多。譬如，庄稼一枝花，全靠肥当家；人不亏地皮，地不亏肚皮；好谷不见穗，好麦不见叶；麦要浇芽，菜要浇花；寸麦不怕尺水，尺麦但怕寸水；清明热得早，早稻一定好……

谚语是传统文化特别是民间口传文化的一部分，当传统文化几乎都被视为糟粕予以贬斥的年代，谚语也难逃厄运。“文革”期间，曾出版过一本《贫下中农批判反动谚语五十例》，可以说留下了一个历史讽刺。

李建永把文化的尴尬抛到了身后，以解读谚语的方式走进传统文化的宝库。《母亲词典》以谚语为切入点，把看似一个“冷门”的东西，赋予了全新的意义。语言、民俗、艺术、文学等，彼此从来就是紧紧纠缠、交融，然后构成一个文化整体。文化不可能简单地分割开来。必须警惕的是，所谓以“剔除糟粕”而采取的措施，有时很可能恰恰是对文化整体的破坏。何谓糟粕？何谓精华？不同时间、不同场合，对同一文化现象和形式，必然有不同的评判标准。假如只依据某一时代的标准和需要，将之简单而粗暴地划分为“糟粕”或“精华”，那么，“剔除糟粕”的同时也就可能伤及精华，文化的整体性也就不复存在了。这样的教训，难道还少吗？《母亲词典》的价值就在于，作者尊重文化本体，以谚语为对象来解读传统文化“内在”的整体性。把一位不识字的母亲的口传智慧，与博大精深的传统文化相交融；把人们耳熟能详却不太留意的一千多条谚语，予以梳理，纳入文学经典和文献典籍的引证考据的范畴……

完成这本厚重的《母亲词典》，对李建永来说，实在是一次对性情、学识、毅力的极大磨炼。李建永读书多且杂，《母亲词典》中有许多文献引证，从四书五经诸子百家到史书方志，无不涉及。他对中医中药易经等尤感兴趣，并颇有研究，《本草纲目》、《黄帝内经》、《齐民要术》等，也随手拈来。于是，在他的笔下，谚语真的成了传统文化的一种具有整体性的载体。无疑，这是一件颇有意义的研究与写作，作为他的一个老朋友，我为他的创意、努力和成功而高兴。

十几年前的忽发奇想，终于转化为一本解读数以千计谚语的力作。

李建永借此也证明了一点——当年的奇想,不是为了赶时髦,不是把所谓文化寻根作为镀金。相反,他是真的怀着一种对母亲、对故乡的感恩,怀着对传统文化和民间智慧的敬畏,来倾心完成这一写作。我更为欣赏的一点是,书中随处可见的母亲的影子,故乡往事、民俗的片段记忆,使文献考证不再仅仅是书斋里的旁征博引,而是多了灵气,多了世俗的活泼气息,而这恰恰是谚语的生命力所在。看得出来,李建永写作此书时,远在故乡的母亲仿佛就站在他身边,注视着游子的故乡寻梦。儿时帮母亲压碾推磨时听来的那些谚语,成了一段段亲切而生动的记忆——"马高镫短"(第 12 页)、"稀粥烂饭最养人"(第 51 页)、"三十里的莜面四十里的糕,二十里的荞面饿断腰"(第 184 页)、"白露点秋霜"(第 223 页)、"眼愁手不愁"(第 347 页)……一句谚语一个场景,一句谚语一段民俗,串联中,解读中,深厚文化与民间智慧,渐次显现。

在解读"雁来燕去换春秋"(第 224 页)时,李建永娓娓道来:"故乡山阴县高庄村在雁门关外,距雄关约二十华里。我从小望着一队又一队人字排开的雁阵,春天,从高天飞来了,秋天,又从高天飞走了,故对'雁来燕去换春秋'这句谚语,感触尤深。……古今文人发出了无限的诗情。苏轼诗云:'人似秋鸿来有信,事如春梦了无痕。'又云:'有如社燕与秋鸿,相逢未稳还相送。'"

雁来燕去,二十春秋。来自塞外的李建永,携一本《母亲词典》,如此这般,向我们走来。

画出心中的巴金

“前辈中，我最怕巴金。”每当谈到巴金，黄永玉总爱这样说，在他心中，不善言谈。表叔巴先生自己写的书，翻译的书，出的别人的书，我几乎都读过。认识新世界，得益于这些书最多。我觉得他想的和该讲的话在书里都写完了，他坐在椅子里，脸孔开朗，也不看人，那个意思是在等人赶快把话讲完走路。却又不像；他仍然喜欢客人在场的融洽空气。只是难插一句腔。

读过他们的书，了解他们一生，再仔细揣摩这些老人家的长相，一个萝卜一个坑，内容形式的绝对统一，天衣无缝，换成另一张脸孔是根本不可能的。

巴先生有一张积压众生苦难的面孔，沉思、从容，满是鞭痕。

巴先生一生辛劳，不光是累，也美。

他和数不尽的好友——

陆蠡、朱洗、丽尼、师陀、朱雯、许天虹、李健吾……耕种长满鲜花的花园。

我是闻着这座花园的芬芳长大的。

我喜欢巴先生那张古典的与众相不同的脸孔。几乎每一位老人家脸上都悬挂自己灵魂和历程的准确的符号，这是不由自主的奇怪现象，请仔细回味：

你是谁？从哪里来，到哪里去？
你是战士，还是刚出狱的囚徒？
是医生，还是病人？
是神父，还是信徒？
是作曲家，乐队指挥，还是
嘹亮的歌者？
是牧人，还是羊？
是摆渡者，还是河？
是远游人，还是他背上的包袱？
……

“跑好人生最后一圈”

前记：

萧乾与巴金相识于20世纪30年代初期，其交往与友谊，一直延续至1999年萧乾去世，长达半个多世纪。三四十年代期间，萧乾的文学作品大多由巴金任总编辑的文化生活出版社出版，其中包括第一本短篇小说集《栗子》、与沈从文合著的《废邮存底》、唯一的长篇小说《梦之谷》、散文集《灰烬》《南德的暮秋》《人生采访》、短篇小说集《创作四试》等。可以说，萧乾早期的文学创作与出版，与巴金密不可分。

1984年，因研究巴金需要，我前去访问萧乾，从此我与他有了长达25年的交往。在他写给我的百余封信件中，巴金是时常出现的话题。巧的是，他写给我的第一封信和最后一封信，都谈到巴金。“我与巴金同志交往很早，但我并没对他作过任何研究。你们能这样科学地、实事求是地研究他，我十分拥护。”(1984年3月10日)“巴金最近有一信来，复制一份给你。他居然还把我当‘小青年’，感到奇异的温暖。”(1990年2月23日)“1月8日香港《文汇报》上有徐开垒访问巴金，专谈传记文学问题，颇长，望找来看看。”(1991年1月17日)“你要我像巴金那样回忆50年代的日子……”(1998年

3月4日)由此足见萧乾对巴金的关切与尊重,以及他对研究巴金课题的重视。

巴金对萧乾的关心和影响是长期和多方面的。“文革”结束后,开始写作《随想录》的巴金,又以一个“挚友、益友、诤友”(萧乾语)的身份,再次影响重新开始写作的萧乾,使之最终成为反思历史、针砭现实的一个具有代表性的老作家。

作为范例,巴金影响萧乾晚年写作值得重视。这从另一个角度反映出,在新时期文学萌生与形成阶段,除了以《收获》为阵地,爱护与扶植一批年轻作家之外,巴金还以他的特殊影响力,推动和影响着不少同龄人——不限于萧乾一个人,还有冰心、柯灵、施蛰存、黄秋耘、黄裳、韦君宜等,他们以崭新姿态开始新的写作,在80年代的文坛,形成了相互呼应的一个老作家群体。

下面仅就我个人的接触和了解,对巴金与萧乾晚年写作的关系略加概述。

一、《猫案真相》公开与叶君健的个人恩怨

萧乾在1979年进入晚年写作的高潮。对于读者,这是一个久违的名字。成为“右派分子”后,他虽在1962年出版过译著《里柯克讽刺小品选》,封面上却只署一个陌生笔名——“佟荔”。

走出多年逆境,重获写作权利,萧乾在心底立下了“跑好人生最后一圈”的目标。

萧乾说过,他不是一个喜欢理论的人。就读燕京大学时,他向往着自己的一生,是一次“不带地图的旅行”。二战结束,从英国归来,人到中年的他才系统接受了英美自由主义思想的影响。他在《大公报》上发表《自由主义者的信念》等专论,成为“第三条道路”的一位代表人物,从而招致郭沫若、胡绳等左翼人士的猛烈批判。郭沫若在其有名檄文《斥反动文艺》一文中,将沈从文、朱光潜、萧乾三人连在一起予以讽刺、挖苦与抨击,“黑”成了描绘萧乾的“颜色”:“这是标准的买办型。……这位‘贵族’钻在集御用之大成的《大公报》这个大反动堡垒里尽量发散其为幽缈、微妙的毒素,而与各色的御用文士如桃红小生、蓝衣监察、黄帮兄

弟、白面喽啰互通声息,从枪眼中发出各色各样的乌烟瘴气,一部分人是受他麻醉着了。”(原载《文艺的新方向》,1948 年 3 月,香港生活书店)一年之后,新生活开始,但这一批判,如同厚重的阴影,从此压在萧乾心底,无法释然。

小心翼翼战战兢兢中,萧乾曾试图积极配合新时代,却在 1957 年难逃厄运。带地图也好,未带地图也好,一个人的人生旅途,在大时代的裹挟下,焉能由自己左右?

走进 1979 年,萧乾感觉有了卸掉重负、一吐怨气的可能。1980 年 4 月,他写下一篇《猫案真相》,发表于 5 月出版的香港《开卷》杂志,将他与以翻译安徒生童话而闻名的叶君健两人之间的个人恩怨,细细写出:

> 一九五七年八月,作协在北京文联大楼开过一次揭批我的大会。对于会上出于善意或是恶意,出于义愤或为了表白立场而揭批我的人,无论与事实有多大出入,甚至颠倒黑白,我都是本着有则改之、无则加勉的精神,只有感激,绝不计较。
>
> 唯独对于儿童文学家叶君健先生那天的揭批,当时我吃了一闷棍,至今不能释然。
>
> 叶先生在发言之前,先当众高高举起一张猫的照片(其实当时我坐得很远,并没看清是什么),然后非常诚实坦率,并且毫无愧色地说,那是七年前(也即是一九五〇年)他从英国回国的时候,一位朋友托他带给我(萧乾)的。大概在一九五〇年叶先生就已经卓有预见地料到有朝一日,我将坐在没有辩护权的被告席上,随他任意揭批,所以那张猫的照片他并没交给我,却“珍藏”到七年后的那一天。
>
> 接着,他就用那张照片作为铁证,揭批起来,说什么那只猫明明是我由伦敦一家铺子里买的,却假装说是从中国带去的。我把它送给了一个出版家。于是,就用那只猫做资本,在英国出了书,爬上了英国文坛。照片是那位出版家托他带给我的。
>
> 他踌躇满志地揭批到这里,台下是轰然一片笑声。
>
> 会一散,我也连同其他与事实有出入的揭发,写材料给主持大

会的那位书记。当然那是徒然。第二天,包括猫案在内的所有真真假假的揭发,全都上了报。随后,叶先生还以猫案为题,在《光明日报》上大做文章,证明我文人无行,寡廉鲜耻。

……

(《猫案真相》,载香港《开卷》,一九八〇年第十期)

萧乾开篇说,他之所以想到重提旧事,是英国作家韩素音在其新出的英文回忆录中写到了这一"传奇",他觉得有必要根据史实以及英国朋友新提供的资料,予以澄清。详加回忆与辨析后,萧乾在《猫案真相》结束时写道:

我所耿耿于怀的,并不是叶先生在那次揭批大会上发言的真实与否,因为当时自己既然被当作"阶级敌人"来揭批了,也就无权去计较旁人讲话的真实性。尽管他那天编造的故事在七十年代中叶又进入国际市场,倘若问题仅仅是真实性问题,今天也不该再去纠缠了。

二十几年来,我所耿耿于怀的是一个真实性以外的问题,一个伦理学问题。叶先生可能早就不喜欢我这个人,这不能去勉强人家。当有人托他带东西给我时,无论作为无产阶级还是作为资产阶级,他都完全有权拒绝。然而在他接受委托物之后,无论作为无产阶级还是作为资产阶级,他都无权加以侵吞。而由于工作关系,从一九五〇年至一九五七年,他们是经常见面的。一九五四年我与文洁若结婚后,他还请我们二人去他府上吃茶。这里不存在遗忘的问题。也就是说,他侵吞了委托物达七年之久。这就很自然地使人引起下述两个疑问:

一、倘若没有一九五七年八月的那次揭批大会,叶先生岂不就继续侵吞下去了吗?

二、除了这张猫的照片,叶先生那次回国时还侵吞了我旁的什么?

前者属于虚拟假设,后者(连同这个故事于七十年代以变本加厉的形式进入国际市场这一事)却具有一定的现实性。

(同上)

语言可谓犀利,推理更是火药味十足。令萧乾没有想到的,他的一吐怨气,引来的并不是当事人的回应,而是老朋友巴金的坦率批评与劝阻。

二、巴金劝阻萧乾,“不要为小事浪费时光”

读《猫案真相》后,巴金接连给萧乾写来两封信予以劝告:

一九八〇年五月三十日(巴金致萧乾)

我不赞成你纠缠在猫案上,要大量些,想得开些,那是很小的事。请你多想想。

一九八〇年六月七日(巴金致萧乾)

《开卷》编者信寄还,关于韩素音他的话题颇有道理,我也同她打过交道,这些话以后见面再谈。那件事就到此为止吧。以后希望不要再提猫案或叶的事。……来日无多,要善于利用,不要为小事浪费时光,我们已经浪费得太多,太多了。

时隔数年,巴金在一封信中再次劝诫萧乾:

一九八五年九月六日(巴金致萧乾)

文章(《改正之后》——引注)昨晚读过了,的确写了些应该讲的真话。你受了那么多的苦,这是不公平的。有话应当讲出来,时候不太多了。读了文章,我觉得对现在的你理解似乎多些,深些。但今天还在为“猫案”……辩护,就大可不必。有时,器量大总比小器好。

我常说三十年代的朋友中有三个人才华超过我若干倍,他们是从文、曹禺和萧乾。因此我希望你在作文和做人两方面都更深沉些,对自己要求更严格些。

巴金的来信,坦率、诚恳。他之所以对萧乾如此开诚布公,除了他们是结识多年的老朋友,更在于,复出后开始写作《随想录》的巴金,已经在有意识地回归"五四",在曾有的政治信仰中寻找精神与道德的力量,这也是巴金在反思历史时,为何一开始就比其他同龄作家境界更高、思考更深的主要原因。

作为政治理想与信仰,无政府主义理想已离现实社会远去,也远离了巴金的生活。但是,自"五四运动"起一直受其熏陶的巴金,青春热情并没有在心底全然熄灭。作为无政府主义理论的集大成者,克鲁泡特金赞同旨在反抗一切专制束缚的个人主义,认为人性本来就具备十分完美的道德,即互助、正义、自我牺牲三个要素。巴金最崇敬克鲁泡特金,也翻译过克氏多部作品,早年曾不断表示要将这三者作为自己的道德标准和人格目标。如今,开始写作《随想录》的巴金,在人格塑造和道德完善的层面上,终于有了与青春、与历史衔接的可能。毫无疑问,如果没有这种历史关联,就不可能出现《随想录》,巴金也不可能对自己身上曾经有过的软弱、人云亦云、违心地自我批判和批判友人等往事,有那么深切的内疚和痛苦。时光流逝,他忽然间发现自己竟然走过一条漫长的曲折道路——"我怎么忘记了当年的承诺?我怎么远离了自己曾经赞美的人格?我怎么失去了自己的头脑,失去了自己的思维,甚至自己的语言?"——可以设想这是他的内心自白。他要做的是,不再人云亦云,不再丧失自我。他直面"文革"浩劫,直面自己曾经扭曲的人格,愿意用真实的写作来揭示自己的、乃至一个知识分子群体的精神伤痕。

重在自我解剖,而非着眼于个人之间的恩怨纠葛,这便是巴金心中所思所想。他开导与劝阻萧乾"不要在小事上浪费时光",也基于这一点。

三、与《随想录》相呼应

巴金的来信,改变着萧乾晚年写作的走向。

人生行走,未带地图指南,却有来自朋友的关爱与劝诫。尽管内心未必全然赞同巴金的意见,但萧乾接受巴金批评,未将《猫案真相》一文收入新出文集，故他对叶君健的这一批评在大陆少为人知。1981 年 12 月，萧乾在《挚友、益友和畏友巴金》一文中，公开谈到巴金的责备：

> 这些信，好几封是关心我的住房落实问题的，有几封是看了我发表的文章提出批评的。还有两封是责备我在《开卷》上写的一篇文章，认为过去的事不应再计较。我虽然由于确实有个客观上的原因才写了那篇东西，从而感到委屈，但我并没像过去那样同他死死纠缠。我还是把那篇东西从正在编着的一个集子里抽掉了，并自认为没有他那样不与人争一日之短长的胸襟和气度。
>
> （《这十年》，第三六五页，重庆出版社，一九九〇年）

“不要为小事浪费时光……”巴金信中一席话，简略却有力，这一教诲犹如黄钟大吕撞击萧乾，让他有了摆脱个人恩怨的警觉，进而可以站在更高境界进行历史反思。1986 年，他写了一组《文革杂忆》文章交由我在《北京晚报》副刊发表，在信中他明确表示这一次不写自己的遭遇：

> 一九八六年七月二十二日，萧乾致李辉
>
> “文革”写好了。很可能只这五篇了。题目倒是想了十几个，但反复考虑，有的矛头有点对着革命群众，有的太把自己摆进去了。何况又可能去英，所以拟就写这五篇，我当然继续思考。这五篇(1)尽量写文革本质；(2)多少带点概括性；(3)没涉及我本人。这样格调也许可略高一些。……《文革杂忆》看完望来个电话。有什么改动都可考虑。

一篇《猫案真相》，成了萧乾晚年“跑好人生最后一圈”的转折点。

恰在萧乾发表《猫案真相》之际，巴金的第一本《随想录》结集出版，这对萧乾无疑是一个直接的有力推动。他致信巴金，谈及《随想录》对自己的影响：

> 一九八〇年三月十日，萧乾致巴金

《随想录》凡读了的人,都十分感动。这里楼下有人向我借了去抄——如今你题赠本寄来,我决定把那本送给他。

我这次为《人民日报》写《美国点滴》,很受你的启发。我本可以采取较保险的办法,要么只写阴暗面,要么写点纯游记。但我认为那样是对读者不负责。写东西只要心放得正,还得有点儿"豁出去"的劲儿。所以我还是采取了冒险的路子,写国外可是针对国内。其中第五则《上与下》,家人直担心。

从此,一个新的萧乾也出现了!他不再像青年时代的单纯和浪漫,也不像"文革"前那样猥琐如契诃夫笔下的小公务员。他有了真诚呼唤和坦然勇气,呼应巴金提出的"说真话"命题,将"尽量说真话,坚决不说假话"作为自己的座右铭。不能说他完全走出了"文革"阴影,他曾不止一次坦言心底深处的余悸。尽管如此,他的笔恢复了以往的灵动与潇洒,且多了敏锐而有力。《我与"我们"》、《关键在于信念》、《真话万岁》、《标尺单一化》……这些杂文,一经发表,立即引起广泛反响。他以对古华、戴厚英、张辛欣、贾平凹、竹林等年轻作家的支持与关爱,融入了新时期文学的潮流。他的杂文写作,与《随想录》南北呼应,成为80年代北京文坛最有影响的作家之一。

1984年,萧乾重返欧洲大陆,前去参观位于慕尼黑的达豪集中营博物馆。当年,盟国解放德国后,他作为战地记者曾来过这里。40年过去,"永志不忘"沉甸甸四个字撞击心胸。他在《中国》杂志发表《达豪余生》一文,详述参观感受。他感慨于德意志民族不回避历史,不忘记希特勒与纳粹德国带给人类的灾难,他希望中华民族同样不要忘记"文革"。在别的场合,他甚至还提到不妨建立一个博物馆,让后人永志不忘曾经发生过的灾难。在这一点上,他与巴金想到了一起。小心翼翼、战战兢兢并未离他远去,但他毕竟在以各种方式改变着自己,他努力着站上历史高度,迎来创作的最后一个高潮。

萧乾没有食言,最后30年,他跑好了人生的最后一圈。

我第一次去采访萧乾是1984年3月,他即将前去访问欧洲。几个月后,我又去采访了叶君健。我当时未读过《猫案真相》,不知道两人之间有过这一历史纠葛，关于两人的报道，先后发表于“作家近况”栏目中。后来，他们都成了我编辑副刊“居京琐记”栏目的作者。我同叶先生的交往延续两三年，直到我出版《萧乾传》之后才告一段落。90年代初，我访问丹麦归来，曾去信问候他，谈及参观安徒生故居的情况。如今，两位老人都已远去，前辈恩怨早化为烟云消散，唯有我对他们各自文化创造的敬重，常留心底。

结识萧乾后，我成了他的不少作品的第一读者，其中第一篇重要作品是《改正之后》。

1985年春天，萧乾出席全国政协会议，所在的新闻出版组政协委员住在位于北太平庄的远望楼饭店，拜访者进出颇为便利。会议期间，萧乾嘱我先期阅读《改正之后》。

一九八五年四月二日，萧乾致李辉

政协延长两天，8日才闭幕。我也许待到最后，《改正以后》已完成。你看用“以后”还是用“之后”好？望电告。这东西写得还满意，只是怕惹乱子。副标题拟作“心境素描”或“八十年代一个老知识分子心境的素描”或“一个老知识分子在八十年代心境的素描”。你中意哪个？也望电告。

无非写我这几年的思想活动，包括对反右、“文革”等的看法。

一九八五年四月四日，萧乾致李辉

我下午去开次座谈会，他们还请吃饭，晚上才能回来。

我房中电视机上有个牛皮纸信封，里头是请你帮我看的东西。请用铅笔作改动。

《改正之后》是一篇约两万字的长文，以“解冻”、“痛定思痛”、“小心设防”等章节，将自己获平反之后近几年的心境历程，娓娓道来，颇为真切坦诚。《改正之后》先后在大陆和美国发表，其间经过，促使萧乾一年后在全国政协举行的“双百”方针座谈会上，发表了《关键在于信念》的讲话。在讲话中，他对自己的“心有余悸”再加解剖：

去年七月，我给青海出版的《现代人》写过一篇《改正之后》，副标题是"一个老知识分子的心境素描"，本来挑的是个偏僻角落，可是《新华文摘》把它转载了，随后，纽约《北美日报》又全文连载了四天，题目给改成《风雨过后》，最后，他们又写了一篇社论，题目是《风雨尚未过去》，说尽管中国政府对作品不加审查，作者在写文前后却要经过自我审查，认为这种审查，往往更要严格。其实，他们说的，也就是我们常说的"心有余悸"。

我本想去个信给他们，否认这个自我审查过程。换言之，公开宣布我一点余悸也没有了。我提笔写了几行，实在写不下去；而且，我担心就是写了他们也不相信。

这个余悸，确实还有主观方面的因素，就是心理上的惯性。客观上，"梁效"先生也并未绝迹，他只是不再姓梁了而已。我好像是个三十年来走惯了夜路的人，老提防着会遇上什么。

（《这十年》，一三三页）

在类似的解剖与自省中，萧乾跑着人生的最后一圈。

四、余悸难消，"跑好人生最后一圈"

萧乾生命的最后几年，都在病房度过，他也真的把那里当成了家。病榻四周，又像家里的书房一样，到处张贴着大大小小、长长短短、五颜六色的纸条。他还是习惯把随时想到的东西，顺手写在纸条上，然后再找机会串联成文。在病房里，他又写了许多精彩短章。在给我的一封信里他曾说过，他死也要死在书桌前。1998 年年底，他展望新世纪，这样写道："即将迎来二十一世纪。我对我们这个民族满怀希望。我希望我们能充分吸取往昔的教训。我衷心预祝未来的中国不但富强，而且也是一个自由、文明、合理、公正，一个畅所欲言、各尽其能的国家。"年轻时的梦想，依然执著和美丽。

萧乾自幼是孤儿，一直在寄人篱下的环境中长大，他本能地形成了强烈的自我保护的生存意识，这也使他后来在人际交往和政治运动中，难免做出既伤及他人也殃及自身的举动。他曾对我说过,他会找机会写一封长信给我,专门谈他与沈从文之间的恩恩怨怨,后来他忙,一直未能如愿写来。就我个人而言,则一直希望他能够更多地摆脱余悸,甚至希望他能够像巴金那样,在历史反思中多一些自省和忏悔意识。1998年,我去信再次与他谈及这些想法。他很快回复一封长信,信很重要,也涉及巴金,兹全文转录如下:

一九九八年三月四日,萧乾致李辉

李辉老友:

你们好!

谢谢来信并不断对我的督促。病中除应光明之命,为明年的十卷集陆续有了百余条"余墨"(长则一两千字,短则仅数百字)外,几乎什么也没写。你的信是压力,也是鼓励。乘脑子还没软化(八十八啦,已经迟钝多了),还是应抓紧些。我这条蚕的肚子里的丝已经吐得差不多了。而且我向不习惯口述——除了二战期间从柏林往报社伦敦办事处打。总之,向你保证一定努力作最后拼搏。

你要我像巴金那样回忆五十年代的日子。我们的情况不同。六六年以前他是全国文艺界的领导,也许因而无意中开罪了张春桥,才挨了那么狠毒的斗争。在斗他时,我一直认为除了那股极"左"之外,还包含了个人报复因素。

解放初期,我由于懂点外文,先是躲在对外宣传口。那时,单位干部几乎都是洋包子,不同的仅仅是语种。当时,我们这号人大概是作为"技术干部"来保留的。沈从文干了一辈子文学,那时竟连作家协会会员都不是。我可能由于1948年在香港帮地下党搞过对外宣传,勉强当上了会员。但那个"大酱园子"(作协宿舍)里,我大概是惟一的白点子。人家不是来自延安就到过晋察冀老区。

可这么一来,也万幸了,批胡风,批谁我都不需要表态,更不必发言。我也乐得如此。那时,我就闷头先靠我这点外文为人民服务。所以我的处境与那时的巴金不同。他是先当领导,妖风一起,他又成了"黑老九"。我那时只不过是个"白点子"。

人生祸福很难说。我读巴金忏悔录时，最难过是读到他白天奉命批某某，晚上又去那人家里道歉。因为他本是一个不会昧良心的人。

当然，回忆起五十年代，我也不是没有可忏悔的。我认为有的是我个人的过错，例如在三反运动末期的自我检查，我就给自己也给旁人乱扣过帽子。我写过文章忏悔那时错打的“老虎”。(见《收获》)也有时是奉命。我在搞英文《人民中国》时，由于是对外宣传，上边抓得紧，所有文章都得先送审，所以没出过差池。可是五六年调到冯雪峰、丁玲和陈企霞刚在那里栽了跟头的《文艺报》，我可紧张死了。五七年整风，《人民日报》记者接连访问了我六次，要我发言或写文，我都坚决摇头。可最后，就在无产阶级露出铁拳的前夕，我克制不住了。在那篇毒草里，我用八成篇幅咒骂西方的假民主，只在尾巴上呼吁一下咱们拿出点社会主义真民主。殊不知“民主”在那时本身就是万恶的。当我在农场见到一个只写了个发言提纲放在抽屉里就被划成右派的小青年，我才认识到对我的惩罚算是轻而又轻了。

拉拉杂杂扯得太远了。我时常想，倘若没有那场反右，中国会是个什么局面。会不会还有六十年代那场大灾难。糟糕的是咱们这里不大作兴总结。几十万人平反了——改正了，可还留那么几个，证明该搞。

祝双好

萧乾

1998年3月4日

他写给我不少信，但没有哪一封能比此信更有人生回顾的丰富信息，读来触动颇深，思索良久。

写出此信不到一年，刚刚庆贺九十华诞之后，萧乾一天突然在病房摔倒，从此昏迷不醒。我赶去医院看他，只见他的双手被绑在病床扶杆上，昏迷状态下他的手仍不住地挥动、挣扎着，试图摆脱一切束缚。看着熟悉的前辈，以这样一种状态延续生命，我心里阵阵痛楚，更有无尽凄凉。几天后，一个生命结束了。90 岁的萧乾，不带地图的人生旅行，结束了。

三年后，2002 年春天，忽然收到文洁若老师的来信，她附来萧乾生前写给我的最后一封信。信刚开头，只写了半页纸，后面一片空白。文老师说，这封信大约写于 1999 年新年前后，萧乾未及写完，突遇摔倒，昏迷不醒。他再也不可能写完此信了。

在此之前，我致信萧乾，谈及准备将他写给我的两百多封信整理并出版，他是为此事复信：

李辉：

谢谢你的来信，你总是那么会出点子。

我不记得在给你的信中，我都写了些什么了。反正没有见不得阳光的事，你选后让我看一眼当然很好。我这人胆小，怕惹是生非，而四六—四七年我惹了不少是非，并且还有离婚。自然，那时我们还不相识。总之，为了使我这胆小的人安心，给我看一眼二眼更好。

这是萧乾留给我的最后的话！

捧读之，我看到的，仍是一位谨小慎微的老人。他小心翼翼，却不掩饰，真诚而无奈地活在自己永远无法摆脱的余悸中。这余悸，是他心底永远的伤痕，一直困惑他、缠绕他，直到他告别这个世界。昏迷不醒中，他那么狂躁地挥舞双手要摆脱束缚，难道是在发出内心深处的另外一种声音吗？

又是十年过去。我多想知道，在那封半截信的后面，萧乾到底会对我说些什么呢？

永远无从知道了。

许多时候，在许多人的心中，历史其实都将以无从知晓的状态存在着，继而又在无从预测的情形下延续下去。或许，这就是回顾历史者、描述历史者永远无法避免的宿命。当我们回顾自己亲历的 80 年代，研究巴金他们那一代人的晚年写作状况时，总是伴随着类似的情绪。或许，这也正是研究历史人物的魅力所在。

三、“历史就在我们每个人身上”

“历史就在我们每个人身上”

——在“第五届华语文学传媒盛典”颁奖大会上的致辞

女士们,先生们:

下午好。

很高兴站在这里与各位共享此次文学盛宴。

首先我要感谢《南方都市报》的各位同仁,感谢“华语文学传媒盛典”的各位提名委员和评委,是你们的关爱和慷慨,才使我有了这样一个机会。

还要感谢《收获》杂志的各位同仁,没有他们的催促和支持,我对《时代》封面中国人物的研究,对1923年至1946年这段民国史的追寻和描述,恐怕到现在还走不出书斋。

在两年时间里,我沿着《时代》封面人物的线索走进民国史。

在二十多年的历史跨度中,我先后选择了吴佩孚、蒋介石、宋美龄、冯玉祥、阎锡山、日本币原外相、溥仪、汪精卫、陈诚、美国史迪威将军、宋子文、美国总统特使马歇尔将军等封面人物为焦点,以编年体的方式来叙述中国的历史进程。我采取以翻译并摘录《时代》报道原文,与当事人回忆录、相关史书的叙述相映照的方式,来描述历史人物的命运和历史事件的演变过程。同时,作为一种个人化的历史研究,我努力将实地寻访、现实思考等内容放进去,使其尽可能成为往事与现实、史料与情感相交融的历史叙述。

五十多年前的历史距离今天并不遥远，但当年的历史场景和历史人物，却显得难以接近，难以解读。不过，我希望我的叙述，能够引起人们对那段历史、那些人物的兴趣，从而为认识历史提供不同的角度。

各位嘉宾，我们生活在一个急剧变化中的时代。信息化、市场经济与中国政治相交融，相纠缠，既充满活力，也充满变数。生活如以往一样，每天都在流动。但是，流向何处，如何流动，谁能说得清？面对现实的丰富多彩和变幻莫测，我们的困惑，或许更多于兴奋。

面对历史又会怎样呢？除了困惑，还有更多的尴尬。

如今的窘状是，历史正在被淡忘、被过滤、被娱乐化、被简单化，甚至被格式化。帝王戏风靡一时，歪说戏说大行其道，真正严肃而负责任的历史梳理和回忆，则难以施展身手；史著简单化雷同化，从中看不到历史的全貌和丰富细节，更难看到史学家的独立思考；各类教材千篇一律，线条与结构相同，堆砌概念的方式相同，连叙述语言的味同嚼蜡也如出一辙……如此种种，历史的丰富多彩与错综复杂，在被有意或无意的删减过滤之后，早已失去了本来的模样。

我常常担心，历史——无论其距我们远还是近，十年、二十年前的，四十、五十年前的，乃至一百年前的，会不会就这样随着时间流逝而一点一点地消解了。

更令人担忧的是，残缺的历史叙述和单调的历史教育，使人们只能获取有限的历史知识，并在此基础上形成简单化的历史观。

现实的确如此。我们习惯于臧否时事慷慨激昂大发宏论，或者在网络世界以只言片语挥洒激情。我们没有意识到，自己所立足的历史叙述，很可能不是坚硬的石头，而是一堆由片面、偏颇，甚至偏见构成的沙丘。我们自以为洞悉一切，其实所知甚少。历史的许多细节，彼此之间盘根错节的关系，早已变得陌生。某些今日发生的国内或国际事件，初看起来清晰明了，我们哪里知道，背后早就有复杂的历史原因纠缠其中，远不像非此即彼如此简单。问题是，我们很可能对此无从知晓。或者，纵然有心，也无力而为了。

然而，写作者必须面对历史。历史也应该由不同的写作者来书写。

文学——无论小说、散文、诗歌——都在以各自的方式感应着历史,书写着历史。"文史不分家",历来是中国的传统。秉笔直书的司马迁和"无韵之离骚"的《史记》,早就为每一个历史书写者提供了景仰和追随的典范。

将近30年前,1980年,还在复旦大学念书时,我在《湖北日报》副刊上发表过一篇关于诗人曾卓的评论,这也是我第一次正式发表文章。当时,被打成"胡风分子"的曾卓先生刚刚平反复出,他身处逆境时私下创作的一组诗一经发表即引起关注。其中一首写于60年代初的《悬崖边的树》,令人感动。现在,请允许我念一念这首精粹的小诗:

不知道是什么奇异的风
将一棵树吹到了那边
——平原的尽头
临近深谷的悬崖上

它倾听远处森林的喧哗
和深谷中小溪的歌唱
它孤独地站在那里
显得寂寞而又倔强

它的弯曲的身体
留下了风的形状
它似乎即将倾跌进深谷里
却又像是要展翅飞翔……

悬崖边的树——我常常想,诗人所描写的,不也是一个写作者面对历史、书写历史时应有的姿态吗?

书写历史,需要尽可能走进历史深处,追寻真实的细节。

书写历史,不能赶时髦,需要客观、冷静、沉着、从容。

书写历史,不能人云亦云,失去自我。

书写历史,也许会孤独而寂寞,却能在最不可能之处做自己最愿意做,也最值得做的事情。

我非史学家,但对历史的兴趣却使我一直热衷于回望历史。在历史的寻找中感悟人生,感悟现实,从而充实今日的情感。

80年代初阅读《光荣与梦想》、《第三帝国的兴亡》时,我很激动。当时我奢望,有一天,能将自己的经历和历史的追寻融会在一起,写一本中国的《光荣与梦想》。许多年过去了,这个奢望仍然激励着我。我希望有一天能够实现。

意大利历史学家克罗齐在《历史学的理论和历史》一书中说过:“其实,历史就在我们每个人身上。它的资料在我们胸中。我们的胸仅是一个熔炉。”我很欣赏这句话。一个书写历史的人,无论采取何种方式,采取何种角度,他的笔就应该是一个熔炉,史料和人物命运熔化而出,凝固成历史。虽非全部,却是自己独有的一种。

以上的话愿与大家共勉。

谢谢大家。

站在斯霞老师雕像前

去年冬天，来到南京，在友人带领下，我找到东南大学附中的旧址。我想寻访80年前巴金和胡风的陈迹残影。巴金1923年至1925年在此就读，而胡风比他高一班，还是五卅运动期间活跃的学生领袖。巴金回忆说他曾听过胡风的演讲，他的长篇小说《死去的太阳》中的一位学生领袖身上就有胡风的影子。

走到校门口，才知道这里早已是南京师范学院附小的校园。校园里基本都是新建筑，当年模样很难追寻，唯有一幢三层楼的老建筑尚依偎在新教学楼左侧。据说当年这是学生宿舍。我好奇地遐想，胡风、巴金是否曾寄宿其中？

没有更多当年痕迹让人遐想。有些失望，但此时忽然有了意外的发现。教学楼前的花坛旁，一尊汉白玉的女性雕像吸引了我。一看雕像说明，原来她是附小的老师——斯霞。

斯霞，一个熟悉的名字。2002年我到日本京都出席一个关于60年代世界青年运动的研讨会，提交的论文《从对母爱教育的批判看红卫兵行为产生的历史根源》，就是论及斯霞在1963年的遭际。

1963年5月，《江苏教育》发表《育苗人》一文介绍斯霞以母爱关心、教育学生的事迹。同年5月30日，《人民日报》也发表《斯霞和孩子》一文。两篇文章都强调教师要以"爱心"爱"童心",儿童"不但需要老师的爱,还需要母爱",教师"像一个辛勤的园丁","给我们的幼苗带来温暖的阳光,甘甜的雨露"。可是,几个月后,《人民教育》在10月份发表了三篇文章,在教育界掀起了一场关于"母爱教育"的讨论和批判,斯霞的名字也顿时成为舆论的焦点。《人民教育》编者后来称,在几个月时间里,编辑部收到近千件来稿、来信,多数赞成这三篇文章的观点。

《我们必须和资产阶级教育思想划清界线》一文说:"学校是阶级斗争的工具而不是像园丁在苗圃里随意地培育着幼苗、花朵。"《从用"童心"爱"童心"说起》一文认为:我们拒绝以"童心"爱"童心"的说法,因为它会引导我们陷在"人性爱"的污泥之中,会把我们领上"为教育而教育"的歧途……不要尽领着孩子们"为小白兔的病痛而流出同情的眼泪",需要培养下一代敢于和剥削阶级斗争的精神。

诸如此类的说法今天看来显得十分可笑,但当年它们却大行其道。针对少年儿童的母爱教育而展开的批判,突出了阶级斗争观念的灌输,把爱的教育扭曲为憎恨教育。这就使得不同年龄层次的学生在接受教育时,漠视日常生活的爱,尤其漠视师生之间的爱。于是,狂热的个人崇拜一时间成了学生爱与憎的唯一评判标准。在这种教育氛围中,同情心不再被肯定,善良不再被肯定,无情被当做革命的坚定性,野蛮被看做应有的勇敢。后来红卫兵的情感模式由此形成。结果,不少学生顺理成章地走到了"文革"爆发初期的造反前列,成了狂热、无情、野蛮的一个群体……

我不了解斯霞老师当年受到批判时的情状以及"文革"中的经历,只听说她被迫离开了教学岗位,一直到"文革"结束之后才重返校园。可以想象,那些年她的日子一定过得很艰难。好在她所承受过的误解、歪曲、贬损,已成为历史的荒唐。在她尚健在的时候,就为她树起一座雕像,足见今天人们对她的敬重,也可见历史的进步。同时,看到如今许多中小学生的童趣与童心,早早地被不堪重负的学业消磨殆尽,不由得更让人感到斯霞老师的意义仍然常说常新。母爱,永远是教育之魂!

1963年我在遥远的湖北乡下刚进小学读书,40年后的2003年冬天,我伫立在斯霞老师雕像前献上了一个陌生学生的敬意。南京归来,几个月后,2004年4月12日,斯霞因病去世,享年94岁。

一页历史翻过。

残缺的窗栏板:红卫兵运动再思考

一

前些日子去赣东北,顺便访问了朱熹的家乡婺源。

在前往婺源县途中,我希望自己能拥有一种平静的怀旧心情,去看看听说很少受到污染的山水,还有那些保存比较完好的明清民居。

然而,一个又一个民居走出走进,我的心又沉重起来。不,准确地说应该是一种震撼。我再也无法平静地面对美丽的屋脊飞檐,再也无法以欣赏的心情行走在青石板上。我所走进的每幢房子,徽派建筑的重要构成部分——室内设施几乎都残缺不整,专家在书本上对传统建筑所作的优美描述,在我面前只是昏暗、破损与空白。

最令我震撼的是窗栏板。徽派建筑中的窗栏板,被称做房屋内雕的精华所在。可是,我走进的一幢幢民居,许多窗栏板虽然都保留着,却面目全非。窗栏板上,雕刻着一个个戏剧场面或者民间故事,空城计、水漫金山、八仙过海……有时一块窗栏板上,雕刻着几十个人物,场面生动。镂刻精细。可是,我发现绝大多数窗栏板上的雕刻,人物的头部都被削掉,只剩下身子。雕像无头,一个生动的场面,顿时没有了生命,没有了灵魂。我注视着窗栏板,抚摸被破坏的完美,感觉到好像不是我在看它们,而是它们在看我。那一处处裸露的残部,似乎也是一双双眼睛,在询问着。

我问村民，那些雕像的头都到哪里去了，是什么时候因为什么被削掉的。村民告诉我，是“文革”时城里来的红卫兵削掉的，说这些木雕都是“四旧”，如果不把头削掉，就把整个窗栏板烧掉。我所看到的唯一一块完好无损的窗栏板，是主人当时灵机一动，头天晚上在上面贴了一张毛主席语录，这才得以幸存。

村民说起这些并不遥远的往事，语气十分平淡，就像讲述一件微不足道的家事。

按说我也应该无动于衷。这些年来，四处走动，看过多少“文革”破坏留下的遗迹，听过多少关于“文革”的荒唐、残酷，了解到多少政治家和知识分子的死亡，这样一些小小的木雕被破坏，真的是不必大惊小怪的，更不至于感到一种历史的震撼。可是，一个如此偏僻的、远离城市的山区村庄，当年会以这样的方式笼罩“文革”的阴影，并且在二十多年后的今天，仍然如此明显如此深刻地留着那一时代的痕迹，这不能不让我有所触动。

“红卫兵”，这一历史特定产物，在一个普普通通的村民口中淡淡说出，反倒让我感到具有沉重的历史分量。面对残缺的遗迹，面对朴素的村民，我无法让自己仅仅是一个观光客，去保持平静的怀旧心绪。

二

在20世纪的中国，红卫兵也许要算最引人注目、最具悲剧色彩，也最为尴尬的一代。

轰轰烈烈与冷冷清清，叱咤风云与平淡琐碎，豪气干云与无可奈何，诸多形成强烈反差的形态，在短短几年时间里，随着他们历史角色的变换，都以未曾预想的方式在他们身上出现。

用简单几句话来概括一代红卫兵，几乎是不可能的，在“文革”一开始的短短时间里，红卫兵如同一个巨大载体，把不同年龄不同地域的千百万年轻人、大学生和中学生，运到了历史前台。它的参加者，可能因为家庭背景的不同、个人经历的不同而具有不同的动机，但是在突兀其来的历史风暴之中，他们毕竟有着比较一致的表现形态。

他们本不是庸庸碌碌、无所作为的一代，他们中的许多人，称得上那个时候所造就所需要的一代精英。他们才华横溢、雄心勃勃，有强烈的历史使命感，有对现实生活的关注。理想与领袖崇拜，信仰与政治与意识，总是让他们充满着激情。他们为历史选择了他们而自豪，为自己参与开创一个新时代而陶醉。因为，不是所有人都会有这样的机会、有这样的能力出现在历史前台。

一时间，他们踌躇满志地成为社会的主角，当这样的时刻来临时，他们心中一定充满着豪情。不过，历史决定了这一主角的出现，从一开始就不是创造者身份，而是破坏者身份。大串联、大检阅、大批判，一时的辉煌壮举，伴随着抄家、批斗、武斗之类的大破坏，伴随着无数生命的消失，其中也包括他们自己。这样，浪漫、充满理想、充满激情的一代，狂热、盲目、破坏欲，成为突出特征。在20世纪60年代的中国，整整一代青年，拥有的不是一个社会最为需要的建设精神，反倒是某种政治反需要的破坏精神，对人、对文化、对经济都是如此。于是，不管情愿与否，当红卫兵以造反者的姿态傲然出现在历史前台时，他们就注定要充当悲剧角色。

其实，理想、信仰、才华、激情、勇气，他们身上所有值得珍惜的东西，在形成过程中就已经被巨大的历史惯性扭曲了。

从年龄上看，红卫兵中的大学生或者中学生，大都成长于1957年反右运动之后，在开始接受教育的年龄，此起彼伏的政治斗争、世界风云变幻，便构成了他们历史性格孕育、生长、定型的背景。知识不断贬值，知识分子被鄙视、被打击；“大跃进”式的狂热；反修防修与阶级斗争观念的强调；种种盛行的时尚，一日日渗透于他们幼小的心灵，或者一些开始定型的思想。在他们的眼睛里，父辈的生存方式，从来离不开批判、斗争、革命，社会生活中，人之间来不得半点温存——那简直是不可取的奢侈，更不能允许毫无政治原则的妥协——那绝对是必须抛弃的软弱和政治上的不坚定。从此，人细腻而丰富的情感，渐渐变得简单而粗俗，阶级斗争的目光和心理状态，把生活万象，把他们的性格，也笼罩上你死我活的热衷斗争的阴影。

他们幼稚的眼睛，看不到一些豪言壮语宣传的背后所隐藏的虚伪，更不明白一些严酷政治斗争里面，还包含着种种意想不到的阴暗心理。他们不知道，在一次次政治运动之后，父辈远不像他们想象的那样真诚、坦率、无私，而是变得越来越世故、圆滑，甚至虚伪。与此同时，报纸上、公开场合对理想、对信仰、对道德所作的许多高尚而美丽的表述，常常也或多或少闪烁着虚假的光环。

许多，许多，他们都不知道。他们被告知应该拥有理想，于是，他们全身心地去拥抱，同是也就不知不觉拥抱了空想和虚伪。他们被告知应该有社会责任感和历史使命感，于是，他们自豪地把自己看做未来历史的开创者，并理所当然把无情斗争和破坏，看做完成这一使命的最佳方式。不仅仅如此。对领袖的个人崇拜，在年轻人的身上，以远远超出他们父辈所能想象的程度，燃烧起激情。这激情之火，一旦被无形的力量点燃，就再也无法熄灭。它把他们的青春映得红彤彤，它会把自己烧得膨胀、疯狂，然后产生巨大的合力，将他们摧向无法预测的前方。

燃烧的不仅仅是激情。火焰之中，他们性格中所形成的一切因素，他们所接受的一切政治的、生活的、人生的教育，都被烧得滚烫。在这样的情形下，除了燎原，他们自己，乃至任何人也无法将之熄灭。

他们便这样渐渐长大。知识结构、聪明智慧、才华、热情，都以非正常状态展现出来，激情之火也愈烧愈旺。“文革”恰恰需要由这样的一代来率先烧起熊熊大火。红卫兵，成为“文革”政治的工具，已属必然。不能否认他们中的一些人，有对现实种种不合理现象的深刻认识，有从生活底层观察社会的体验，并且，对改变官僚体制的强烈愿望，也符合历史要求。但是，“文革”的实际状况和历史限制，红卫兵的整体性格，决定了一些人的良好愿望，只能依附在一个怪胎上，生命为之扭曲，或者淹没在非理性的洪水之中。

他们的悲剧在于，所有的热情、抱负，几乎在一夜之间，被瞬息万变的政治所抛弃。一旦局势明朗，一旦权力再分配得以完成，任何政治家都明白保持社会稳定的重要性，而被燃烧得发狂的红卫兵，便显得不合时宜，成为新一轮政治斗争的障碍。于是，仅仅风光一年，随着“复课闹革命”开始，随着工人阶级成为“文革”的主力军和工人宣传队进驻学校，那些红卫兵顿时失去了一度的显赫、自豪。有的红卫兵代表人物甚至被批判、被关押。在一个非理性的历史阶段，他们为自己的狂热和破坏付出了沉重代价，而由此产生的种种不解、怨尤、悔恨、醒悟，将伴随他们一生。

红卫兵作为一个历史现象，似乎来去匆匆，可是，它激起的涟漪，不会消失，而是时时波动着，延伸至生活深处，延伸到许多人的精神世界。

于是，我们，只能这样面对发生的一切。

三

很巧，那天在婺源延村陪同我参观的一位干部，正好是一个当年的上海知青。当农民对我们说，那些木雕人头都是红卫兵削掉的时候，他在一旁对我说，他曾经也是一个红卫兵，做过类似的事情。他 1969 年到婺源插队落户，二十多年一直没有离开过这里。现在，很多战友都早已回城，但他说他已经不可能在上海找到自己的位置，既然整个青春完全属于这里，那么，他的中年，他的老年，也还是只能属于这里。

他说起这些往事，语气的平淡，和村民说起窗栏板时的语气，几乎一模一样，似乎在讲述着与自己无关的事情。但是，我相信，平淡冷漠的背后，恰恰隐含着一种历史的无奈。所以，别人可能没有注意到他在讲话时曾轻轻叹了一口气，而我却对此有很深的印象。我提议和他在残缺的窗栏板前留影。对于我，这样一个小场面，也许是无意之中捕捉到的一个历史缩影。

红卫兵——残缺的窗栏板——知青，在我的眼里，时间就是如此无情地在一个个环节上流动，它们也明显具有历史角色转换的意味。知青和红卫兵完全是两个概念，但最初下乡的知青中的许多人，都不同程度地介入了红卫兵运动，在红卫兵的行列之中欢呼过、燃烧过、狂热过。即使有些知青并没有当过红卫兵，但巨大的历史惯性，已将他们身不由己地拖到了历史角色转换的过程之中。不管情愿与否，与红卫兵有着千丝万缕联系的知青们，延续着红卫兵的故事。

现在回想，最初上山下乡的知青们，恐怕一开始可能很少有人能意识到，随着列车的启动，自己的历史角色，已经发生根本改变。多年形成的理想主义、英雄主义、浪漫主义等，将会在农村艰难、平淡、琐碎的生活中一日一日消磨。他们不再是“文革”初期红卫兵时代叱咤风云的所谓英雄,也不再是所谓决定历史变化的主力军。所有引以自豪的东西,随着火车汽笛的拉响,片刻间化为青烟,飘散殆尽。历史的无情在于,在“文革”政治巨大的棋盘上,红卫兵也好,知青也好,都不过是无足轻重的棋子,谁也不能主宰自己的命运。而知青生活,更可以说是红卫兵命运发展的一个必然。如此而已。

红卫兵还包括许多在校大学生,在“老三届”中学生(66、67、68年毕业的三届高中生、初中生)作为知青上山下乡时,那些大学生被陆陆续续打发到部队农场等地接受“再教育”,随后分配到不同单位。就这样,他们如同一把沙子撒落在广袤的土地上,不再显眼,渐渐变得无声无息。在转换历史角色这一意味上,他们与“老三届”中学生的命运是相似的,而且变得更为默默无闻。

最令人注目的当然是千百万“老三届”知青。他们中的许多人曾是红卫兵,和大学生相比,他们更为年轻,更为单纯,更具激情、狂热,更富于幻想,从而也就更具代表性。他们后来所遭遇的艰难生活,使他们的命运变化,涂抹上了更为浓烈的悲剧色彩。这样,人们自然而然地把更多的同情、怜悯给予了他们。当历史尘埃散落,荒唐年代红卫兵角色做出的诸多不堪回首的往事,人们宁愿淡忘,而知青艰难生活的叙说,则成为常说常新的主题。特别是一代知青作家的出现,更是不断地把这一代人放到了人们议论的中心。

知青开始下乡时,我还在上小学六年级。当时我曾和同学们一起,敲锣打鼓举着彩旗,列队到火车站,欢迎第一批从大城市到我们县山区插队的知识青年。车厢外挂满红标语,写着豪情满怀的誓言、口号。他们虽然只有十七八岁,但在我们眼里,却都是令人尊敬的大哥大姐。印象中,他们都显得十分兴奋,没有半点沮丧和难过,至少在我少年的眼中是这样。

一年后,我哥哥下了乡。几年后,我也成了知青。等我下乡时,许多老知青已经陆续招工回城,留在农村的已不多,但我还是结识了其中的一些人,而他们都曾是当年的红卫兵。

历史角色大起大落的转变,使他们早已没有了“文革”初期的锐气和抱负。每日在计算着摸鱼、打狗、斗殴等再普通不过的事情，曾经激发过豪情的一切，变得似乎十分遥远、十分陌生。同时，现实的磨耗，也使他们学会了如何表演、如何掩饰自己，不能说就是虚伪，但至少不是真诚与坦率。

也有例外，那就是被各级组织一再发现、培养的扎根农村的知青典型。他们令我们仰望，他们好像仍然保留着当年的豪气和热情，远比其他人更有理想和信仰，更具英雄主义。我不否认其中的确有真诚愿意扎根农村的人存在，但现在想来，许多情形下，不少典型显然有人为拔高的痕迹。社会仍然在为某些政治的需要，将难以承受的压力，加在年轻知青身上。我在"文革"后期上知青函授学校期间，就曾陪同大学来的老师，到一个山村小学，采访一位"老三届"知青，宣传他扎根农村的光荣事迹。无非套用当时流行的观念和语言，也就是说，用虚假来演绎政策方针。后来听说，类似的典型，也都先后离开了农村。

即使生活发生如此巨大的变化，在当年一些老知青身上，仍然不难发现红卫兵性格的影子。他们比起新知青，更富政治热情，更善于用一套大道理，解释种种微不足道的举止。他们也好斗，易于亢奋。还有的人，留恋当年的辉煌，言谈中，总是流露出自负。

然而，一切都不可能重现。沮丧、沉沦、清醒，或者留恋、回味，都是往昔的回声。这是一种必然，哪怕显得无可奈何。而且，这些无可奈何，更使知青命运弥漫着深深的悲哀。

四

人最难做到的是以严峻的自剖精神来面对自己。

崇高或渺小，辉煌或尴尬，英勇或怯弱……一个人可能会经历过其中的任何一种，但回首以往时，常常宁愿淡忘所有的渺小、尴尬与怯弱，在一种人为建造的虚假氛围里，陶醉于对以往的留恋。或者，并非留恋，只是一相情愿的自我安慰。

作为一种个人体验，这样做也许是可以理解的。生活既然给予人们那么多艰辛那么多苦涩，不时用虚无缥缈的历史自恋，安慰疲倦的心，的确是无可厚非的。因为，实际上根本不可能要求每个人，每日都在自我解剖、自我忏悔的境地里生活。但是，在回望历史时，如果缺乏自我解剖、自我忏悔精神，对于历史的认识，对于自己一代人的认识，必然是有缺陷的，是不客观、不全面的。而作为20世纪中国最具悲剧性最为尴尬的一代红卫兵，恰恰更需要一种直面自己的勇气，需要更为严峻更为深刻的自剖。

在“文革”后复出的作家中，巴金之所以受人敬重，不在于叙说一个个感人的故事，也不在于回味自己曾经有过的荣耀与辉煌，而在于他严峻而坦率的自剖。“文革”中他受过磨难，曾在红卫兵的批斗中苟延残喘，而妻子也在磨难中告别人世。但是，一旦有机会重新提笔，他并没有仅仅停留在对苦难的描述上，也没有把目光盯在那些批斗过他的年轻人身上。历史责任感与道德良知，使他进入了历史反思的层次。他可能意识到，一个文人的责任，不仅仅在于告诉人们一切是如何发生，也应该去思考、去告诉人们一切为什么能够发生。他不是历史学家，不是政治家，还无法从浩如烟海的事件、文献中梳理历史脉络，但是，他是一个文人，一个有良知的文人，这样，他就可以把自己也作为一个病体，无情地审视和解剖。他直面自己的过去，把许多年间的怯弱、虚假、麻木等精神状态，一一袒露在读者面前，他鞭挞自己的灵魂，他把自己身上以及很多人身上存在的这些精神缺陷，看做“文革”中种种怪状之所以发生的原因之一。在这样的解剖和认识过程中，他的人格精神达到了新的境界，从而他的《随想录》，以其道德勇气和思想深度，在今天的中国树起了一块文学的、历史的丰碑。

从历史风云中走到今天，每个过来人都有和巴金一样的责任，我们也应该有他那样的勇气和良知。面对红卫兵角色到知青角色转换这样的历史现象，我们尤其需要这样一种精神。

我的大学同窗胡平、张胜友，在1986年曾创作过一部报告文学作品，记得题目好像叫《井冈山祭——为红卫兵大串联二十周年而作》，是少有的直接描写红卫兵的震撼之作。在他们笔下，红卫兵成员的构成及其不同动机，红卫兵的狂热，大串联的庄严和荒唐，井冈山上一座座无名红卫兵的坟墓……至今，我觉得仍无别的作品，能够像它那样把红卫兵的狂热揭示得如此透彻，把红卫兵角色的悲剧性描述得如此深切。邓贤的《中国知青梦》,则从另外一个角度,将角色转换之后的知青命运和精神状态,作了震撼人心的描述。

这样的作品实在太少。文学创作如此,历史研究也如此。千百万人的狂热,千百万人的被嘲弄,两三年的风云漫卷,却似乎是一片历史的空白。更为严峻的是,没有如巴金一样的忏悔精神,使得我们还没有看到对红卫兵本身历史功过的有力描述。

我总认为, 不对红卫兵角色作深刻解剖, 就无法全面反映知青生活,更不能让今天的人们,走出历史的误区。

无疑,在"文革"中,知青是最值得同情的一代。小小年龄,远离父母,在艰难、陌生、前途不可捉摸的环境里生活,千百万个家庭也因之牵挂,整个社会当时仿佛都注视在这样一个焦点上,谈论着同一个话题。对于知青,生活具有深深的悲哀,还带有苦涩的嘲弄意味。这样,悲剧性的命运令人同情、令人感叹是非常自然的事情。

然而处在历史发展变化中的人们,为了不使荒唐历史重演,有时又不能不让自己摆脱一己的情感,用冷静甚至显得冷酷的目光看历史、看自己。这种情形下, 对悲哀的感叹, 必须让位于无情的自剖和理性的认识。对于当年曾经是红卫兵的一些"老三届"知青,就面临着这样的选择。

应该看到, 红卫兵是一个巨大的历史影子, 笼罩着整整一代的青年。把知青和红卫兵联系起来思考,不仅仅在于一些知青曾经是红卫兵的一员,而在于"红卫兵"已经成为一个特定概念,是那个时代精神的一种集中反映,它深深影响着知青的情感、性格、行为方式,在不同程度上制约着他们的思想发展。因此,即使生活在足可悲叹的境地里,他们也难以完全摆脱旧的影子。

五

这些年,有不少作品用不同笔触,描写"文革",描写红卫兵,描写知青,为我们提供了许多难以忘怀的历史画面,也创造出与众不同的文学世界。然而,在一些作品中,我总觉得缺少些什么。那就是缺少对红卫兵角色的深刻反省,缺少对自己一代人精神世界的透视与解剖。于是,简单地对理想、对热情、对道德的肯定，常常会成为留恋往事的基础，甚至扭曲的生命也仿佛能升华出诗意。

近来，“老三届”对知青生活的回忆，又一次形成高潮。读许多回忆文章，我发现，“青春无悔”在不少知青那里是不断表白的基调。

为什么会这样？我不明白。

“青春无悔”的高呼，有时也许是真诚的情绪流露，但我宁愿将其看做一种不得已的、外在的掩饰，带有自我安慰的意味，它显得十分勉强。那么长的时间里，没有大学，没有教育，没有文化的创造，没有人格的尊严，面对如此历史现实，焉能不悔？满怀热情，被倾洒在无谓的事业上，对理想、对信仰、对领袖的狂热，不过成为阶级斗争的工具，本以为是改造社会的英雄，结果仅仅是政治棋盘上可怜的兵卒；即使一些曾经气壮山河的改造自然的壮举，最终才发现是对人类生存环境的破坏；所谓的崇高、庄严，到头来不过是荒唐，是让人啼笑皆非的黑色幽默……面对如此历史现实，又焉能不悔？

我也知道，这样的面对，对于“老三届”，无疑是对自己灵魂的鞭挞，是对青春的质询。他们身上笼罩过太多的历史阴影，他们心灵承受过太重的重负。今天的现实生活，变化如此迅猛，经济大潮带来的诸多陌生，实际上已经给予这代人那么多冷遇，那么多困惑和难题。这样，在某种意义上说，对现实中自己位置的确定，比认识红卫兵角色到知青角色的变换更为困难。

让受过磨难的人，在描述痛苦的同时，也直面自己的精神缺陷，我也许显得过于残酷无情，就好像揭开一个人的伤口，再往上面撒上一把盐。我本不该这样做。但是，我想，当即将走完20世纪的时刻，当处在世纪之交的转折点，我们每一个人尤其需要以冷静客观的心态，来审视自己走过的路。痛苦可以叙说，但没有对自己精神的解剖，没有对历史的完整描述，这痛苦就只能是停留于表面的勾画。尤为紧要的是，对我们这样一个民族来说，精神的梳理，远远没有开始。如果缺乏直面历史的勇气，缺乏精神忏悔的内容，对往事的回忆，常常会走进偏颇，甚至把已被历史证明是谬误的东西，依然奉为难忘记忆向后人叙说。

一个城市，最近有一批“老三届”知青，带着各自的孩子，一起回到当年插队的内蒙古草原。在关于这次访问的文章中，我看到这样的描述：

> 在乌拉山下有一处保存完好的采石场，岩壁上保存着一尊当年兵团战士亲手刻的毛主席身穿军装的全身像。日晒风击，没有磨去上面刀刻斧凿的痕迹，恍如昨日的记忆烙在同行的一个女知青心中。当年他们一群少男少女，每日抡着十八磅的大锤，采几立方石头，累得筋酥骨痛。好几个战友离她而去了：被炸药炸，被石头砸，被洪水吞没。二十多年后的今天，她流着泪将十八磅大锤交到十六岁的女儿手里，女儿举到半截便撂下大锤，说："真不是人干的活！"这群老知青感慨：孩子们很难理解我们的过去，但是现在他们知道了，支撑我们的是理想，为理想而奋斗，总是值得尊重的。

可能他们对孩子还讲了许多许多，但从叙述来看，他们把当年的狂热、无知，把当年生命消失留下的历史缺憾，简单地转化为抽象的概念来予以肯定，并希望以此来获得孩子的理解与尊重。这不能不令人感到悲哀。在我看来，面对后代，历史沧桑的人们，岂能停留在"支撑我们的是理想，为理想而奋斗，总是值得尊重的"如此勉强的逻辑上。因为，历史证明，"文革" 年代红卫兵和知青所为之奋斗为之献身的所谓理想和信仰，是个人崇拜阴影下的虚妄。难道不正是这样的"奋斗"，加深了文化的破坏，人性的破坏，同时，也使红卫兵一代的悲剧色彩更为浓烈吗？

六

在90年代的今天，仍然说精神忏悔，仍然强调自我反省和解剖，或许显得过于陈旧过于迂腐，在有的人看来，那似乎应该是早已淡漠的声音。

我读过一本英国历史学家写的《第二次世界大战的起源》，作者认为，正是整个欧洲各国政府与民众的错误，促成了希特勒纳粹德国的崛起与战争。他的重点在分析这些错误的发生。他说过这样一段话，给我很深的印象："战争的责任可能归咎于希特勒的恐怖主义，而不是欧洲政治家的过错和疏忽——他们的民众同样有过错和疏忽。然而,往往是人的错误而不是人的邪恶决定了历史的进程。"由此我想到,人们反省历史中的自己,当然不是为了划分历史的责任,那属于历史总结的范畴,且让历史学家们去探讨去研究。反省,是精神的追寻,是为了民族精神与性格的健全,是为了我们不重犯历史错误。

实际上,红卫兵性格决不仅仅只是属于一代青年,作为一种历史存在,作为一个时代的特殊产物,它已渗透于整个民族的精神,是整个民族精神缺陷的集中体现。不正是父辈兄长的生存方式、处世哲学,熏陶出一代红卫兵的性格吗?应该看到,红卫兵性格,作为一个时代的特殊产物,作为历史精神的折射,已经成为历史的积淀,它甚至会或多或少地在每个人身上存在着,或者以不同方式影响着后人。因此,即使在今天,我们仍然不能忽略我们民族身上这种精神的缺陷,不能让历史的阴影,遮掩住我们审视现实的目光。而且,面对今天的生活,这一点显得尤为重要。

今天,现实每日都在迅疾变化,变得越来越陌生,越来越不可思议,这是与过去几乎完全不同的生活。长期以来曾经被视为邪恶的市场经济,开始更多地主宰我们的生活,人的生存方式、交往方式,就这样情愿或不情愿地开始发生本质性变化。长期以来人们习惯的思维方式、道德观念等,在商品交换,在流行文化,在无情的经济关系面前,失去昔日的影响力。人与人的关系,越来越多地体现在利益原则上,而非过去政治的杠杆支撑。年轻人,少男少女们,更是以难以预料的速度变化着生活方式。他们没有了他们的前辈当年那种对理想、对信仰的热情拥抱,没有了对领袖的崇拜,没有了对政治的倾心投入,他们在流行歌曲中、在迪斯科中寻找快乐,在崇拜歌星、球星的过程中得到满足。在对金钱和自我满足的追求中,物欲横流,仿佛成为时尚,成为不可抵御的趋势。对于新的一代,昔日的英雄主义、浪漫主义变成遥远的影子,过多的政治亢奋与激昂,变为一种奢侈,道德的约束,也显得没有必要。

现实生活便是以这种不可预料的方式变化着。一切只能说刚刚起步,一切都在孕育、躁动、形成之中,从而也显得混乱无序,显得不可理解和难以接受,人们的种种陌生、困惑,也由此而产生。

人难道就该成为金钱的奴隶?就该以自我为中心,没有丝毫社会责任感？就该完全抛弃以往的道德？就该没有信仰、没有理想？

不能否认这些忧虑的合理性。问题在于，如果我们没有一种历史发展的眼光，就容易因为留恋某种美好记忆而失去对现实的准确把握，容易因为现实的烦扰而失去对历史的客观判断和描述。

必须看到的是，过去某些今天看来可能是值得留恋的东西，常常是以人性的扭曲为代价，或者是特殊苦难遭际、艰苦环境下出现的。假如不注意到这一历史背景，我们拼命捕捉的东西，也许只能是虚无缥缈的空中彩虹。如果对现实的批判，仅仅成为留恋往昔的铺垫，如果精神的呼唤，只是弥漫陈腐的气息，这就只能带给人们遗憾，或者把人们引入不该设置的误区。

我觉得，缺乏对红卫兵历史性格的反思与解剖，人们就会受现实生活引起的情绪所左右，在过去的阴影里寻找共鸣。假如我们对之不保持足够的清醒，就极容易踏上精神的旧辙。

前些年理论界轰动一时的"新权威主义"，流露出对法制和民主的贬斥，曾使很多有识之士嗅到其中个人崇拜和专制的味道。最近被普遍认为是托名之作的《第三只眼看中国》，又让人产生同样的感觉。对知识分子的肆意贬斥和鄙视，对发动"文革"意图的肯定，对极权和专制的推崇，对民主和法制观念的不屑一顾，以一种武断、矫情的文风表态出来，不由令人感到阵阵寒意。我不知道作者究竟是德国人还是中国人，如果真是中国作者，是否为红卫兵同代人，我也不知道。但书中表现出来的精神状态，文风与语气的不可一世，显然带着浓重的"文革"遗风，折射着红卫兵的性格。

历史悠悠。精神状态的重建，无论如何不能重复往昔的故事。

七

从婺源回到北京后，我带回了与那位上海知青在残缺的窗栏板前的合影照片。

我难忘婺源的清秀和老房子的韵味，难忘残缺的窗栏板，还有站在窗栏板前面的那个上海知青。但是，从这一场面走进去，深入历史深处，把红卫兵性格作为一个整体来叙说，却是我开始没有想到的。

我踟蹰再三。在一个多月的时间里，我几乎一直在思考着这个题目，自以为考虑成熟了，但刚想开始，却不知如何动笔。迟疑的并不是谋篇布局，在叙说每一个沉重话题的时候，结构对于我远不那么重要。重要的是如何更贴近历史，如何更深切地表述出现实中的我内心的体验。

于是，一天，又一天，我在房间里来回转悠，也不断地和朋友闲聊，可就是写不出几行。一连一个星期，也无法进入一个理想的状态，在多年的写作过程中，还从未有过这样的现象。

我一度想放弃这个题目。我怀疑自己的经历、思想是否适于作这样的思考，我更犹豫是否现在根本不是谈论这一历史现象的时候。和我曾经论述过的一些历史人物和历史相比，红卫兵和知青距今显得那么近，同时，它又不是单独个体，而是由千百万人构成的一个历史整体，这就带来概括、分析、阐述的难度。我还想，比我更有资格谈论它的大有人在，由我来仓促地贸然着笔，其论述可能会显得片面、偏激、隔膜、无力。可是，我这个人有固执的一面，一旦选定一个描述对象，就不愿意轻易放弃。就这样，在一日日的思索中，我越发感觉到它对我的诱惑，我知道，我再也不可能摆脱它了。

实际上，不管主动或者被动，也不管有意或者无意，现实中的我们每一个人，都会有回望历史的时候。因为，我们的生命，就处在历史的链条上。所以，我猜想，我的迟疑在很多人身上也或多或少地存在着。现实的困惑，让我们宁愿回望历史，可是，历史却常常给予我们更多的困惑。

对于我们每一个个人，面临着许多历史难题。历史究竟是什么，究竟意味着什么？面对历史现象时，理性和感性，间隔与投入，究竟应该偏重哪一端？古往今来，历史学家一代又一代，对历史的界定，对历史作用的解释，也从来没有一致的说法。现在仍然如此。政治，经济，文化，人性，环境……诸多因素都能构成一门解释历史的庞杂学问。有的历史学家认为，历史之所以宝贵，是因为它能扩展人类交往的范围。我特别喜欢法国一位历史学家的这样一句话："我赋予历史的一项基本功能是：使往昔的文化价值历久常新，从而丰富我的内心世界。"

于是，我想我不必那么迟疑，那么拘谨。我写我的感受，写我的思考。在这样的过程中，历史的叙说，起码可以丰富自己的内心世界。

旧梦重温时:“五七干校”的历史回望

一

我曾有过一次难忘的黑龙江之行。

从佳木斯出发,沿松花江、黑龙江、乌苏里江而行,直至兴凯湖。那是秋天收获的季节,三江平原上的北大荒一望无际,延伸着红的、黄的色彩,煞是壮观。比起在云贵高原,或者在江南水乡看到的大一块小一块的色彩分割,似乎这里才显出了大自然的恢弘气势。行走在这样的一片土地上,我强烈地感到了人可能永远只是大自然的一种点缀。

那次到北大荒是去采访农垦系统。大概和同行人的兴趣有所不同,从踏上那块人们早已熟悉的土地之日起,在感慨拓荒者艰辛、伟大的同时,我就无法摆脱一种历史的追寻。我不能不一次又一次想象着我所认识的一些老前辈,他们当年作为“右派分子”被发配到这里之后是如何度过难熬的时光。聂绀弩、刘尊棋、丁聪、吴祖光……从他们那里,我早已听到过不少发生在这里的各种各样的故事,但只有当自己呼吸到这里的空气,踩着他们流过汗水和泪水的土壤,历史的感受才会更为深切。

最让我震动的是在兴凯湖农场。

在去北大荒之前,我听歌唱家张权讲过,她的丈夫莫桂新在被打为北京音乐界的“大右派”之后，被发配至兴凯湖，很快就在那里死了。她不清楚真正的死因，即便都是“北大荒人”的朋友们，说法也不一致。我在兴凯湖农场住下之后，借来场志翻阅，只在上面看到一句简单的记载：1958 年 9 月，因一种流行性传染病，大约有十人去世。

我去那里还是在七八年前，场志中所讲的具体是什么病我已记不清，但所说的时间，正是莫桂新去世的时间，想必所记的十多人中就包括了他。可是，我从当地一位老农垦那里，又听到了另外一种说法。当莫桂新一行“右派”被发配到这里之后，负责管理他们伙食的管理员，从中克扣贪污，把他们的粮食拿去倒卖，使他们一直处于饥饿状态。后来这件事被在北京的家属反映上去，北京方面要派调查团来了解。于是，场方在调查团到来那天，立即改善伙食。这些长期饥饿难耐的人，忘记了自己的肠胃已经变得十分脆弱，不能一下子承受过多的食物和油腻。他们拼命地吃。结果，几乎所有人都立即腹泻不止，直到肠胃病蔓延，不少人相继死去。莫桂新就是他们中的一个。作为一个留学归来报效祖国的著名音乐指挥家，在那样的环境中竟以这样一种方式走完了他的人生。

听了这个故事，我的心情久久被一种难以名状的沉郁和悲凉充溢。我想，回到北京之后，最好不将这样的传闻告诉张权，尽管它极可能就是事实的真相。事情已经过去 30 年了，何必再以这样的传闻来刺痛她的心。

我把它一直埋在心底。最终我也不清楚张权生前是否知道了这个故事。

那次黑龙江之行，除了北大荒外没去其他地方，而且从那之后，我也没再去黑龙江。我想，现在再有机会到那里，我也许还会去一个对今天的人们来说是十分不著名的地方——庆安县柳河。我觉得，有聂绀弩这样一些人在北大荒作映衬，有莫桂新这样一种悲剧性命运作点染，在那个十分不著名的柳河诞生的十分著名的“五七干校”，一开始仿佛就在无形之中具备了某种历史的延续。这样，当今天人们有机会重新回望这种“文革”产物时，便会觉得它在历史行程中的位置变得更加突出，对许许多多走进过干校的人来说，它所具备的意义，也从而会变得更加厚重起来。

从地图上看，庆安县离哈尔滨并不远，不过“柳河”这个地名就无法在分省地图上找到了。它实在太小了，以至连在地图上占据一个黑点的位置都没有。

对中国绝大多数人来说，柳河当然是一个陌生的地方。它之所以值得提起，是因为 1968 年 5 月 7 日，为纪念毛泽东的“五七指示”发表两周年，一座被命名为“五七干校”的农场首先出现在那里。在历史的卷宗里，它确实是一个门类必不可少的开篇。

翻开 1968 年 10 月 5 日的《人民日报》，便会看到一整版与柳河有关的文章。通栏标题是《柳河“五·七”干校为机关革命化提供了新的经验》。为这篇通讯加的编者按，传达了最新最高指示：“广大干部下放劳动，这对干部是一种重新学习的极好机会，除老弱病残者外都应这样做。在职干部也应分批下放劳动。”由此，一个牵动千家万户的大迁徙开始了。

率先建立起来的柳河“五七干校”，被罩上了美丽的光环。五百名来自黑龙江省直属机关的干部，在这里似乎得到了灵魂的冶炼，以往无法解决的一切，几个月之间就迎刃而解。劳动成了万能，干校成为理想化的乐园。当一位老干部重新拿起几十年前的放羊鞭子后，不由得发出这样的感慨：“天下还有多少放羊娃、穷苦人没有解放啊！我怎能革命胜利了就享清福呢？今天赶着羊群爬山涉水，越走离毛主席的革命路线越近，越走越觉毛主席亲。”

劳动、集体生活似乎具有特别的魅力，使得那些干部再也不愿意离去。他们有的把中学毕业的儿女带到了干校，有的主动要求把全家带到干校落户。究竟是确有此事，还是记者的妙笔生花，或者是根据政治需要所涂抹上的色彩，时过二十多年，已无法证实这篇通讯的真实性，即使访问柳河，那所干校肯定也已面目全非。

光环已经消失，当年影子是否尚存？

我想，最初创办这所干校的人们，很有可能仅仅是将此作为一种权宜之计，将大量闲置的干部集中起来学习、劳动，在短暂的间歇之后，就会匆匆告别田间。他们怎么想到，一个本来是区域性的带有临时劳动性质的安排，在一个混乱的年代，被拔高到令万人仰望的高度，然后，迅即推及全国,并从此引发出一场历史性的“壮举”。

熟悉“文革”的人对这种典型的树立和意义的发掘应该不至于感到奇怪。那是一个典型和创造性层出不穷的时代,仿佛只要需要,就可以如同村姑在田野里挖野菜一样随意地找出典型，找出能够印证能够体现某一构想的范例。人们的创造性也似乎被激发到一个前所未有的境地,当知识被贬低时,当经济被抛弃一旁时,种种创造性的精力,也就自然而然集中在将运动不断深入、不断升华的动作之中。

“五七干校”对于干部和知识分子来说,无疑是大风暴之后的自然延续。当“对知识分子进行再教育”的思路必须付诸实施的时候,“柳河五七干校”应运而生,星罗棋布的干校应运而生。

刚刚经历过“文革”初期急风暴雨冲刷的干部们、知识分子们,重又开始一个新的历程。是喜是忧,是苦是乐,是庄重是荒唐,是一种现实必然的选择,还是一种历史的随意之笔,恐怕谁都无法轻易地作出回答。而对此的描述、归纳,也不可能圆满。不管怎么说,“柳河五七干校”在历史的记载上会留下它的大名,大概是可以确定的;“五七干校”,一个涉及千家万户命运的大壮举，将成为永久的历史话题，大概也是可以确定的。

二

我曾设想,“文革”时发射上天的人造地球卫星,在它向大地发回悦耳的《东方红》乐曲声时,它在鸟瞰“文革”时期的中国大地时,也会注意到，广袤的大地上，两股声势浩大的人群几乎一夜之间开始了他们的流动。

这两大人群一是上山下乡的知识青年,一是“五七干校”的“五七战士”。在 1968 年冬天,人们怀着不同的心情,等待着他们在新的一年里开始涌动。

在柳河“五七干校”被树立为典型之后仅仅两个多月,《人民日报》12 月 22 日发表了一篇著名的通讯《“我们也有两只手，不在城里吃闲饭！”》，报道了甘肃会宁县城市居民和知识青年到农村安家落户的事情,从而向所有城市的知识青年发出了到农村去的号召。

两股人流由此而形成，开始以他们各自不同的方式、状态流动。尽管年龄不同，知识层面不同，在“文革”初期所处的身份所发挥的作用也不同，但在由城市向农村流动上，在通过劳动接受再教育途径和要求上，他们没有差别。

1969年“两报一刊”发表的社论《五四运动五十年》，是这样概述正在形成的这两股人流的：

毛主席在无产阶级“文化大革命”中，发出了对知识分子进行再教育的伟大号召。今天，广大红卫兵小将，知识青年和广大革命干部，正在积极响应毛主席的号召，走向农村，走向工厂，同工农兵相结合。

……

无产阶级“文化大革命”中，青年知识分子，红卫兵小将，立下了丰功伟绩，这是应当充分肯定的。但是，他们同样要走五四运动以来革命知识分子必走的道路——和工农兵相结合的道路。革命事业需要有尽可能多的知识分子参加，但是，许多知识分子往往表现出动摇性和革命不彻底性。知识分子的动摇性和革命不彻底性的弱点，只有在长期的革命斗争中，在和广大工农群众相结合的过程中，才能够得到克服。

到底因为什么原因、出于什么目的，把城市各个层次的干部和知识者下放到农村，这是历史学家和社会学家可以研究的课题。是城市里革命风暴难以平息时的救急方式？是解决城市人口就业难题的权宜之计？是出于改造知识者的革命选择？

历史便是这样将不同知识层的人纳入相同的轨道。

有时我想，农村在中国似乎永远是一个巨大的空间，天生具有容纳一切的功能。它以广袤的土地，以劳动的神圣，以海洋一般的农民，仿佛随时都可以成为一个巨大的搅拌机，把一切混合起来，让所有的烦恼和难题都消融其中。

无一例外地，两股人流将从大大小小的城市出发，向农村迁徙。作为现代文明标志的科学、知识、文化，则在迁徙的同时被视为一种负担一种羞愧而抛在身后；曾被看做文明发展新阶段的城市，同样被视为一个染缸一片污水而摈弃。农村、劳动、农民，被想象为理想王国，仿佛一旦走进那里，一接近他们，城市人、知识者所有的弊病所有的缺陷，都会予以更新，从而蜕变为20世纪崭新的人。

不错，谁都不应该脱离劳动，谁都不能忘记中国有着广袤的农村这一现实，但让人疑惑的是，在现代文明不断进入20世纪每个角落的时候，缘何一定要将农村、将体力劳动变为神话，仿佛只有那里才是纯洁灵魂、冶炼灵魂的所在？难道在我们这样一个国度，在那样一个年代，这是唯一的、最好的选择？

只是到了一些年后，人们才发现这是对历史的嘲弄，而反过来，历史又毫不留情地嘲弄了我们。

三

有一个问题曾经萦绕于我脑海中：同样是迁徙的人流，但当磨难过去，当历史尘埃落定之后，我们看到从其中一股人流中，走出了一个个知青作家，知青文学由此而引人注目。即便到了90年代，这样的势头仍然不减，不少知青和知青作家，在新环境中仍然以新的状态发出对那段历史的感慨。可是，另外一股人流中，几乎没有走出新的作家，除了为数甚少的回忆录和散文之外，我们没有见到更多的以干校为背景的小说、电影、电视剧。几年中涉及千家万户的历史变动，仿佛没有在那股人流中激起多少浪花，仿佛一夜之间轰然而起的骚动，又在一夜之间趋于平静，趋于沉寂。

为什么？是那些"五七战士"已经失去了文学创作所需要的青春冲动？是因为各自在"文革"中角色的不同，使彼此对"再教育"有着不同的感受？还是因为年龄的差别而形成的人生体验，决定着他们面对现实的不同态度？

我相信答案不会是一个，甚至可能无法找到很确切的答案。不过对于我来说，询问本身就是思考的一种方式。它更是一条小径，通往历史深处。对于每个人，重要的不在于是否可以走到路的尽头(那似乎是不可能的)，而在于以什么样的姿态开始这样一个行程。

带着这样的疑问，我回望着当年那些人群出征时刻。

两股人流各自的告别场面是如此不同。

踏上上山下乡征途的第一批知识青年，他们中的大多数人，一开始未必意识到自己的社会角色的改变，他们的经历和经验，远不能让他们深刻理解上面社论中所说的含义。他们不会想到，他们这些“文革”初期的闯将，辉煌与荣耀即将或者已经成为过去，未来日子的政治舞台上，他们的身影不再会令人注目。到农村去，那里是一个能够大有作为的广阔天地，这样的号召和许诺，在最初的日子里，对他们仍然有相当大的诱惑和激发。于是，他们依然满怀豪情，依然有“革命舍我其谁”的壮志。

在这股人流的最初流动中，自愿踊跃报名的知青，占据着很大比例。似乎越遥远越艰苦，也就越有诱惑越刺激。他们高举红旗高唱战歌意气风发，告别亲人告别城市的依依不舍，让位于开创新事业的伟大抱负。在这样的情形下，当然更不会有凄凄切切的“小资产阶级知识分子”的感伤，相反，还会有革命者的浪漫诗意。

对比之下，奔赴“五七干校”的出发场面，竟是如此的令人失望。也有红旗招展，也有标语飞扬，也有欢送的人群，但出发的人们绝对没有那些知青的豪情与抱负，自然也就没有了他们那种精神抖擞的状态。

不同于革命小将，“五七战士”中的大多数人，从“文革”一开始就成为革命的对象，或者是大大小小的“走资派”，或者是“反动”学术权威，等等。身份的不同、角色的不同，使得他们从一开始就得清楚奔赴“五七干校”对于他们所具备的意义。那里不过是城市里“牛棚”的延续，他们面临的仍然是没完没了的批斗、学习、劳动。在那里仍然需要夹着尾巴做人，仍然只能是接受改造，别无其他。在这样的现实面前，他们当然不会有知识青年那种浪漫情怀。

在一些部门，当领导各部门斗批改运动的人员向大家宣布建立“五七干校”的决定时，就已经毫不掩饰地把黯淡的前景一一描绘出来。在中国作家协会，在中国科学院哲学社会科学部(简称“学部”，今中国社会科学院)，连最高指示所说的可以不去干校的“老弱病残”，也都同样被列入“五七战士”的行列之中。

一位作家回忆，当作协宣布所有人员都要下放干校时，军宣队一位政委讲话说：“你们要明白，作协是砸烂单位，你们去的干校——文化部干校属于安置性质，你们就在那儿劳动，不要再幻想回北京来。能去的人，包括老弱病残家属小孩都去。当然不愿去的，也可以找个地方投亲靠友，我们放行。”

另一位作家也这样谈到学部的情况：“当时各地都是由上边下通知，被通知的同志不得不依照规定的日子和地点集合，下‘五七干校’或插队落户。说下去是响应毛主席的号召，这只是表面文章，欺人之谈。你想不下去，能行吗？各地的情况虽有差别，但是强迫下去是一致的。以社会科学院(前学部)为例，军代表宣布的精神三点：1.老弱病残全都要下去，走不动的用担架抬，一个不留，这叫做‘连根拔’。2.革命群众下去是劳动锻炼，那些头上有帽子的，下去是劳动改造。3.那些有问题的人，我们劝告你们，别再痴心妄想回北京城了，北京城不需要你们这号人。”

在这样一种情形下，奔赴“五七干校”的出发场面，自然而然深深笼罩着一种凄清、一种感伤。当看到已过古稀之年的俞平伯，已过花甲之年的冰心、张天翼、陈翰伯等人走在下放劳动的队列之中，我想，稍稍有一些人道主义精神和正常心态的人们，是无论如何也不会产生出快乐或者豪迈的情绪。

杨绛便是以一种难以言说的沉重心情，去为钱钟书送行。这是一个令她难忘的历史场面。她看到下放人员整队而出，红旗开处，俞平伯夫妇领队当先。年逾七旬的老人，还像学龄儿童那样排着队伍，远赴干校上学，这一幕令她难以接受。杨绛看着心中不忍，抽身先退，她发现周围大家脸上都漠无表情。几年后，在那本著名的《干校六记》中她回忆了这一切。尽管她的笔调格外的简洁冷峻，但正因为如此，更让我们深深感受出文字之间渗透着的无奈和惆怅。

这该是对历史场景的一个真实记录。

或许可以说，两股人流出发场面和出征心情的强烈差别，从一开始就决定了未来日子里各自不同的发展轨迹。

四

在众多“五七干校”中，最让我关注的自然是设在湖北咸宁的文化部“五七干校”。

咸宁干校因位于向阳湖而又被称做“向阳湖干校”，它满员时曾容纳过6000多人。我不能断定它就是当时中国规模最大的“五七干校”，但可以肯定的是,中国历史上还没有任何一个时期,能够像它那样在一个小小天地里,以前所未有的方式容纳如此众多的中国文化界的翘楚精英。可以很容易地举出一个个值得关注的名字:冰心、沈从文、陈翰伯、冯雪峰、张天翼、郭小川、李季、萧乾、张光年、严文井、陈白尘……他们曾在20世纪中国的文化创造中表现出他们的才华和学识,如今,他们被一种无法抗拒的力量汇集到向阳湖。

一个普普通通的地方,将因这样一批人的来临而在当代文化史上变得重要起来。

这是一次前所未有的汇集,也许还可以说是"空前绝后"的汇集。我相信,下个世纪的人,难以想象竟然曾经有过这样一个历史时刻,在一个名不见经传的小地方会聚了如此众多的文化精英人物。不过,更令他们惊奇的,应该是他们的生存方式。他们在垂暮之年,不得不抛弃以往的一切,改换业已形成的生活方式,步履蹒跚地在沼泽地里、在田埂上留下新的脚印。在这里,农业劳动成为至高无上的东西,所有他们过去视为神圣的与文化有关的一切,则被视为羞愧甚至耻辱而被摈弃。

据我所知,在所有干校中,向阳湖干校的境况可能最为艰苦。和一些中直党政机关的干校、各地省直机关的干校有所不同,来到这里的"五七战士"是真正应该受到改造的对象。在向阳湖干校里,作家、学者、专家、出版家,纵然是学贯中西,纵然是著作等身,在田野里,这些东西一下子失去了原有的神圣或者庄严。学问、才华和庄稼、肥料,在那样的情形里其实没有什么区别。他们本来就是这场革命的重要对象,他们有的单位(如作协)甚至有可能将不存在。回北京是遥遥无期的事,他们有可能永远就以这样一种新的生活方式生存下去。

"文革"后参与创办《英语世界》并担任主编的陈羽纶,是一位英语专家,他曾翻译过人们熟悉的《福尔摩斯探案集》。当年他已年近半百,因为在"文革"初期挨整被工宣队误诊失去左脚。但是,两个月后,他也不得不拄着拐杖来到向阳湖。像这样一位高级知识分子,尽管行动不便,也得参加力所能及的劳动。他用仅剩的右腿踩缝纫机,认认真真地为其他学员缝补衣服,有时还在小卖部代卖香烟。最令他难忘的是上干校的茅坑。每次上茅坑都非常吃力,稍有不慎,还可能掉进去。

中华书局总经理兼总编辑金璨然，年岁已高，身体瘦弱，重病缠身，但他也得吃力地在菜地里抬一大桶粪。他 1938 年去延安，早年是范文澜《中国通史简编》一书的得力助手，但他终于未能挺过“五七干校”这一关，在 1972 年死于向阳湖。

文学评论家侯金镜也在菜地劳动。他是有名的病号，但管理人员仍然要他挑水。一天，他连续挑水十担，当晚便心脏病猝发而死。

人们不时看到，已是花甲之年的商务印书馆总经理兼总编辑陈翰伯，在盛夏的毒日下装卸砖头。这样一个学识渊博早年就投身革命的文人，却不得不放下手中的笔。他的手颤抖着，顾不上擦去满脸汗水，像年轻人一样每次提四块砖。人们还记得，他走路八字脚不大利索，有次过向阳湖一座独木桥，没人帮忙，只好慢慢爬过去。就连夜间起床小便时，尿桶发出声音，也受到过看管者的严厉斥责。

写到这里，我不由想到了 60 年代初萧乾遇到的同样的尴尬，当时他在“右派分子”集中劳动改造的唐山某农场。他素来胆小，不敢过独木桥，每次只得小心翼翼地从上面爬过。在那样的时刻，他大概没有想到，十年后，类似的体验会在更多的文人身上发生。

不过，萧乾同样没有想到的是，他在向阳湖畔不仅要不断地重复十年前的动作，还会经历新的磨难。他难忘的是和冯雪峰一同参加拉练的一个个夜晚。

干校一律按照军队编制，每个单位为一个连，管理者是军人，在军宣队看来，是连队，当然就得有军队的课题。于是，冯雪峰、萧乾，还有更多的年过花甲者，毫无疑问也该如同青年人一样，走在深夜拉练队伍的行列中。萧乾清晰地记得这样一个情景：一次翻过一道土岗子，他看到冯雪峰咕咚一声跌倒，便赶紧去搀扶。冯雪峰，这位参加过万里长征的人，却一边喘着粗气，一边摆手，并向前面指了指，示意萧乾别管他，快跑，不然会受到批评。萧乾仍然坚持将他扶起。听到前方传来的口号声，冯雪峰推搡着萧乾，上气不接下气地勉强说了句：“快跟上队伍！”尽管如此，他们还是因为迟到，受到了年轻军人的严厉斥责。

说实话，第一次听到这个故事时，我的心异常沉重。我难以想象，在现代文坛赫赫有名的人物，竟然会以如此狼狈、可怜的姿态，出现在皎洁的月光之下。这里,不仅没有了对革命者、对知识对文化的尊重,甚至连最基本的对老人的爱护,也荡然无存。

向阳湖,因为这样一些人的这样一些故事,在我的脑海里不再会消失。

五

与此同时,在与湖北相邻的河南,俞平伯、钱钟书所在的“学部干校”,那些学者也经历着前所未有的生活。

翻译《堂吉诃德》的杨绛在菜园里为修建一个厕所忙碌着:

> 新辟一个菜园有许多工程。第一项是建造厕所。我们指望招徕过客为我们积肥,所以地点选在沿北面大道的边上。五根木棍——四角各竖一根,有一边加竖一根开个门;编上秫秸的墙,就围成一个厕所。里面埋一口缸沤尿肥,再挖两个浅浅的坑,放几块站脚的砖,厕所就完工了。可是还欠个门帘。阿香和我商量,要编个干干净净的帘子。我们把秫秸剥去外皮,剥出光溜溜的芯子,用麻绳细细致致编成一个很漂亮的门帘;我们非常得意,挂在厕所门口,觉得这厕所也不同寻常。谁料第二天清早到菜地一看,门帘不知去向,积的粪肥也给过路人打扫一空。从此,我和阿香只好互充门帘。
>
> ……我们窝棚四周散乱的秫秸早被他们收拾干净,厕所的五根木柱逐渐偷剩两根,后来连一根都不剩了。
>
> (《干校六记》)

和杨绛的忙碌相似的,是俞平伯和哲学家杨一之的修建养鸡棚。

杨一之是哲学所研究员,曾翻译黑格尔的《逻辑学》,他和俞平伯一起奉命养鸡。为了防止小鸡丢失,他们到集市上花了几十元买来两把高粱秆,搭起一个篱笆城将小鸡围住,两人累了一中午才休息。等起床一看,已是鸡去城无。只有一只跑不动的小病鸡和一大群大嚼“建筑材料”的农家小孩。原来这些高粱秆都是不长粮食的甜秆,是当地农民的天然食品。杨一之也由此得了一个与名字谐音的雅号——“养一只”。

有了这样一些沉重的故事，所有加在“五七干校”身上的冠冕堂皇的溢美之词，顿时成为毫无生命力的肥皂泡，破碎为留不下一点儿痕迹的虚妄。

有些道理今天已经变得十分明白。谁也不会否认农业劳动的重要性，谁也不应轻视农民，但这并不意味着，一定要将之同知识、同所有精神领域的创造对立起来，将知识分子视为天然的应该改造的对象，并且必须在农村这样的天地里予以实施。这只能是“文革”这样一个畸形时代的一个畸形创造。在干校里人们出演的，不仅仅是那些“五七战士”的个人悲剧，更是整个民族的、国家的悲剧。今天的人们，恐怕无法想象会重新出现这种违反现代文明发展规律的错误，更不会再用走了调的旋律去贬低知识、讴歌劳动。

一切，都应该还原它本来的作用和价值。一切，都该走向历史的良性循环。

六

假如不是为了写这篇文章而有意识地从不同角度了解，“五七干校”就可能永远作为一个固定的、相互一致的模式存在于我的意识之中。一样的悲悲凄凄的告别，一样的半军营式的管理，一样的被迫无奈的劳动……真实，现实远不是如此简单。不同行业、不同地区的“五七干校”，境况和待遇有所不同；不同身份、不同处境的“五七战士”，面临的磨难和心情，也互有差别。

和“文革”初期的群众性批斗相比，到“五七干校”去，对许多人来说，无疑是一种解脱。干校和“牛棚”毕竟有所区别，那里有更广阔的天地，那里不再如同批斗时那样完全没有人身自由。能够成为“光荣的五七战士”，在某种程度上，甚至是一种荣耀，因为不是所有人都能拥有这样的资格，因为那意味着走进这个行列之中的人，尽管还要面临改造，但已经属于被解放者。在这样的时候，感到苦恼的是那些暂时没有资格成为“五七战士”的人。

陈白尘在他的日记里，非常生动地记录下了自己在最初因不能到“五七干校”时而感到的沮丧。

不妨读读他下面的两则日记：

1969年9月9日

早晨集中，宣布下放以前的全部日程。我若留在北京，将不知以后如何生活了，不禁茫然。自从回到群众中去以后，精神上是比较愉快的，今后又要重返孤寂的生活中吗？忽然，李季来找我，透露说还是作下放的准备，大喜。11时许，专案组通知我说，已同意我随群众下放了。这是一百八十度的大转弯，一时大为忙乱，开购物单，写家信，紧张万分。

下午开誓师大会，宣布下放名单，我被列为外单位随同下放而由中央专案组管理的人员，唱名时有如考生听发榜，怦然心动。

9月15日

上午写汇报，抒述被批准下放的兴奋心情，即交出。但片刻之后，专案组侯××来通知说："经研究已基本决定，你暂时还是不下放。"兜头一瓢冰水，木然良久，又是一次一百八十度的大转弯！理由何在？无从得知，极为苦恼。作为老弱病残加以照顾吗？天翼又何以独去？一变再变，究竟说明什么问题呢？真是精神折磨！

今天的人们，无论如何也无法理解陈白尘所代表的一种心情，但当时这却是实实在在的现实。

对于那些早就成为"右派"的人来说，到"五七干校"，还会是某种程度上的安慰。

远在新疆的一位"右派"作家，"五七干校"无形之中改变了他原有的境况。好几年时间里，他被下放到伊犁劳动，工资也被停发。而能够到"五七干校"，就意味着他和别人一样，也具备了"战士"资格。于是，他写信申诉，要求恢复他的工资。令他意想不到的是，他的工资不仅恢复，而且还把几年停发的工资一次补齐。当他向我讲述这些往事时，当年的那种意外之喜仿佛还留在他的脸上。他说："当时拿到两千多元，那个兴奋，简直和现在拿到二十多万元的感觉差不多！"

另外一个作家也有一种被解放的感觉。他被打为"右派"后，下放到河南省直机关。他告诉我，这里的干校，情形相对来说要好一些。在管理者的眼中，那些来自中央、来自省城的干部，毕竟是具有一定级别的人，他们来到干校，只不过是短暂的过渡，或迟或早，仍然会返回城里，那时他们说不定还会是威风八面的领导。所以，一般来说，这样的干校，生活条件、待遇并不恶劣，劳动强度也不大。

与他们类似的人应该不在少数。他们早已陷入逆境，种种磨难不再那么可怕。更重要的是，在干校里，所有人，无论过去彼此身份有多大差别，也不管过去相互之间有多少是是非非恩恩怨怨，现在都是一样的"战士"。对于这些受过多年委屈和歧视的人来说，无疑有一种享受到平等的满足。

何止这些。也许还会有不宜明说的内心窃喜。这里，我想到一位前辈曾经谈到过"文革"爆发时他内心的真实感受。当时北京文化界所有重要人物都被作为批斗对象，一并集中到京郊的社会主义学院。他早就是"右派"，在看到那些将他打为"右派"或者批判过他、蔑视过他的人，一夜之间失去曾有的威风，变得和他一样时，他的确有一种快感。

这样的心态，也许显得不那么崇高。但这就是那个特殊的时代，中国不少文人真实的内心写照。

七

"五七干校"不可避免地成了一个庞杂的小社会。

走进这里的人，早已经历过这个世纪不同时期的风风雨雨。战争、贫困、民族抗争、祖国兴衰，一直维系着他们的命运。当"文革"风云来临时，他们中的许多人，以不同方式接受着承受着它。对知识的贬低，对自我的贬低，早因为接踵而至的运动而形成一个定式，或者说惯性。多年的教育和改造，已经无须过多的压力，就让他们无形之中不得不把自己从事的神圣的文化创造，看得无足轻重，根本无法与工人、农民、士兵们的工作相提并论。至于个人奋斗、个人创造，种种类似的意识，更是被视为消极、腐朽的东西而抛弃。

既然没有浪漫和豪情，也就无所谓悲壮，他们便以平淡甚至有点麻木的感觉来面对生活；既然并不认为这是命运的大起大落，也就无所谓内心的激烈变化;既然生活本来就告诉过他们许多,也就不至于像知青那样在现实面前对一切感到陌生, 继而因困惑和思索而激发出文学的灵感。即使对于苦难,他们已不会幼稚地把它当做命运的恩赐,而是作为一种命运的无奈淡漠地承受下来。对于已经经受过革命风暴的灵肉"洗礼"的他们,这几乎算不得什么苦难了。

这样一些心态,大概便形成了他们与知青的不同。在"五七战士"这代人自我意识不断被消蚀、被抛弃的时刻,"文革"反倒以一种奇特的方式,唤醒了知青们的自我。他们中的许多人在"文革"初期被膨胀的力量推到极致,让他们强烈地感觉到自己是社会的主宰,是历史的创造者。在那样的日子里,他们不会有他们前辈的那种自卑和猥琐,他们充满自信,认为自己应该而且也是能够大有作为的。然而,农村的现实,琐碎、平淡的日常生活,将他们所有的浪漫、激情击得粉碎。他们未曾想到,所谓的自我,在政治面前是无足轻重的;所谓的浪漫,在生活面前更是一种不切实际的空想。于是,失落、苦闷、困惑、痛苦、荒谬……种种过去从未见过的东西,一一在他们心中呈现出来。

他们开始成熟起来。他们的成熟,却又不同于前辈的与世无争。"苦是苦,但是我不怨天尤人,我总是想,'文革'中那么多大人物都遭厄运,我一个小人物算什么,人家比我惨多了。"诸如此类的"五七战士"式的自我安慰,是不可能产生于知青身上的。他们更看重个人命运的不公和悲剧性, 更看重历史的荒诞与不可理喻性。他们还有青年的锐气和朝气,还有燃烧的激情,将苦难揉碎,再化为想象力表现在文学之中。他们让自己成为一张白纸,在上面来画自己的画。在这一点上,他们身上由"文革"激发出来的自我意识,在"文革"后通过文学得到了另外一种方式的体现,这大概是谁也未曾预料到的。

然而,这就是历史演进中的顺理成章。

不过,我还是不能接受自己所作出的结论。因此,即便干校持续时间不长,即便"五七战士"把这一切看得颇为淡漠,我也难以相信,他们对发生在自己和周围人身上的这些事情,没有强烈的感受。

从文学的角度来说,实际上并非一定是大起大落的历史事件,才能够造就作家,造就文学。对有创作欲望的人来说,生活中发生的许多事情，不管其大小如何，重要程度如何，在不同的层面上，社会的、政治的、心理的，等等，其实都有它的价值。

因此，我怀疑生活在干校的人们，真的对周围发生的一切无动于衷。不，不会。有的事情，初看起来，似乎平淡无奇，但如果用心去体味，实际上同样惊心动魄，同样能够构成知青文学所具有的不少特质，因悲欢离合、大起大落而渲染出悲壮、哀怨与伤感。

陈白尘在日记中记述了一个故事。他给大嫂写了一封信，在连部的邮筒内偷偷发出，信封上写的是大嫂的名字——陈王氏收，下款未注地址。当第二天开邮筒者持信追问发信人，要求补写地址时，他却不敢出来承认是自己发出的。尽管信中没有不可告人的内容，但他害怕的是没完没了的追究，害怕由此而带来无穷的后患。于是，他只装充耳不闻。

他的信被公开了。由人在晚饭时在食堂门口宣读，以寻发信人。他写道："幸而无任何政治内容，只是要这要那，未引起注意。我不敢抬头，闷声吃饭，汗流浃背。"

然而，事情没有结束。陈白尘被一种无名的恐惧揪住。他无法保持内心的平静，为指责、惩罚随时可能降临于身而惶惶不安。他去大田翻地，但"终日心绪不安"。他的信虽然作了伪装，但笔迹有的人是可以认得出的，尤其是一位来干校后专门检查家信的女士。他感到万幸的是这位女士当时不在。直至收工时仍无事，他这才略微放下心来。

别人读了这个故事会有什么感觉我不知道。就我来说，久久感受到一种深深的压抑。当事人的惶惶不安令人吃惊、令人震动。一个著名的剧作家，一个曾经受人尊重的文艺界领导，居然会因为一封极其普通的家信而如此惶恐，实在令人难以想象。我相信，在干校的日日夜夜里，不断发生的类似的"小事"，完全有可能让人的内心变得复杂起来。尽管他们外表的平静和随遇而安，无法让他人感受到他们内心世界中大江大河一般的跌宕起伏。

萧乾讲述过这样一个故事。

30年代他在福州一所教会学校教过书，校长是从美国哥伦比亚大学归来的教育学博士，同事中则有几个美国传教士。和他一样，这位博士后来也成为干校的一员。在尼克松访华之后的1973年，正在插秧的博士,被连部叫去发给一套新制服,并要他立即进城理发洗澡,原来省里要来外宾,他被要去担任翻译。

博士走进了省政府的大客厅,重又坐上舒适的沙发。外宾进来了。他意外地发现他们正是原先他学校里的那几位美国教师。对于他来说,这也许是他一生中情感最为复杂心理变化最为迅疾的一个瞬间。久别重逢的兴奋,历史场景变换的巨大反差,个人命运的嘲弄,等等,一并向他袭来。

博士终于承受不了如此大的心理冲击。他猝然倒下,永远也没有再站起来。

和寄信带来的苦恼相比,博士的遭际无疑具有更强烈的命运震撼力,对"五七战士"的思想、感情,必然会产生猛烈冲击。他们会根据自己的亲身经历,根据周围发生的一切,来重新认识自己在生活中所处的尴尬和无奈。于是,干校的种种,对于他们就不再是被动的承受,而应是某种意义上的催化。正是在这样一个环境里,许多干校中人,才有可能从一片懵懂中走出来,开始冷静地思索自己,思索"文革",思索历史,从而为后来的彻底否定"文革",作了历史的铺垫,为迎接一个新的时代,酝酿出他们真诚的热情。

这该是一个意想不到的收获。"文革"后,我们读到的一些文学前辈的作品,显然与以往大大不同。有了更多的历史思考,情感更深沉,文笔更老辣。既然他们走进过干校,既然他们经历了干校的种种现实,他们就不可能摆脱它。虽然没有大量反映干校生活的文学作品出现,但他们后来的所有创作,都或多或少折射着干校生活留在心中的投影。从这个角度看,干校对他们真的起到了"改造"的作用,因为他们中的许多人正是在那里渐渐走出了"文革"的噩梦,从而在晚年达到了一生中文学创作的最后高潮。

这可以看做没有产生"干校文学"的一种补偿。

假如把视野从文人范畴扩展到所有"五七战士",便会看到更为壮观的历史涌动。不同领域的人,正是在干校时期开始了他们对"文革",对历史的反思。个人崇拜渐渐淡去,务实精神重新得到重视,这样的反思,为哲学、经济学、政治等方面注入了前所未有的活力。我们难以想象，没有这样一批人的影响和积极参与，“文革”后的中国，会在思想解放和改革开放时表现得如此活跃，如此充满勃勃生机。

历史是复杂的，文学创作更为复杂。我也许应该改变一下审视干校文学的角度，不必从文学外在形态上将它和知青文学进行类比，而应走进人的内心深处，看看那里究竟发生了什么，而这又给人的文化创造提供了哪些新的元素。

八

前不久，收到湖北咸宁地区一位文化工作者的来信。从他那里知道，“向阳湖五七干校”重新受到了当地政府的重视。在他们看来，众多的文学大师、艺术巨匠在特定的历史条件下汇集一隅，纵览古今中外文化史都是不多见的。这是一笔值得开发的重要文化资源。

目前这个开发工程已经启动，计划做的事情不少：编写一本以“向阳湖五七干校”文化人回忆录和访问记为主要内容的专集；编写一本以咸宁人民回忆“五七干校”及文化人为主要内容的专集；拍摄一部向阳湖文化资源开发纪实专题片；编印一本向阳湖文化人纪念册；编写一本向阳湖文化志；创作一批讴歌向阳湖文化、经济发展、风俗人情的歌曲；征集原干校有关纪念物品；筹建一座向阳湖文化碑林，将文化名人的题词、书画陈列摆设，供游人观赏……

从总结历史的角度，这无疑是一件值得赞赏的举动。在经济大潮涌动的今天，当地人的初衷是为了提高咸宁的知名度，最终借文化这个舞台来唱好经济这台戏。这是可以理解的，也说明文化已经具有了它更多的功能。如此集中地将一所干校视为地方的一个文化资源，在全国恐怕还是独一无二的。梳理历史，回望往事，将曾经发生过的干校现象，用另外一种方式呈现出来，毕竟能够起到警示后人的作用。

但是，当看到当地有关部门草拟的提示文化人题词的内容后，我又不由茫然起来。

有这样一些口号：

回忆向阳，百感交集。

向阳情结,刻骨铭心。

重温旧梦,回味无穷。

劳动创造了人类,劳动创造了世界。

现在之苦,将来之乐。

受得苦中苦,做得人上人。

实践出真知,劳动长才干。

独立地看,每一句话似乎都无懈可击,都相当精粹。但假如将它们放在特定的历史背景下,将它们与向阳湖畔曾发生的种种窘状、惨状联系起来,就很难说是协调的,甚至是对那段绝非值得留恋的历史的淡忘。

时光已经进入世纪末,当回望二十多年前绝对属于中国特色的那段干校历史时,那些当年的"五七战士"会作何感想?我不知道是否已经有当年的"五七战士"为向阳湖文化碑林挥毫题词。如果有,他们对这样一些口号会有怎样的感受,我不知道。

"重温旧梦,回味无穷?"

对于"五七战士"来说,旧梦重温时,是一种温馨的回忆,还是一种冷峻的反思?是将之涂抹上虚妄的色彩,还是让光环散尽而还原其本来模样?这显然是重要的历史课题。不仅仅如此。在为后人描述那些日日夜夜时,他们又会如何勾画出自己在历史场景中的姿态,会如何追问自己的灵魂呢?

显然,不能忽视对"文革"(包括对"五七干校")的淡忘,更不能对虚饰和美化无动于衷。痛苦和磨难并不像理论上所叙述的那样,就一定会让人清醒让人警觉。忘掉悲剧,在现实生活中其实是件很容易的事。即便在"文革"结束前后,不就已经有人刚刚离开干校,就以赞美的笔调描述过干校生活吗?何况如今已过去二十多年,所有的记忆被各种各样的因素予以改变并非难事。"接受历史教训",也许会成为历史过来人的口头禅,但将之变为清醒的理性,人们仍需在一条崎岖的路上跋涉,他们的内心不会,也不应该感到片刻轻松。

我便是以并不轻松的心情,回望着"五七干校"。

直面现实，追寻历史

——《中国新文学大系》纪实卷(1976—2000)序言

一

接过徐迟的接力棒

在生命的最后几年，徐迟先生应邀主编第四辑《中国新文学大系》(1949—1976)“报告文学卷”(上海文艺出版社，1997年11月初版)，作为一位著名诗人和报告文学作家，他满怀激情，以自己一贯的特有浪漫和诗意，展望未来新的第五辑“报告文学卷”的编选工作。他在序中写道：

> 我想这就是我在这一好比接力赛跑所要做的事，并要将这一棒的接力赛的赛棒交给此刻还不知是谁的第四棒的选手来接将过去，在第五辑(1976—2000)的选集里，跑到本世纪的终点，亦即是八十年中国新文学的全过程的终点，可以想见届时群情雀跃，但闻欢呼之声大起，七彩的礼花飞满了天空……想来那第五辑(1976—2000)的序，它必然是波澜壮阔，要进入到新世纪去，登攀到了科技文明的高峰之巅，“巡天遥看一千河”，显示出我国新世纪的明媚春光来的，必定也是一篇激情的序。

此序在《中国新文学大系(报告文学卷)》刊载出来,是在1997年11月。遗憾的是,此时距徐迟不幸去世已将近一年,他既未能亲眼看到付出心血的选本问世,当然更无从知晓将是谁在他身后接过第四棒。

至今难忘听到徐迟自杀身亡噩耗的震惊。1996年12月13日上午,刚获知曹禺先生当天早上病逝的消息还不到半小时,就接到徐迟的好朋友、诗人曾卓先生的电话,他惊魂未定,悲伤地告诉我:"徐迟半夜在医院跳楼自杀了!"这一天是13日,恰是星期五,正是计算机世界谈虎色变的"黑色星期五"。谁料想,它真的成了中国文坛的黑色一天!对于中国报告文学界,对于《中国新文学大系》的编选与出版,同样是一大悲哀。

无法想象也难以接受徐迟竟以特别的方式辞别这个世界。在他的晚年,我曾与他有过较多交往,亲眼看到他的精神日趋消沉与怪异的过程。他在去世前一年,1995年,曾在北京居住近半年,我们时有机会见面。在他即将离开北京时,我陪同冯亦代、黄宗英夫妇一起去看他。我惊奇地发现,徐迟嘴里冒出一个接一个听起来非常陌生的科学名词。显然,业已80岁的徐迟,没有衰老,精神、思想依然年轻。

实际上,在生命最后几年,徐迟是一个孤独的老人。也许正是这个原因,徐迟把主要精力转到了对人类产生、人类与自然的关系等一些神秘莫测问题的思考上,甚至产生人类即将毁灭的绝望。他的朋友们常常说,他的思路真怪,写一些怪文章。说怪,并非思路的不正常,而是他所涉猎的领域,对于大部分是文人的朋友来说,实在陌生得很,抽象得很。

那次见面后不久,徐迟回到了武汉。1996年夏天,我在武汉逗留期间又一次去看望过他——没想到这竟是与他的最后一次见面。

他还依然健谈,充满激情。他说他正在计划撰写一系列关于宇宙、自然与人类的文章,他沉溺在抽象的时空之中。那是炎热的夏天。我很奇怪他为什么要在武汉最难熬的炎热季节回来。他说他喜欢夏天回到武汉过,比待在北京要好。在告别时,他告诉我冬天会再到北京来。我曾催促他写一本回忆录,或者把曾在《收获》上刊载过的自传体长篇小说继续写下去。可是,他对此似乎毫无兴趣,津津乐道的是宇宙,是进化论,是生物工程。我无法与他进行这样一些话题的交谈。我想,在那样的时刻,他一定感到失望,感到无人对话的孤独。能够与他进行交流、能够理解他的人实在太少。他想借研究与创作摆脱孤独,然而他何曾想到,这反倒又加深了他的孤独。而且是更深的孤独。

令人吃惊的是,从时间上推算,徐迟充满激情和诗意的这篇“报告文学卷”序言,正是写作于生命的最后一年。写作此序时,陷入精神无比孤独和悲观之中的他,显然被他所热爱的报告文学重新点燃了热情和乐观。从所编选的1949—1976年的诸多作品中,他看到了自己以及同辈作家走过的坎坷而又值得回味的道路;他又一次沉浸在“文革”结束后报告文学鼎盛时期的兴奋、快乐之中。他仿佛又听到了亿万读者的欢呼,他的精神为之一振,他的眼前重现历史的辉煌景象。这就不难理解,陷入精神困境的他,笔下的序言依然阳光灿烂,一片蓝天。

可惜这只是一次短暂的电光闪烁。写完与报告文学有关的这一序言之后,徐迟又回到了自己的孤独与悲观之中。他在孤独中度过日日夜夜。他不得不任由孤独蚕食生命,甚至将生存的勇气和信心也蚕食殆尽。最终,他扑向幻灭,选择了一种令人痛心的结局。他以这种方式,告别了文坛,告别了世界。好在他把诗、把《哥德巴赫猜想》、把对报告文学的热爱,乃至完整的一卷两册《中国新文学大系“报告文学卷”》,留给了后人。

在他去世十年后,我应邀编选1976—2000年期间《新文学大系》的“报告文学卷”,成了他的接力者。

时间上有一巧合。正是在1977年冬天,我参加高考恢复后的第一次考试,并于1978年春天走进了上海复旦大学中文系。就个人而言,历史赐予良机,使我得以更贴近地目睹了他所热爱的报告文学飞跃巅峰的美丽姿态,亲身感受到报告文学当时所产生的巨大影响。而后,又与之同行,进一步目睹和感受了报告文学的剧烈嬗变。如今,编选这一时期的报告文学,于我是难得的机会。一方面可以对一个文学样式进行梳理、归纳与阐释,一方面又是在挖掘个人的阅读记忆。

徐迟对后继者寄予了莫大期望和热情。如何既尽量秉承他的意愿,对他所热爱的报告文学在24年之间的成就做出相对完整的呈现,同时,又力求立足于个人的眼光、思绪,按照自己的判断来进行历史的归纳,并非一件容易的事情。重视继承,又渴望突破,两者之间,需要寻找可能的平衡。

忐忑不安,如履薄冰,如此这般,我开始起步而行。

二

从“报告文学”到“纪实文学”——本卷概念的最后确定

没有想到,进入阅读和遴选,我却变得迟疑而困惑。我吃惊地发现自己缺少了徐迟先生当年的激情,更没有诗人般的浪漫与乐观。此时,我面对的文坛特别是报告文学创作,并不是徐迟所设想的“群情雀跃”,更不见“七彩的礼花飞满了天空”。甚至在“报告文学”和“纪实”概念的选择上,我也变得举棋不定。

与《新文学大系》的小说、诗歌、散文、理论等其他各卷名称相比,“报告文学”作为一个新兴的文学体裁概念,出现伊始,即存在着不确定性,或者说划分界限比较模糊。

众所周知,报告文学由新闻特写发展而来。当《新文学大系》在20世纪30年代开始编选出版时,报告文学的名称虽偶有提及,但尚未被广泛接受和确定。如鲁迅1936年谈到被誉为世界报告文学的奠基者、捷克作家基希时,曾这样说“他将来的报告文学当更有希望”(《三月的租界》)。但仅此而已。当时颇有影响、后来被认为是报告文学代表作的《包身工》(夏衍)、《鲁西流民图》(萧乾)等作品,最初均被称做“特写”。甚至在50年代,一些被徐迟先生编选进第四辑《新文学大系》“报告文学”的重要作品,如《我们会见了彭德怀司令员》(巴金)、《谁是最可爱的人》(魏巍)、《万里赶羊》(萧乾)、《祁连山下》(徐迟)、《县委书记的榜样——焦裕禄》(穆青、冯健、周原)等,初次发表时,或冠以“特写”,或冠以“通讯”,而非“报告文学”。

概念的模糊与不确定性,给报告文学卷的遍选的确带来一定难度,即便如热爱并推崇报告文学者徐迟,也不例外。他在第四辑《新文学大系》“报告文学卷”序言中曾感叹道:“在文学内部,要划清报告文学的界线,毕竟不会比划国境线更加困难,却也会差不多同样的困难。从时限上说,本卷所选的,多数还是发生于特写时期的事件,而其中已有着报告文学的露头。空白时期，为后续的时期留下了无限丰富的‘报告文学’的富矿，露头到处出现，随之佳作多不胜数，美不胜收。”

由于报告文学概念形成之初的模糊与不确定性，这一方面可以使编选者有了相当大的灵活性，但也就容易导致概念外延的随意性，从而使这一体裁无法具备一定的排他性和独立性。譬如，1978 年《人民日报》副刊发表的《一封终于发出的信》(陶斯亮)，从行文结构、作者叙述视角等方面看，无疑更吻合通常意义上的散文，而非由特写演变而来的报告文学，副刊也是将之作为散文发表。但在随后不久举办的第一次报告文学评奖时，因其产生广泛的社会影响，此时又无其他文学类评奖，故将其纳入报告文学范畴参加评选。这一作品在报告文学评奖中的获奖，在很大程度上已经突破了报告文学与散文的界限。此举固然有利于壮大报告文学的声势并拓展其疆土，但界定本来就不明确的报告文学概念，由此显得更加令人难以捉摸。疑问也由此产生：报告文学与散文到底有无区别？区别到底在哪里？

更让人困惑的是，与小说、诗歌、散文等体裁相比，迄今为止，就相对独立的文学样式的划分而言，关于报告文学尚找不到一个令人信服的定义。

文学评论家冯牧先生，在八九十年代为报告文学的发展倾注了极大热情，发挥了重要的推动作用。同时，他还试图在理论上对报告文学进行归纳与总结。在为 1993 年出版的《中国报告文学史稿》(张春宁著，群言出版社，1993 年)一书所作的序中，冯牧写道：

> 一个时期以来，有些论者常把报告文学这个概念，同文学史上古已有之的纪实文学和传记文学的功能文学体裁等同起来。我却始终认为，在人类的文学史上，报告文学是一种新兴的、年轻的、同在先进思想指导下的人民解放事业紧密地联系在一起的一种文学样式，也可以说，报告文学，是同人类社会生活中的新闻报道事业同时兴起又逐渐走向独立发展的一种新的文学体裁。我不大赞成这种说法，认为古往今来凡是以真人真事为写作内容的文学，都可以置之于报告文学的范围之内。如果这种说法可以成立，那么我国

《史记》当中的许多篇章就可以算作中国报告文学的始祖了。

根据这一对报告文学的文学样式特点的界定,冯牧进一步认为:

因此,我一直认为,中国的报告文学,是中国近代文学和现代文学发展中的一个组成部分,是多种文学体裁中的一个新生事物。它的诞生与发展,从一开始就是同中国的资产阶级民主革命和在中国共产党领导下的中国人民解放事业密切地结合在一起的。正因为如此,我国的报告文学,从它诞生时期起,就是站在时代发展的最前列的,就是在不同程度上自觉地把推动社会进步和社会改造当做自己的崇高使命的。这就为报告文学这种文学样式带来了自己的艺术规律和艺术特征。或问,这些特征表现在哪些方面?如果让我用简括的文字来表述的话,那就是:凡是好的报告文学,至少应当具备这样一些特点和品格,即鲜明的时代性,严格的真实性,深刻的典型性,生动的文学性,科学的论证性和丰富的知识性。因此,报告文学不论在过去或是将来,都是我国进步文学和社会主义文学的一个极其重要的组成部分。

冯牧的这一表述,就对中国报告文学的形成与发展过程的叙述而言,有其清晰的历史脉络。他强调报告文学的“轻骑兵”作用固然不错,但如果就对独立的文学样式的归纳和界定而言,却有令人不解之处。譬如,他说:“报告文学是一种新兴的、年轻的、同在先进思想指导下的人民解放事业紧密地联系在一起的一种文学样式……”一般来说,文学样式总是超越时代、阶级、政治而存在并发展的。任何文学样式都可以反映某一时代的内容,但不能说此样式只是与某一社会形态密不可分。如果上述界定成立,那么报告文学就无法与小说、诗歌等文学样式一样具有相对独立的特性。失去包容性,失去超越时代的可能性,一个文学样式又如何进入世界文学史的范畴?

有意思的是,徐迟在编选报告文学卷之时,其思路已经与冯牧有了一定差别。冯牧说他不大赞成将“古往今来凡是以真人真事为写作内容的文学，都可以置之于报告文学的范围之内”，但徐迟在其“报告文学卷”的序言中说：“我们选入巴金的《我们会见了彭德怀司令员》、菡子的《我从上甘岭来》等，还提供了刊登其他同类文章一定数量的篇幅。从现在再来看，那也属于回忆录的范畴了，但它们在当时是新的，及时的，最迅速地发表出来的战地通讯。回忆录……然以形式而论，却正是属于报告文学之列。”

由此看来，徐迟把回忆录纳入报告文学范畴，具有突破性意义，表明实际上他已经意识到业已形成的报告文学概念的局限性，希望拓展其新闻属性，使之更具广泛性和包容性。

应该特别注意的是，就在80年代报告文学在文坛得到高度重视声名正隆时，一个与之相近的概念“纪实文学”也出现了。为何在已有“报告文学”概念之后，忽然间又使用“纪实文学”概念？两者之间到底有无区别，区别何在？通常议论中，似乎是“报告文学”更属于文学，“纪实文学”则次之。在中国文坛，概念的使用似乎显得十分随意，大家都在使用一个概念，可似乎很少有人跟进对之作深入探讨和具体界定。“报告文学”与“纪实文学”两个概念的交错使用，在一定程度上也造成了以纪实为其特征的文学作品划分的不确定性，使之各自的影响磨损消耗。但是，一个不争的事实，“纪实文学”的出现绝非偶然，实际上人们意识到报告文学的现有概念，已经无法概括所有纪实类文学作品的全部，需要有所突破，故以“纪实文学”概念来容纳更为宽泛的内容。

今天，根据1976—2000年之间报告文学由盛及衰而其他类型纪实文学作品方兴未艾的创作实际，在我看来，实有将两个相互交叉的概念予以合并的必要。

不妨将视野转向国际文坛。显然，“纪实文学”更接近于国际上通用的“非虚构”(NonFiction)概念，其范畴更为广泛，包括特写、回忆录、传记、日记、书信等。从这一角度考虑，作为在中国现当代文学中形成和发展的报告文学，就其属性而言，自然应归于此列。也就是说，我们不妨套用国际通行的“非虚构”概念，把“纪实文学”确定作为纪实类文学作品的总称，而在中国当代文学中有着特殊历史地位的报告文学，则是其中的一大构成部分。对于报告文学，应始终强调其最初由新闻特写演变而来的特性，强调其与现实生活的最为直接、最为密切的关系，从而也就在更大程度上突出其“文学轻骑兵”的地位与作用。

何谓纪实文学？我倾向于暂时使用下面的表述：“纪实文学，是指借助个人体验方式（亲历、采访等）或使用历史文献（日记、书信、档案、新闻报道等），以非虚构方式反映现实生活或历史中的真实人物与真实事件的文学作品，其中包括报告文学、历史纪实、回忆录、传记等多种文体。”这一表述是否准确，有待专家、学者们进一步探讨与修正。

概念一旦确定，思路渐趋明晰。我想，将“纪实文学”概念引入《新文学大系》的编选工作，就有可能解决徐迟曾经面对过的难题，而本人的迟疑与困惑也可望化解。于是，在 2007 年召开的第六辑《中国新文学大系》各卷主编杭州联席会议上，我提议将“报告文学卷”予以更名。因已有《中国新文学大系》总题，参照其他各卷名称，该分卷似不必再单独出现“文学”二字，可定名为“纪实”。冠以“纪实”，可使此卷的概念更明确，更具包容性，因而也就有可能较为全面地反映 1977—2000 年之间的纪实文学的创作实绩，集中呈现纪实文学作品的多样性、丰富性。

令人高兴的是，经过编委们一番热烈讨论，这一提议获得通过。

三

直面现实：敏感、尖锐与深刻的多样选择

在 1976—2000 年期间的纪实文学作品的创作中，率先登台亮相且影响最为广泛和强烈的，无疑是有着“文学轻骑兵”美称的报告文学。

报告文学在 1980 年前后的精彩亮相，为纪实类作品的创作赢得了全社会的关注和尊重。老中青几代作家积极参与，专职报告文学作家相继出现，《人民文学》、《人民日报》、《当代》、《十月》、《报告文学》、《文汇月刊》、《百花洲》等报刊提供阵地呐喊助威……一时间报告文学嗅觉敏感，笔锋尖锐，干预生活的责任感与政治使命感分外强烈，题材与样式日趋多样化，蔚为壮观，从而为纪实文学的整体发展，开拓了巨大空间，提供了充分的可能性。

《中国报告文学史稿》一书，考察了 1898—1984 年之间中国报告文学的诞生与发展。作者勾勒历史脉络，将近百年的报告文学大致分成这

样几个阶段：诞生期（1898—1919）、成长期（1919—1930）、成熟期（1930—1937）、繁荣期（1937—1949）、波动期（1949—1966）、凋零期（1966—1976）、飞跃期（1976—1984）。作者的划分颇为细致，对报告文学发展阶段的划定是否准确暂且不论，但所用几个名称，应该说较为形象地描叙出了报告文学的行程。该书作者的考察止于1984年，假如我们把时间延伸，将审视的时间延伸至1990年，那么，我们就可以看到这一阶段的报告文学，呈现出飞跃巅峰的壮观景象，姑且将之称为“鼎盛期”。

遥想30年前，刚从“文化大革命”十年浩劫中走过来的中国，百废待兴，社会、思想、政治、经济各领域的诸多问题，迫切而紧要，棘手而严峻，它们刹那间一并呈现在人们面前。大喜大悲，大起大落，兴奋而惶惑，激烈而焦虑，人们仿佛梦中惊醒，惊魂未定，走出幽暗，阳光刺眼，来不及喘息，也来不及揉揉眼睛，就被历史大变故推进了新时代。对许多人来说，从来没有经历过变化如此迅疾、反差如此强烈的局面。

时代更替之际变化剧烈，常常是文学艺术之幸，这一次也不例外。在与各种文艺形式齐头并进相互辉映中，报告文学以其特有的姿态和方式，当仁不让地在文坛发挥最为直接的社会影响力和推动作用。

如前所述，报告文学由新闻特写衍生而来。尽管被纳入了文学范畴，但报告文学与新闻的天然联系，决定了它必须责无旁贷地以文学的形式，敏感而及时地履行起新闻的职责。报告文学当然不是一般意义上的新闻作品，但是，如果没有新闻性，没有洛阳纸贵的新闻效应，没有广泛而深入的社会影响，报告文学又焉能在与各种成熟的文学样式的竞赛中显现自己的特殊价值？于是，我们看到，鼎盛期的报告文学，在起步飞跃之初真正成了“文学轻骑兵”，相当出色地履行着新闻的职责——感应社会热点，捕捉时代主题，关注重大事件，描写新闻人物，介入舆论监督……

且将我们的目光回到历史场景之中——

报告文学率先将性格各异、默默无闻的科学家，一个接一个地推到世人瞩目的焦点，承受多年“知识越多越反动”历史重负的科学家，前所未有地、光彩夺目地成了正面的新闻主角，这一根本性的变化，很大程度地动摇了固有的社会偏见和政治歧视。在徐迟笔下迷恋破解“哥德巴赫猜想”的数学家身上，在黄宗英笔下生物学家相依为命的“小木屋”里，读者看到了知识的力量与伟大，看到了人性的坚毅、丰富与真实。这是理性的回归，也是人性的回归。在今天，科学家作为主角出现不足为奇，但从历史演变的角度看，当年科学家成为报告文学的主角，却可以将之视为中国社会告别浅薄、无知、荒唐的标志性事件。事实也是如此，当报告文学使科学家以主角身份扬眉吐气地走进公众视野的时候，与之结伴而行的是恢复高考，教育渐渐走向正规。

与此同时，自思想解放、拨乱反正启动之后，报告文学及时而广泛地介入了平反冤假错案、落实知识分子政策、反思历次政治运动的社会全过程。从孟晓云笔下傲立风霜的“胡杨”，到陈祖芬笔下被视为“理论狂人”的民间思想家；从叶永烈笔下撰写家书的翻译家傅雷的悲凉结局，到戴晴笔下心忧天下的报人储安平无法追寻的身影……当文学能够以如此敏锐与沉重的笔调感应时代呼唤，面对现实与历史的双重诉求时，我们或许才可以说当代中国开始真正摆脱“文革”阴影，所有公民的政治身份和社会地位开始变得平等，社会生活也由此趋于正常化。这是具有重要意义的变化，这是从“以阶级斗争为纲”朝“以经济建设为中心”的历史过渡。在这样的时代更换中，我们不能忽视报告文学的感染力、影响力。

报告文学便是以这样的新闻敏感性，开始与时代结伴而行。我们看到，在随后二十余年的历史行进中，一系列新闻事件，众多新闻人物，纷繁的社会现象和社会问题，几乎都成了报告文学作家关注的对象。这里谨以时间先后为序，大致排列一下二十年间报告文学所描写过的现实生活——科学大会、真理标准讨论、平反冤假错案、体育冠军、农村改革热潮、对越自卫反击战、教育现状忧思、独生子女问题、“下海”经商、留学美国、西部大移民、丐帮漂流、抗洪抢险、希望工程、贫困大学生现状、电脑走进中国……

正是充分发挥了新闻敏感性和责任感，报告文学才成为当时中国社会发生巨大变化的相当全面的记录与写照，从而使文学与新闻的结合，具有了长久的价值。有作家说“新闻是历史的初稿”，我们也可以说，大量充分体现新闻特性的报告文学，同样是将现实转化为历史的重要载体。在对人与事件的交错描写中，我们可以看出中国的社会变革，世事代谢。

出色的报告文学作家，之所以具备时代的新闻敏感，当然不仅仅限于有着与记者一样灵敏的嗅觉，更在于他们思想更深邃，社会责任感更强烈，舆论监督意识更明确。诸如此类的深层次因素，使他们与时代同行时，能够不满足于新闻敏感性，而是尽其所能，追求真实性的深刻和主题的丰富。捷克记者兼作家的基希被誉为报告文学的开创者，他在《报告文学——一个危险的文学体裁》中这样说过："真正的作家、也就是写真实的作家必须避开所有这些歧途，他不能丧失他的艺术家的沉思，他应当挑选色彩和配景把这可怕的模特儿作为艺术品、作为控诉性的艺术品来塑造，他必须使过去和未来同当前发生联系——这就是合乎逻辑的想象，这就避免了陈腐和蛊惑。而且，尽管他有一切艺术手段，他还必须提供真实，仅仅提供真实，因为正是由于要求科学的经得起检验的真实，采访员的工作才变得如此危险，不仅对于世界上的食利者危险，对于他本人也危险，比一个无须乎担心被否认的诗人的劳动更危险。"(《基希报告文学选》，346~347 页，外国文学出版社，1984 年)我们看到，许多报告文学作家的笔下，流淌的正是类似的热情与精神。

我们看到，本着这种追求深刻真实性的愿望，一些优秀的报告文学作家，思索不限于仅仅描写浮在眼前的表层现象，也不愿意将题材选择停留在人云亦云的一般话题。相反，从一开始，不同的人都在探索各自的题材范围，形成各自的风格特征。

一部报告文学作品是否具有深刻的真实性和长久价值，除了一时的轰动性之外，恐怕更要看它所表现的作者与众不同的敏锐目光、胆识和前瞻性。有的侧重于社会批判和舆论监督，擅长于从腐败现象入手，挖掘人性的堕落与体制弊病的纠缠，从而提出深层次的关于人治与法制关系的严峻命题。这一报告文学的重要精神和特点，作为一种传统，从《人妖之间》(刘宾雁)、《神圣忧思录》(苏晓康、张敏)到《以人民的名义》(卢跃刚)和《民间包公》(陈桂棣)等不同时期的作品，二十年里一直延续着。《扬眉剑出鞘》(理由)率先将体育热点带进报告文学，但真正有深度的、至今看来仍具有震撼力的体育题材报告文学作品无疑是《强国梦》、《兵败汉城》(赵瑜)。80年代,当人们还普遍沉浸在走向现代化的兴奋时,《北京失去平衡》(沙青)、《伐木者,醒来!》(徐刚)几乎是超前地将水资源的匮乏、森林的破坏等环境保护忧虑与人类发展的困境呈现出来,更多的人,则要到20年后的今天,才迫切地意识到这一社会问题的严峻。读那些优秀作品,我们总能真切地感受到作者们强烈的政治忧患意识、人类忧患意识。

报告文学追寻历史的愿望,几乎与对现实的关注一样强烈。《命运》(杨匡满、郭宝臣)、《唐山大地震》(钱刚)、《中国的眸子》(胡平)、《中国知青梦》(邓贤)等,作者将亲历与寻访结合起来,使"旧闻"浮出水面重新赋予其新闻价值,丰富着历来被认为是"文学轻骑兵"的报告文学的分量。或许可以这么说,随着报告文学作家的历史兴趣日益浓厚,现实热点的渐渐淡出,报告文学的新闻属性就不可避免地开始发生变化。在这一变化过程中,我们应该充分注意到一个重要现象,即报告文学作家们,已经不满足于"文学轻骑兵"的短、平、快功能,而是希望在更大背景下展开叙述,完成深刻性的追求。于是,报告文学的篇幅不可避免地越来越长,多了场景,主人公也从个人转向人物群体。

由短转为长,由简转为繁,由现象描述转为深层背景解剖,由单纯追求"报告+文学"的效果转为侧重厚度与力度的表达,通常意义上与新闻密不可分的报告文学,也就随之发生了相当大的文体变化。许多当年曾被称做报告文学的作品,如今来看,在其特性、篇幅等方面,已更加吻合于纪实文学较为宽泛的概念。

新的挑战继续出现。进入90年代之后,报告文学的鼎盛已成明日黄花,这是一个不争的事实。究其原因,除了社会、作者队伍构成等发生变化之外,我们还不能忽略新闻媒体的多样化发展与繁荣带来的挑战。在报告文学鼎盛期,中国的传媒手段相对传统单一,除了文学刊物和少数几家大的报纸副刊外,并无其他更有影响力的媒体出现。进入90年代,这一状况有了根本性的变化。电视和报纸周刊齐头并进,占领了更大的受众市场。这些媒体,有意识借鉴报告文学的经验,加大新闻报道的深度,譬如中央电视台东方时空,以"东方之子"、"焦点访谈"等专题节目的方式，将报告文学的形式转化为电视；《南方周末》、《中国青年报》“冰点”周刊等许多报纸，也都不惜版面，动辄以大量篇幅，集中发表相关新闻事件和社会现象的报道。这些新的媒体行为，无疑在很大程度上，进一步减弱了报告文学的影响力。进入新千年，随着互联网的发展，报告文学作为“轻骑兵”的功能，其新闻属性则更加衰微，社会轰动效果和影响力将不复存在。从这一角度来看，如果说曾以新闻属性而为之骄傲的报告文学，其辉煌景象无望重现，并非夸大其词，杞人忧天。

陈述这样一个事实，心里有失落、有伤感。

不过，报告文学虽然在 90 年代逐渐淡出人们视野，但它曾经产生的历史感召力和深远影响，推动着其他一些纪实文学品种的发展。诸多报告文学作家所取得的成就——题材范围的拓展、历史思考的深入、文学风格的多样化等，在二十年间的纪实文学创作中，依然闪烁着耀眼光芒。

四

历史记忆，在自述与重构中延伸

1977 年的中国，巨大而剧烈的时代替换，为刚刚走出浩劫的民族，提供了改变历史、创造未来的可能性。怀着梦想，充满激情，人们起程前行。不仅如此，一个新时代起步之际所特有的开放精神，也为人们提供了回望过去——“往后看”——的可能。就纪实文学创作而言，后者的可能性使写作者可以挖掘丰富的题材资源，拥有相当广阔的空间。

如果我们把目光集中到本卷所选 1976—1980 年的篇目，三篇属于“往后看”的作品，从一开始，就形成了纪实文学挖掘历史记忆的两大特点：挖掘私人记忆的自述，追寻历史人物、历史事件。我姑且将之分别简称为“个人自述”和“他者重构”。

值得关注早期发表的《一封终于发出的信》（陶斯亮）和《一个冬天的童话》（遇罗锦）。两位作者经历与生活背景相差迥异，叙述风格和情感模式也互有差异，但就对个人记忆的挖掘，以及对细节的描写来说，开启了个人记忆写作的先河。从此，个人自述在中国进入了空前繁荣的时期，而且，其发展态势至今不衰。

在中国,历来并不重视个人化自述,以《史记》为代表的史学著作虽然出现过个人列传类的传记作品,明清时代出现过《浮生六记》等自述作品,但就整体而言,个人化的自述以及个人传记创作,一直相对薄弱,这一点,在“五四新文学”兴起之后开始改观。在张扬个性精神的时代,一些文学前辈开始有意识地借鉴西方经验,积极投身于回忆录、传记作品的写作,一些具有影响的自述作品相继出现。如胡适的《四十自述》,郭沫若回忆录三部曲《学生时代》、《革命春秋》、《洪波曲》等。诗人刘半农采访八国联军时期名噪一时的交际女赛金花,在访谈记录基础上创作《赛金花传》。沈从文也曾热衷于个人记忆的写作,他不仅在32岁时就创作了《从文自传》,还以回忆录的方式撰写了《记胡也频》和《记丁玲》等作品。无疑,这些作品是“五四新文学”的一个重要成就,当我们今天谈论当代纪实文学的创作时,有必要重视它们的历史贡献和耀眼存在。

自50年代起,在相当长的一段时间里,对群体英雄形象的推崇和政治意识形态的强调,变得越来越突出。《红旗飘飘》系列所发起的革命战争期间个人经历的回忆,收获显著,出现了一些具有文学性的生动篇章,但以作家为创作主体的个人化记忆写作和人物传记创作,则戛然而止,真正意义上的纪实文学创作,相对沉寂,少有代表性的作品问世。

如前面所述,个人化记忆写作的沉寂萧条的状况,在1977年之后迅疾得到根本改观。在思想解放和精神开放的背景下,更多的个人觉得似乎到了可以打开记忆之门,回往历史远景的时候了。一个值得关注的现象是,文化老人纷纷投入回忆录的写作,茅盾、夏衍、巴金、萧乾、叶浅予、陈白尘、刘白羽、丁玲、杨绛、梅志、吴祖光、季羡林、韦君宜、黄永玉等,20年时间里,他们始终是个人记忆写作颇受关注的一大群体,其相继发表的作品,常常引起强烈反响。

更多的各领域人士,与这些文化前辈携手而行,同样将挖掘个人记忆作为人生回顾的选择。从回顾“红学风波”的蓝翎、“走向混沌”的从维熙,到描绘“树与林”历史景象的刘心武;从回顾“我的路”的刘晓庆、回顾“我的红卫兵岁月”的陈凯歌……他们的作品,或擅长故事叙述气氛渲染,将生活与人性的真实一面无情地予以展现,或侧重于史料的披露，冷静地叙述中体现思想沉甸甸的分量。他们的时代体验和经历不同，出发点、写作背景和思想高度互有差别，面对历史的姿态也不尽相同，作品的分量和影响力自然不一。不同的细节，把历史脉络显现出来，人们对历史的触摸，对人性复杂性的认识，从此不再单薄肤浅，而愈加具有质感，具有立体感。因为他们的踊跃参与，加之多有佳作出现，二十年间的纪实文学的阵营才蔚为壮观，影响广泛而深远。

冯骥才则与他们有所不同，他采取“口述实录”方式，欲借“一百个人的十年”的个人记忆，来为“文革”历史留下群体印象。“口述实录”这一盛行于欧美的“非虚构”写作方式，80年代随着《美国梦寻》一书的翻译出版而开始为中国作家采用。率先采用这一方式的张辛欣等，侧重于反映具有新闻性的现实生活，冯骥才的努力成功地将之引入挖掘历史记忆的写作领域。值得一提的，“口述实录”方式一直具有生命力，一批以“口述实录”创作的回忆录相继问世，出版势头至今不衰。许多报刊竞相开设专版，或遍访文化老人来一番历史梳理，或物色各种有特点之人士，发表充分私人化的亲历倾诉。这样一些作品，良莠不齐，瑕疵互见，但对于拓展个人记忆空间来说，其意义和影响力不可忽略。

在纪实文学中，与“个人自述”同样引人注目的是“他者重构”。

如果说“个人自述”主要以作者本人挖掘个人记忆为特征，那么“他者重构”则主要为作者追寻重大历史事件并加以全景式描述。

在本卷的时间跨度里，率先走进“他者重构”领域并颇具代表性的作品，是1979年发表的长篇纪实《命运》(杨匡满、郭宝臣)。作者回溯三年前即1976年发生的天安门事件全过程，为纪实文学深入追寻历史事件并予以重构，开拓了新的途径。自此之后，纪实文学的作家们，把视野逐渐延伸至历史远景之中。如果把这些纪实作品所重构的历史事件由近及远排列，漫长的历史画卷就会在我们面前铺展开来——唐山大地震、中美乒乓外交、知识青年上山下乡、红卫兵大串联、庐山会议、反右运动、胡风集团冤案、志愿军战俘、辽沈战役、抗战期间中国缅甸远征军、西路军女战士命运、戊戌变法、甲午海战……

选择重构历史写作的作家，真的如同一个建筑师，以史料、个人记忆、文学感知，搭建起一座座历史之塔，他们的努力，为人们了解被淡忘、被扭曲的历史,推开一扇扇敞亮的窗户。在进行重构时,有的作品由于历史事件相对接近,还有可能闪动着作者亲历的身影,或者可以采访到相关当事人,采用其回忆来充实细节。但从叙述角度来说,历史重构显然与个人自述完全不同,在这里,作者更注意保持客观的身份和视角。有的历史事件因时间久远,作者已不可能亲历,在这一情形下,距离感则更容易摆脱一己的局限。此时,作者在尽可能客观地进行多方位的历史扫描时,所依赖的主要手段是实地寻访、历史文献研究,再佐以作者的主观认知和情感波动。

不少重构历史的作品,文学成就与史学贡献同样引人注目,它们为史学研究提供了重要文本。但是,这些历史纪实作品与史学著作显然有着本质差异,这一点毋庸置疑。凡优秀的历史纪实的作者,他们更关注的是历史场景中人的命运,运用史料时力求使之与心灵的触动相融合。至于规律归纳、概念阐述等史学范畴的东西,往往掩映在充满文学感染力的细节描绘之中。随着人物命运起伏和历史场景变换,作者少不了即兴议论和阐发,但即便如此,在追求理性时他们也更注重感性色彩的挥洒。正因为如此,这些全景式历史纪实,在纪实文学创作中,无疑占据着相当重要的位置。

实际上,就作者的叙述视角而言,传记文学可归于“他者重构”之列来考察。但由于传记数量众多,每部作品的篇幅也很长,无法在这样一个选本中展现。考虑再三,只好节选《陈寅恪的最后二十年》作为代表,以表明一个品种的存在,同时,也使读者通过这一作品来了解二十年间传记文学作品所达到的高度。应该说明的是,大量传记文学作品的出现,也是 80 年代早期报告文学的自然延伸和拓展。徐迟、黄宗英、陈祖芬、胡平等作家以人物为描写对象的作品,已具有传记的雏形。

走笔至此,对纪实文学的全面梳理和阐述,似乎到了应该结束的时候。对于自己,这是挖掘阅读记忆的过程,也是重新认识当代文学史的过程。从本卷概念的确定,到对相关文学现象和作品的解读,我始终难以摆脱踌躇的心绪。我担心自己的感觉、视野和学识,无法将 1976—2000 年之间的纪实文学的耀眼成就和巨大存在,全面、准确、客观地呈现出来。

所谓客观,只能是相对而言,一个编者的个人爱好、审美倾向、思想取舍,总是内在地左右着他的编选和阐述。在这种情形下,选目的疏漏也就不可避免,这一点,需要特别加以说明并期盼同行和读者指正,并奢望这一疏漏,不至于影响整个选本的历史价值,使之经受住时间的检验。

在序言开始部分,我说过,自己接过徐迟的接力棒,“忐忑不安,如履薄冰,如此这般,我开始起步而行”。此刻,结束序言,放下接力棒,心情依然如此。

历史面前,一个编者,永远心存敬畏。